华章经管

HZBOOKS | Economics Finance Business & Management

消费金融真经

个人贷款业务全流程指南

原书第2版
珍藏版

[美] 戴维·劳伦斯 阿琳·所罗门 著 张宇 译
(David Lawrence) (Arlene Solomon)

MANAGING A CONSUMER LENDING BUSINESS

2nd Edition

机械工业出版社
China Machine Press

图书在版编目（CIP）数据

消费金融真经：个人贷款业务全流程指南：原书第 2 版：珍藏版 /（美）戴维·劳伦斯（David Lawrence），（美）阿琳·所罗门（Arlene Solomon）著；张宇译 . -- 北京：机械工业出版社，2021.7

书名原文：Managing a Consumer Lending Business, 2nd edition
ISBN 978-7-111-68390-2

I. ①消… II. ①戴… ②阿… ③张… III. ①消费贷款 - 指南 IV. ① F830.589-62

中国版本图书馆 CIP 数据核字（2021）第 117942 号

本书版权登记号：图字 01-2017-5172

消费金融真经
个人贷款业务全流程指南（原书第 2 版）（珍藏版）

出版发行：机械工业出版社（北京市西城区百万庄大街 22 号　邮政编码：100037）

责任编辑：沈　悦	责任校对：马荣敏
印　　刷：中国电影出版社印刷厂	版　　次：2021 年 7 月第 1 版第 1 次印刷
开　　本：170mm×230mm　1/16	印　　张：18.25
书　　号：ISBN 978-7-111-68390-2	定　　价：89.00 元

客服电话：（010）88361066　88379833　68326294　　　投稿热线：（010）88379007
华章网站：www.hzbook.com　　　　　　　　　　　　　　读者信箱：hzjg@hzbook.com

赞　誉

　　中国开始步入消费金融和小微金融的黄金时代，随着传统金融机构和科技金融公司开始进入和深耕消费金融行业，数据和人工智能驱动的精细化运营管理、对市场的快速响应和产品的快速迭代及结合互联网和金融数据的风险控制越发重要。如何建立业务流程，从产品规划、获客到账户管理；如何利用量化的方法驱动业务中每个阶段的决策；如何建立高效协作、权责分明的管理架构；如何制订计划穿越经济周期；业务的核心：如何平衡风险和回报。这些都是消费金融行业里重要的问题。本书对消费金融的管理做出了详尽的叙述，对上述问题给出了答案，让读者"既见森林又见树木"，填补了市场上消费金融方面书籍的空白。

——融 360 CEO　叶大清

　　本书系统地讲述了消费金融业务的基本原则和方法，对国内方兴未艾的消费金融行业具有实操的指导意义。小额分散是消费金融的特点，利用大数据原则通过概率进行管理，从而引入数据驱动的决策过程，明确管理指标体系并将风险管理原则作为业务发展指导是本书的主线。译者具有多年消费金融的实战经验，对作者的意图把握得非常准确到位。

——小米金服信贷业务负责人　陈曦

我和张宇在美国的 Capital One 有过十几年的交集。他是公司里面公认的风险模型技术大牛，引领了几代风险模型的升级换代，带来极大的业务价值。他对事情的好奇心，对业务的不停探索和学习，对我个人也非常有启发。很高兴看到他在百忙之余，为国内消费信贷的同行翻译引进了这本实用的业务指导书。在美国，量化的消费信贷风险管理大概从 20 世纪六七十年代开始发展，Capital One 在 20 世纪 90 年代起家，依靠纯线上、数据化的模式，在风险极高的次级贷款市场拓展信用卡业务，经历了几次经济危机后持续发展，其中的经验值得借鉴。本书深入浅出，系统性地从准入、授信、贷后管理，直至催收环节，细说如何展开业务、判断业务的价值，以及有效管理风险。虽然里面有些细节，如通过直接邮件，也就是寄信的方式来获客，在智能手机走天下的中国不适用，但是不管载体如何改变，信用和信用风险的本质是不会改变的。中国的消费信贷发展还在初期阶段，行业浮躁，还没有经历过真正系统性风险的洗礼。用他山之石，帮助业务稳健前行，对于消费信贷从业者在未来几年尤为重要。

——蚂蚁金服消费和小微金融风险管理部负责人　余泉

中国正迎来普惠金融的大潮，这个行业的一端是数以亿计的有小额消费信贷需求的大众，另一端是大量涌入互联网金融、消费金融行业的从业弄潮儿。在这个纷繁激进的年代，如何精准地透过现象看本质，搭建以数字驱动为核心竞争力的消费金融业务体系，应该是每一个消费金融从业人员的必修课。本书很好地填补了这方面中文专业书籍的空白，我将它强烈推荐给每一位对消费金融领域感兴趣的读者和从业人员！

——量化派 CRO　粘旻环

推荐序一

　　金融的本质是不同主体之间通过价格发现来实现跨时空的价值交换。霍学文在《新金融，新生态：互联网金融的框架分析与创新思考》一书中曾用一个简洁的公式表达了金融的基本要素：金融＝信息＋制度＋技术。其中信息是载体，制度是保障，技术是动力。传统金融业偏好服务高大上的企业和高端客户，对普通大众和中小微企业的服务却并不到位。在互联网深水区，信息和技术有了极大的发展，如果制度能与时俱进，中国的金融就有望弯道超车，最终实现数字化和普惠化。互联网虽然诞生于美国，但是因其去中心化的特性，与中华文明"君子和而不同"根基相通，使得互联网进入国内后迅速生根发芽：从开始的信息、娱乐、出版，到电商，再到今天推动高度管制、专业的金融行业深度互联网化和共享经济的蓬勃发展，互联网正在深刻改变我们的经济社会。据艾瑞咨询报告，中国互联网消费金融交易规模从 2013 年的 60 亿元猛增至 2017 年的 4367.1 亿元，4 年内实现了 70 倍爆发式增长，但市场还远远未被满足。据统计，美国消费金融扣除房贷和车贷后，家庭负债比高达 25%，而国内仅为 0.1%。互联网金融把数量庞大的中小微企业和个人通过互联网高效地聚合起来。大型互联网平台借助其场景和效率的优势，各种新兴的金融科技公司也通过向平台输出技术或者自建场景抓住"金融长尾"，推动着普惠金融的大潮。在如火如荼、纷繁激进的互联网金融浪潮中，如何透过现象、摒弃浮躁，精准地抓住消费金融的本质？本书作者总结了美国消费金融从开始到蓬勃发展，以及遭遇经济危机后复苏的实践经验，提炼出管理消费金融业务之"数据驱动"的核心理念，以及风险收益平衡原则、未雨绸缪的业务规划原则、通过概率进行管理原则、通过业务指标体系管理原则和权责清晰的风险管理原则，共五大原则。国内的从业人员可借鉴美国的发展经验，坚守金融的本质，以审慎乐观的态度积极拥抱互联网，借助数据和科技的驱动力，真正践行普惠金融。

1993 年，我在硅谷见证了互联网从实验室走向大众的开始。怀着用支付改变人们生活的梦想，2003 年我和合伙人从硅谷回国创立易宝支付。以交易为目标，从支付切入，深耕航旅、教育、网贷、消费金融等行业，不断把互联网连接技术、数据技术、风控技术和各行各业结合起来，推动传统行业的互联网化。经过 10 多年的努力，易宝开创了行业支付模式并引领航旅等行业的支付，每 3 张机票里就有 1 张是易宝提供支付和相关增值服务的。在移动互联网大潮下，数据成了新时代的货币，在此背景下，2015 年易宝明确了"大交易"的战略——围绕支付这一交易的核心环节做纵向延伸。"向上做基于场景的增值服务，向下做基于数据的征信服务，统一资金流、信息流和交易流，构建开放的交易服务平台，易宝由行业支付步入'支付＋'时代。"创业 10 多年来，我见证并亲身经历中国第三方支付行业从懵懂的蹒跚学步、野蛮式生长扩张逐步走向成熟，一路给人们的生活带来无数便利，有力地推动了经济社会的发展，感触良多。第三方支付是互联网金融的先锋队，也是互联网金融进一步发展的基石和桥梁，没有支付，理财、借贷都无法完成，网贷存管等也将变得极为不便与僵化。对第三方支付发展经历的总结将有助于互联网金融的良性发展。

本书译者张宇是我大学同窗好友，毕业后曾在中国人民银行工作，2001 年加入 Capital One。该公司于 20 世纪 90 年代起家，依靠纯直销、数据化的模式，在风险极高的次贷市场拓展信用卡业务，历经经济危机持续发展，目前已成为美国前五大银行。张宇先后设计和实现了该公司三代的核心信用审批模型，首次将复杂机器学习模型运用于信用决策，率先在业界建立了精准价值评估系统，大幅提高了数据驱动决策的深度和广度。他也因此成为业界公认的零售信贷建模和风控领域的权威。作为易宝"大交易"战略布局的一个重要举措，张宇2016年正式加盟易宝，任集团副总裁和易宝旗下天创信用有限公司的首席风控官，主要负责公司的风险管理战略、规划并领导数据和风控团队，帮助金融机构构建包括贷前、贷中、贷后的全流程风险管理体系，设计和实施消费信贷、小微信贷等多领域的风控策略和模型，希望能为中国的消费金融市场注入新的活力。我相信：如果有更多的国内金融从业人员阅读本书，并将书中的知识和经验融会贯通地应用于实际业务中，中国将构建以数字技术驱动为核心竞争力的消费金融业务体系，成功弯道超车，最终实现金融的数字化和普惠化！

易宝支付 CEO　唐彬

推荐序二

　　第一次读到这本书时是十多年前，那时我在 Capital One 工作，译者张宇是与我一起"奋战"多年的老同事。他本人在业界早已是零售信贷建模和风控领域公认的专家。这次特别高兴张宇在百忙之中抽出时间来翻译这本书，让国内的朋友也可以一起分享。2006 年回国在银行做风控时，我曾经将这本书推荐给同事。后来离开银行创业，定位 Fintech，我又一次将这本书推荐给公司的伙伴，拉上一线工程师一起学习这本书，并集体讨论读书心得，分享读书笔记。当时国内的互联网金融如火如荼，但能从技术角度理解并切入核心金融产品的公司还不多，真正意义上的"Fintech 行业"还在成长过程中。这是第一本我们一起学习的书，公司员工有的来自互联网行业，不了解金融；有的来自金融行业，但对于信贷产品并不熟悉；少数员工的英语基础不太好，但大家热情很高，分成若干学习小组分头研究并做分享。在我职业生涯中最重要的三家公司里，这本书都被列为必读的经典教材。

　　本书横向讲解了信贷过程中的业务流程，包含消费金融产品定位与设计、信用评估、客户管理、催收策略等，也纵向讨论了各环节具体的管理原则和操作技巧，还对美国市场的车贷、房贷、经济衰退时期的信贷进行了细分讨论，对国内市场操作也有借鉴意义。书里并没有介绍"大数据""智能信贷""AI"等流行概念。这看似有点矛盾——我所在的 Capital One 及读秒都是以数字化和科技著称的公司，为什么会学习这样一本"非科技"图书？

我个人觉得金融科技化的发展是手段和技术更新，其本质逻辑仍然不变。在互联网信息发达的时代，智能手机的普及、大数据的产生与机器学习的应用，给了我们更多获取数据的渠道、更快的模型迭代速度与更多维的用户画像，但我们仍然秉承着消费金融每个环节的本质，从风险、成本、收益等基础角度去思考我们业务的逻辑，这是本书讨论的要义。

今天"科技金融""互联网消费金融"等已经成为流行词语，本书里提到的一些细节标准被忽视，市场出现了浮躁的一面。这本书在此时翻译成中文颇有意义，能够帮助从业人员沉静下来，从基础原理与核心环节的角度认真审视消费信贷行业。

读秒 CEO 周静

译者序

以我将近 20 年的从业经历来看，本书确实是管理消费金融业务的真经，而且我也认为合理应用该书提炼的原则确实可以避免类似 2007 年的次贷危机。

我回国几年后，看到国内蓬勃发展的消费金融热潮，大量机构和专家纷纷基于不同的理念和模式进行探索和尝试，呈现百家争鸣的繁荣景象。我回想起在 Capital One 工作时本书给我和同事的重大帮助和指导，于是在工作之余，将本书翻译后献给国内的同行，希望能与大家共同探讨、实践，助力国内消费金融的发展。

本书的作者总结了从业 35 年的金融实践经验，并结合了顶尖咨询公司和行业领先企业的案例撰写。"数据驱动"是贯穿本书的核心理念，五大原则是管理消费金融业务的精髓：

第一，风险收益平衡原则。消费信贷的目标不应只是减少坏账，还应该在利润最大化的前提下尽量避免损失或坏账风险。利润最大化是比减少损失更合理的业务目标。

第二，未雨绸缪的业务规划原则。良好的规划对业务管理至关重要。规划首先应该确定如何赚取利润，其次应制定详细的落地执行方案及风险规避措施。良好的规划、获客和账户管理可以有效地避免催收和核销中出现的问题。规划具体包括确定产品的形态，如何吸引好客户并规避坏客户，以及为实现利润目标而设置的信贷流程等。

第三，通过概率进行管理原则。由于消费信贷业务的特点是业务量大，但平均单笔额度较小，因此需要通过统计模型等技术手段对风险进行概率预测，从而实现风险管理。通过概率进行管理的目的是在提高业务处理效率的同时降低成本，而不是试图杜绝坏账。必须注意：通过概率无法预测特定个体的表现。

第四，通过业务指标体系管理原则。设计、开发并使用准确反映当前业务实际现状和预测业务发展趋势的业务管理指标体系，是管控消费信贷业务的关键。通过管理指标体系能够迅速定位问题，并积极采取措施处理问题。

第五，权责清晰的风险管理原则。对于公司的风险管理，可以每个人都是风险管理者，也可以由专人负责整个机构的风险检查与协调。无论选择哪种管理模式，首先公司必须有真正懂风险管理的专家，其次需要明确清晰地定义各个部门每个职级的风险权责。

本书前几章先后从产品规划、信用评分、获客，以及催收策略和催收战术等业务全流程的角度，介绍了各环节具体的管理原则和操作技巧，并以邮件营销、基于场景的消费信贷业务和房贷业务等实际应用为例，介绍了这些原则与技巧的具体应用。后续几章介绍了消费金融管理的核心——产品的利润分析，以及管理信息和组织架构管理。最后一章总结了经济衰退时期的消费信贷管理。本书既有高屋建瓴的决策指导，又有切实可行的操作技巧。

当然，本书中介绍的部分案例和方法有可能在国内不适用。比如，邮件营销是美国金融产品获客的最重要方式，其原则与方法可适用于国内白名单营销场景，但邮件并不是国内消费者的普遍通信工具，因此具体技巧不可照搬。此外，由于房产对消费者的重要性，中美两国有不同的房贷监管政策，因此在处理房贷业务时可以参考本书技巧，融会贯通、因地制宜地应用。另一个重要的差异是 2016 年国内央行征信覆盖人群仅 8.8 亿人，其中有信贷记录的人群只有 3.8 亿人，而且难以获得历史时点的征信数据，大大增加了国内金融机构使用征信数据的难度。美国具有完备的征信体系，三大征信局可匿名提供客户在法律许可的历史时点的征信数据。本书讨论的信用评分基于传统的评分卡，未涉及大数据、机器学习、AI等新技术。尽管如此，本书介绍的基本原则依然是普遍适用的。

本书介绍的"数据驱动"理念是我曾供职的 Capital One 的核心竞争能力。Capital One 是一家主要经营信用卡、车贷及存款的银行机构。它在短短 30 年内就从一家地方银行的信用卡部门发展成美国前五大信用卡发卡行和第四大汽车贷款机构，曾经在世界 500 强公司中排名 112 位。其崛起的奥秘，就在于数据驱动决策。早在 1988 年，里奇·费尔班克在创立 Capital One 时就认识到了数据的重要性，坚信金融机构的竞争力是对信息的收集与处理能力。前瞻性的战略使数据思维渗透进了该公司日常工作的方方面面，包括产品、客服、风控、企业文化、内部沟通等。该理念帮助其渡过了 2007 年次贷危机，并助力其成功崛起。我本人于 2001 年加入该公司，先后设计和实现三代 Capital One 的核心信用审批模型，首次将复杂机器学习模型运用于信用决策，并率先在业界建立了精准价值评估系统，大幅提高了数据驱动决策的深度和广度。

美国消费金融产业兴起于第二次世界大战之后，由于战后人口膨胀、消费观念转变和居民可支配收入增长等因素，美国消费金融市场规模从 1950 年的 250 亿美元发展到 2015 年底的 12.22 万亿美元。在高速发展的同时，消费金融持续推动了经济的稳步增长，同时催生了完备的征信体系和监管制度。当前美国的征信体系建设已经非常完善，覆盖全美近 85% 的人口，并且在全面的征信体系基础上实现了三大巨头征信局之间的数据共享，为整个征信体系的完善奠定了基础。通过串联金融信用数据、消费数据及社交数据等各类数据，征信体系评级的科学性大幅提升。当然，美国消费金融在发展历程中也走了不少弯路，如发展之初经历了大规模的欺诈危机，以及 2007 年爆发的次贷危机，政府、机构以及消费者为此付出了沉重代价。

相比于美国消费金融的发展，国内于 2007 年首次提出消费金融概念，2015年消费金融市场规模激增到 19 万亿元。据艾瑞咨询预计，2019 年国内的消费信贷规模将超过 41 万亿元。可以预见国内的消费金融在不远的将来有极为广阔的市场空间。他山之石，可以攻玉。在国内消费金融的发展过程中，我们可积极借鉴并吸取美国发展历程中的实际经验，实现弯道超车。

当前我国消费金融发展也呈现出风控难、坏账率居高不下及用户群体极化等问题。一个主要原因是当前国内的信用数据及体系不完备，尤其是消费者在某一历史时点的金融信用数据、消费及社交等数据难以获取。希望通过像我目前所在的天创信用服务有限公司等第三方征信公司及同业的共同努力，可以不断完善国内的征信体系，提高消费金融业务和风控管理水平，使消费金融真正普惠大众。

最后，我在这里要感谢易宝支付 CEO、天创董事长唐彬及天创 CEO 李文贤给我加入天创的机会，让我能为国内消费金融的发展做出自己一份微薄的贡献。同时，我要感谢天创的同事陈斌、唐文、赵千里、陈黎明、刘小霞、胡俊、董雪、雷柠畅和何音在翻译过程中提供的帮助。尤其是刘小霞，没有她的帮助，本书的翻译很难按计划完成。还要感谢出版社编辑为本书出版所做的卓越贡献。

前　言

　　本书在 2002 年出版时，我曾经说过这本书是我第三次也是最后一次总结过去 35 年亲自参与并获得丰富经验的消费金融业务管理知识。消费金融业务确实有很大的挑战性，有些机构因此走向辉煌，但有些机构却走向衰落。在本书再版及我曾出版的两本书⊖中，我都试图清晰阐述该业务的一些重要处理过程，这可以帮助赢家获得更大的成功，同时帮助输家分析导致损失的欠缺之处。与上一版相同，本书由阿琳·所罗门和我共同撰写。

　　有趣的是，整个银行业或其他类型的消费信贷机构都在 20 世纪 70 年代中期市场开始发生变化的同一时间开始发展消费金融业务。当时传统银行非常保守，主要还是服务一些对公企业客户（我可以发誓：当时几乎所有银行从业人员都是男性）。后来被称为零售银行业务的服务，即提供房贷、车贷和循环额度贷款等产品，也仅仅由办事机构和分支机构管理。有资历的金融专家可能开始在分支机

⊖ *Risk and Reward: The Craft of Consumer Lending* (New York: Citicorp, 1984); *The Handbook of Consumer Lending* (New York: Simon & Schuster, 1992).

构中从事零售银行业务，但随着职级的提升，他们的主要目标依然会集中于挖掘并满足对公企业客户的需求，负责零售业务的经理在组织架构的职级发展中处于劣势。

20 世纪 70 年代中期，随着信用卡业务的爆发式增长，这一切发生了根本性变化。当时花旗集团率先在美国全国大规模地通过邮件营销信用卡。该方式大胆、构思巧妙，虽然最初的结果可能是灾难性的，但是花旗集团的董事长，有远见的沃尔特·里斯顿先生，为约翰·里德带领的消费信贷银行提供了足够的时间和资金来真正研究消费信贷业务。实践证明，他们成了消费信贷行业的领路人，正如约翰·里德在我 1984 年出版的《风险与收益：消费者借贷的技巧》一书中所写的那样，"我们应该清楚地发现我们正在创新"。

所以，后续每隔几个月就会有新的消费信贷业务被收购或扩张到各地。每月都有新成员加入该行业，将其在利华兄弟公司、宝洁公司（市场营销专业）、福特汽车公司（金融专业）和顶级商学院等不同行业、领域的专业知识和经验应用于消费信贷行业。约翰·里德在沃尔特·里斯顿退休后成为花旗集团的董事长，带领花旗集团获得了令人惊奇的多年的持续增长。如今，在许多金融机构中，消费信贷业务不再是金融机构的"孤儿"，而是最有利可图、增长最快的业务之一。

传统的风险管理理念（将损失最小化）已变得不再重要，必须通过在分支机构与客户面对面的接触才能了解客户也不再正确。与此同时，评分系统有幸得到大量应用，也就是说应用统计工具处理大量业务被广泛接受。信用评分技术的应用使得花旗集团和全球其他金融机构更有信心地扩张，更多的创新改变了消费信贷业务的发展趋势，具体包括迅猛发展的互联网销售和分发渠道，以及数据挖掘技术的突破（收集、分析从不同来源获得的现有客户或潜在客户的大量信息）。这些工具对全球范围内的信用卡业务和消费信贷业务的激增做出了举足轻重的贡献。不过，我之前书中描述的基本原则在今天仍然有效。

不幸的是，21 世纪初期，一些贪婪的金融机构盲目地扩张房贷市场甚至专注于经营次级客户，即具有低信用分或没有信用的客户。这些机构在谬论——"房价永远会一直增长"的误导下，为一些提供很少首付或几乎不能提供首付而且几乎没有还款能力的客户（有时被称为"Ninja"，即无收入、无工作、无资产的缩写）提供房贷，从而激化了市场问题。2007 年美国房地产泡沫开始破裂，金融行业难以为继了。如果他们读了 2002 年出版的本书第 1 版，并遵循好的房贷业务原则，这样的灾难将永远不会发生。

如果金融管理者具有充分的历史观、预测能力和专业经验，就可以有效预测 21 世纪前 10 年初期发生的许多问题。本书介绍了许多经历史和实践检验的管理经验。为避免 21 世纪前 10 年初期的过激行为再次出现，美国相应地出台了多个监管法案。我们不知道将来会如何，但我们坚信本书之前介绍的许多原则在今天依然行之有效，至少在不良贷款和核销率降到正常水平方面会有效。

2008 年初的金融危机表明，管理良好的消费信贷业务对世界经济的发展至关重要。本书结合行业发展的最新进展介绍了良好管理消费信贷业务的原则。同时，本书从大量的培训课程中提炼素材，艾伦·席费尔斯和乔·德贝利斯等资产组合管理公司的同事为本书的撰写提供了很多帮助，该公司位于美国纽约，主营管理咨询业务（现在是 Novantas LLC 的一个部门）。本书大量应用了他们在消费信贷领域的专业经验，特别在账户获取、评分、邮件营销和账户维护等方面。艾伦再次编辑了这些章节，并做了许多有益补充。本书的另一部分资料源于唐·格里芬，他是美国商业解决方案中心（CBS）的董事长兼创始人，该公司总部位于科罗拉多州，是专注于催收业务的咨询集团。在此新版本中，拉尔夫·里普利，CBS 的首席执行官和联合创始人，帮助更新了催收部分的两个章节。富国银行前执行官马蒂·霍姆更新了许多章节，并在不断变化的消费信贷世界中提出了许多宝贵意见。最后，尼尔·利布洛克，另一个富国银行执行官，对房贷业务章节提供了许多帮助。

卡罗尔·舒克霍夫再次成为编辑团队成员，他帮助我们提炼思路，进一步提升了本书的可读性。谢谢你，卡罗尔。最后，我们感谢伯尼·施莱费尔为此书做的设计，以及凯丽·霍拉汉为此书做的优雅封面。他们的贡献使本书更具有吸引力和可读性。

Managing a Consumer
Lending Business

目　录

第 1 章

概　　述

本书第 1 版[○]于 2002 年出版，今年（2012 年）我们对本书进行了修订，在此过程中，我们意识到在本书上一版中论述的风控管理原则依然在全球大多数消费金融业务中行之有效。如果有更多的金融机构能够贯彻这些原则，21 世纪前 10 年初期出现的高风险贷款及后期随之而来的巨额损失就有可能避免。贯穿本书，我们详细地论述了高风险贷款飙升的原因，以及风控经理在预测到具有潜在风险隐患时可采取的有效措施。再版本书的目的与第 1 版一致：主要是为消费金融从业人员提供信贷业务管理知识而不是讨论经济危机。

本书第 1 版讨论了银行业及整个金融服务业在过去 25 年（约 1987～2012 年）中翻天覆地的变化。具体有全球经济的增长、互联网和电子银行的发展，以及新金融产品和服务的产生。其中创新的信用卡业务是最具有里程碑意义的变革，信用卡在全球的推广和应用已彻底改变了人们购买商品及服务的日常生活习惯和交易方式，而且为金融机构贡献了相当大的利润，提升了机构的盈利能力。

回顾第 1 版核心思想，良好的商业基础，特别是符合原则的用户行为是这次金融革命成功的前提，这些用户行为包括：

　　○　正文中提及第 1 版均指本书英文版。

- 多数借款人会理性地借款并按时偿还债务。
- 多数人在经济困难时期会减少支出。
- 多数贷款人会以负责任的态度和审慎的方式发放贷款。

换一个角度，历史经验表明，借贷、信用体系是有效的；否则大家将会自始至终使用现金支付，这样本书及其前一版也没有存在的必要。通过如租车、购票、入住酒店等消费场景，人们已经体会到在非常多的场景里，信用卡提供的不仅仅是便利，更是必不可少的支付手段。除此之外，金融机构提供的房贷、车贷及其他大额消费信贷产品可以帮助消费者提前享受之前需要积攒多年才能享受的住房、教育等服务。

也有少数消费者不遵守信用规则，如有些借款人借了款，但并不打算偿还，他们甚至把破产当作理财的手段。有些借款人以金融机构促销鼓励他们申请并不需要的贷款为借口而不履行还款义务（2006 年，美国各类金融机构寄发了接近 60 亿份各种贷款促销的广告）。

21 世纪前 10 年初期滥发的不良贷款造成了 2007 年美国的房贷和次贷危机，随后这次危机迅速波及世界各地。毫无疑问，许多金融机构需要对此负责。当时有些从业人员不了解业务，有些不遵守业务规定而草率地发放贷款，还有机构甚至违反法规以快速扩张业务（例如，在互联网上有些金融产品只有 300 美元的信用额度，却有 36% 的年利率及超出现行法规允许的费用）。这些行为都是金融机构滥发贷款的恶劣例子。但是，这些案例是本书讨论的业务实施原则之外的特例，且我们也不打算借本书对借款人的借款行为或贷款人的放款行为进行说教。

本书的目的是为正规的金融机构介绍一系列消费金融业务管理的工具和配套的风控管理流程，从而使其获取相应的风险收益。

消费者债务模式

近年来，虽然全球经济的衰退限制了消费信贷总量的增长（特别是在美国），但是一段时期内消费信贷仍呈现增长态势。事实证明消费者已逐步培养了借贷习惯，且金融机构也倾向于发放相关的贷款。例如，美国在经济并不景气的情况下，消费信贷总量从 2001 年的 7 万亿美元增长到 2012 年的 16 多万亿美元。长期以来，尽管个人信贷业务主要以房贷为主，但是纵观全球，信用卡、汽车贷款和个人贷款之类的个人信贷业务仍在持续增长。除通货膨胀影响外，影响个人信贷业务增长的主客观因素主要有以下几点。

- 经过 25 年的发展，信用卡在美国几乎可以无时无地地使用。同时，信用卡也已成为巴西、墨西哥、土耳其、罗马尼亚、印度、中国、韩国和其他国家或地区消费者的常用工具。消费者不仅可以在服装店、五金店及商场等传统商业场所使用信用卡，还可以在便利店、电影院、出租车、加油站及麦当劳使用。信用卡甚至可以用于在机场支付仅 2.5 美元的行李手推车费用。虽然这些场所目前还主要使用借记卡交易，但是信用卡支付已占了很大的比重。电子处理技术的使用降低了银行的交易和操作成本，使得信用卡进行小额支付也变得有利可图。同时，信用卡的使用也为消费者提供了便利。随着邮寄订购和网购数量的不断增长，人们使用信用卡进行网络支付也越来越频繁。尽管有时消费者会在还款日忘记还款，但是他们已习惯于用信用卡支付"一切费用"。这种便捷和实用让我想起了在布拉格一家餐厅的事，当时我想在回家之前花完手中的捷克货币，于是试图用现金支付晚餐，但是服务员却说："对不起，先生，您有信用卡吗？"显然很少有人在餐馆付现金，因而餐馆没有零钱找兑。

    信用卡业务仍具有较大的增长潜力。尽管美国的增长空间在缩小，但是在像中国和印度之类的人口大国，当前使用信用卡的人口基数较小，可以预测日后会有爆发式的增长。2011 年中国使用信用卡在线购物的体量已增长了近 50%，而且有越来越多的商店开始接受信用卡交易。

- 通常，信用卡的还款监管政策比较宽松，但美国依然规定必须偿还部分本金（最低还款必须使计息本金逐月降低）。信用卡的最低还款比例在一些国家仍然非常低。但在美国，最低还款比例已恢复到每月余额的 3%～5%。

- 21 世纪前 10 年初期，抵押贷款的首付比例大幅下降。20 世纪 90 年代后期和 21 世纪前 10 年初期，零首付车贷业务被大面积推广。目前仍有一些汽车制造商通过此种贷款方式来进行促销，但大多数厂商已恢复了车贷首付比例要求。住房市场与此类似，21 世纪前 10 年初期，房贷的首付比例大幅下降，但现在多数已恢复到房屋总额的 20%～25%。同时，仅付利息的房屋抵押贷款产品也被广为接受，还有一些银行通过延长贷款期限来降低月还款额。当然，21 世纪前 10 年的一次抵押和二次抵押房贷热潮也造成了消费者整体债务数据的增长（第 10 章对此话题有更全面的讨论）。

- 向信用较差的客户（信用记录少甚至空白，或者信用记录不好的客户）提供贷款，也是金融机构的一种普遍做法。但由于人们逐渐意识到 21 世纪前 10 年初期的过度放款行为导致了全球金融危机的发生，最近（2009～2010 年）联邦政府监管机构开始关注并监管次贷市场。

以上这些因素都导致个人信贷总量大幅上涨。一些危言耸听者认为信贷业务的增长会给消费者带来难以承受的负担。一份公开的联邦储备数据（债务服务占可支配个人收入的百分比）表明，消费者的债务占个人可支配收入的比例由 20 世纪 80 年代中期和 20 世纪 90 年代初期的 11%～12% 上升至 21 世纪前 10 年初中期的 13%～14%，而该比例又由于 2010 年和 2011 年破产数量增加、丧失抵押品赎回权及放弃债务等因素降低至 11%～12%，因此之前的增长并不失控。

总的来说，近年来消费信贷业务一直在蓬勃发展，多家银行也基于此项业务获得了快速发展。例如，20 世纪 90 年代初，美国的前 10 家信用卡公司（摩根大通、美洲银行、花旗集团、美国运通、Capital One、Discover、富国银行、美国银行、汇丰银行和 USAA）的总计市场占有率不到 50%，但通过迅速的整合和扩张，其 2001 年总计市场占有率已达到 78%，2011 年底已达到 85%，当年的应收账款总额为 6070 亿美元。

在 2002 年本书第 1 版中提到的只经营信用卡业务的公司中，Capital One 是唯一存活至今的，但是它目前已发展为综合性银行。其他比如 Advanta 和 Providian 等公司已被类似 Capital One 这样的综合性银行收购。

主营房贷业务的金融机构也在整合，最大的房贷银行，如富国银行、美洲银行和摩根大通，所放房贷在 2011 年约占房贷放款总额的一半。房贷市场最大份额的纪录保持者——富国银行的房贷发放量占 2012 年第一季度房贷总额的 34%。与此同时，区域性或地方银行在做出合理规划和决策的前提下，在为客户提供更好服务的情况下，也可以在合并收购的趋势中获取生存空间，并保持相应的市场份额。本书中论述的信贷管理知识不仅可以有效地应用于每年执行数千个、数十万个甚至数百万个信用决策的大型金融机构，也可以应用于每年执行几百个信用决策的小型金融机构。

美国之外的市场也发生了较大的变化，众多新成立的机构及一些跨国银行通过兼并收购迅速扩张其在全球的消费信贷业务，使得行业竞争更加激烈。但 2008 年经济大萧条及经营不善的银行被同行收购等因素也略微降低了竞争的激烈程度。同时，中国的金融市场已向外资开放，也逐步开展了消费信贷业务。

以上详细论述了引起消费信贷业务迅速增长的大量因素，下面本书将具体介绍消费信贷业务管理的五大原则，以解决什么是良好的消费信贷管理原则及如何在与传统银行激烈竞争中胜出的问题。

消费信贷业务管理的五大原则

- **风险收益平衡原则**。风险水平和收益水平必须保持合理的平衡，利润最大化比损失最小化更加合理。
- **未雨绸缪的业务规划原则**。在获取账户和管理账户时做好规划，可以减少催收和核销时的问题。
- **通过概率进行管理原则**。通过统计技术控制、预测风险概率来进行管理，而不是去试图杜绝坏账。
- **通过业务指标体系管理原则**。建立一套完善的表现指标体系，有专人分析这些表现指标，并把分析结果用于日常业务。
- **权责清晰的风险管理原则**。不论采用哪种方式来进行风险管理，负责风控管理的人员必须有清晰的责权。

这五大原则是本书的核心，我们将在后续章节进一步详细说明。

风险收益平衡原则

公司经营的最终目标是盈利，公司管理层希望达到他们的利润指标，与此同时股东也希望获取相应的红利。消费信贷的目标不应只是减少坏账，而应是在利润最大化的前提下尽力避免损失或坏账风险。这种理念需要推广到所有金融机构：仅仅讨论风险水平而不提及相应的收益水平是没有任何意义的。在此，特别强调不同产品内在的风险／收益差异非常大，一些产品本身就有相对较大的风险。例如，在 21 世纪前 10 年中期次贷危机之前的美国，主要消费信贷产品的损失率就有很大的差异：信用卡在 3.5%～6.5%，房贷在 0.2%～0.4%（20～40 个基点），同时信用卡的收益率远高于房贷。由于次贷危机，截至 2011 年第四季度，金融产品的整体损失率仍然处于较高水平：房贷损失率超过 1%，信用卡损失率大约略高于5%（与历史平均水平持平）。下面，我们对损失率的历史平均水平（基于 2008 年以前数据）和次贷危机期间达到的高位水平进行分析、比较。

通过图 1-1 中的高位水平可以看出：一抵房贷的损失率在 2010 年的第一季度已接近于 3.0%，信用卡的损失率则已达到 10.0%。

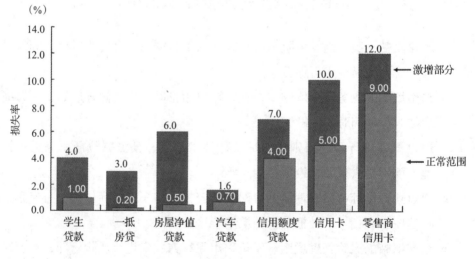

图 1-1　典型损失率——按产品划分

　　图 1-1 中的正常水平是根据美国的历史数据来计算的。这些正常水平可能随时间而变化，并且因国家而不同。比如，在伦敦为英国的银行培训时，就需要参考英国更高的损失率，具体为信用卡损失率 6.8%，透支损失率 12.0%。

　　但损失仅仅是事情的一面。正如前面提到的，单纯讨论风险水平而不提及相应的收益水平是没有意义的。每个产品基于其价格、固定成本结构和坏账成本，都必须有一个内在的利润水平以保证盈利。如图 1-2 所示，我们根据主要消费信贷产品的"正常"风险 / 收益比率，把它们放到相应的位置。我们给"正常"打引号是因为传统的低风险房贷目前有很高的损失率。如果贷款人可以恢复到更保守的放贷模式，我们相信这些产品会恢复到正常的风险水平。

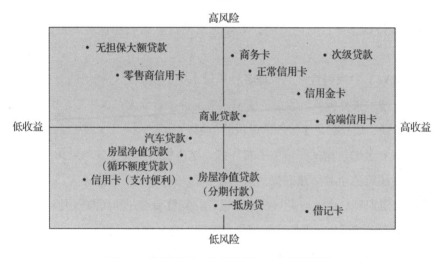

图 1-2　典型风险 / 收益比率——按产品划分

　　理论上，我们可以以图 1-2 中左下角为起点到右上角为终点绘制一条对角线，图中所有的产品将分布在本对角线的上下方。分布在对角线下方的产品有足够的收益来覆盖其内在风险（包括坏账成本在内），而分布在对角线上方的产品的收益不能覆盖其内在风险。这样通过这条对角线，我们可以判断一个产品的盈利能力。从图中可以看出，有些产品的收益可能覆盖风险，有些产品的收益不能覆盖风险。例如，依据这些产品的风险 / 收益比率，信用卡、房贷和其他主要消费信贷产品在对角线上下方都有相应的位置。高风险、高收益的产品应该分布在图的右上角，但是有的产品要么利润过低，要么风险过高，这些产品的位置会被往左边移甚至移出本图。借记卡是唯一一个低风险、高收益的产品：由于不涉及借款，借记卡有非常低的风险水平；同时，由于较高的使用率，借记卡有较高的盈利水平。这些经验规律是否长期成立，就有待于时间的考验了。

零售商/百货商店的自有品牌信用卡和大额无抵押贷款分布于图中极具亏损可能的左上角，它们的特点是低收益、高风险。自有品牌信用卡可能由独立的金融机构（如 GE 金融公司），或者百货公司及零售商自己发行，这些信用卡一般只能在自有的商店中使用。它们之所以成为低收益、高风险的产品，是因为零售商或百货公司可以在商品销售环节中获取利润，往往并不期望通过这些信用卡盈利。由于通用信用卡的灵活性及房屋抵押贷款的税收优势，美国大额无抵押贷款的总量在持续下降；与此同时，大额无抵押贷款的收益往往不足以覆盖它的风险。

在后续章节中我们将讨论管理各种风险水平的贷款业务使用的分析技术。通过这些分析技术来分析风险收益平衡及风险定价，贷款人可以决策是进入高风险、高收益的市场，还是满足于传统的低风险市场。

有些保守金融机构试图避免所有坏账。这些机构不关注业务量和潜在利润的损失，只关注避免所有坏账损失，从而很少的坏账也会导致相关人员被开除。管理层很快会意识到这点，毕竟从长期来说，业务量和潜在利润的损失影响非常大，在短期内却难以被量化，而坏账的损失在短期内是显而易见的。

在以下情形中，需要避免所有坏账损失，具体为：由于商业贷款、交易或者滥发贷款的损失（如 21 世纪前 10 年中期的房贷）而导致企业资本不足；由于监管政策的压力，银行管理层应避免所有坏账，减少任何不必要的费用支出，直到资本状况有所改善。

未雨绸缪的业务规划原则

良好的规划对业务管理至关重要。首先应该确定如何赚取利润，其次应制定详细的落地执行方案及风险规避措施。例如，公司高层迫于发展扩大业务的压力往往放弃必要的前期规划就实施扩张方案。具体的规划可以简单到计划催收人员是否可以处理每月新增的几百或上千个电话，也可以复杂到为分析大规模邮件对新目标市场的影响而实施的实验设计。过时的打分系统、计算机系统，工作人员缺乏培训等运营问题往往是破坏业务成长的罪魁祸首。如果工作人员无法获得适当的信息来分析确定问题的原因，这些问题的后果往往会特别严重。规划也包括对利润和损失（P & L）的预测，这样可明确经营的结果是否满足盈利目标。（我们会在第 2 章和第 12 章中更详细地介绍预测。）此外，不是每个业务人员都了解灾备规划，但灾备规划确实是开展金融业务的关键项目之一。我们将在下一章中介绍产品规划的具体步骤。

通过概率进行管理原则

由于消费信贷业务的特点是能够产生大量的小额贷款，因此其风险表现趋于分散且可用统计学预测，即随着计算机存储和运算性能及数学工具的飞速发展，贷款人可根据客户的一些重要信用资料预测其信贷行为及风险概率。目前，最常用的预测方式是信用评分技术。如果贷款人能够获得现有客户或潜在客户的足够信息，就可以对其进行信用评分，并预测其可能做出某种行为的概率。由此通过控制风险，控制整个信贷业务的关键。

消费信贷业务通过统计概率控制风险的特点和赌博业与保险业有着显著的相似之处。尽管一些赢家会被大肆宣传报道（如某工厂工人赢了 3500 万美元），但是赌博业盈利的根本在于庄家对每种游戏的各种情况都进行了精准计算与分析预测，从而制定了保证其盈利的规则。与此同时，参与的赌徒越多，赌徒就输得越多，庄家也就赢得越多。如果设置的赔率没有使庄家盈利，那么像亚特兰大、蒙特卡罗和拉斯维加斯这样的赌城至今仍然只会是以晒太阳休闲为生的小村庄。

同样，保险业盈利的根本也是根据概率定律对各种理赔事项发生的概率进行大量精准分析预测。例如，按概率定律，几乎所有人都会从 30 岁活到 31 岁，而只有很少人能从 95 岁活到 96 岁。尽管保险业的利润会受自然灾害的影响（如一场飓风、海啸、地震及 3000 万美元的人寿理赔），但是发生这种灾难的概率很小。

消费信贷业务也可以用类似的概率处理，对客群的信用情况进行分析和评分。

需要特别指出的是，没有系统能够预测个体的表现，评分系统仅能预测某个群体中 1/10 或 1/30 的可能表现。同样，在赌博中也会有人打破预测的概率，赢得盆满钵满。

从某种程度上说，消费信贷业务充满机遇和挑战之处在于是否有能力对大量账户的行为进行分析和预测。然而，仅仅了解一些可用的工具并不够，还需要对其进行智能管理和大量应用，更重要的是需要读取大量适当的管理信息并做出决策。在 2008 年金融危机时，关于模型无效的讨论很复杂，本书将于第 3 章及第 14 章对其进行论述。

通过业务指标体系管理原则

具备设计、开发和分析管理指标体系的能力是管控消费信贷业务的关键，这些指标包括运营数据、收入与支出数据等，同时该指标体系不仅能够预测业务发展趋势，也能准确报告业务的当前实际现状。在一个运转良好的资产组合中，能否迅速定位问题是检验管理信息系统建设得是否完善的标准之一。例如，运转良好的机构可以迅速定位不符合预期的贷款质量问题（例如，美国西部 9 月的次级贷款风险已超过预期的 8%，达到了 27% 的高风险水平）。而在资产组合管理不善的机构中，很多简单的基本问题都无人能答。例如，为什么 8 月的单位成本计划为 75 美元，实际成本却达到了 156 美元？管理层甚至在会计汇报"上月费用超标"之前不知道监测哪些指标。

建设管理信息系统的一个小窍门是尽量展示简练的数据，给管理层提供汇总的重要信息，而不是冗长的细节数据。例如，虽然评分经理以评分（620、625、650 等）、月、年、产品或子产品等维度生成的资产组合绩效报告展示了评分系统运行的有效性，而且专家也能读懂此报告，但是容易被数据淹没。将大量细节管理信息（也称为"数据"）中的关键数据用可视化的图表展现出来，如将上面的报告用如图 1-3 所示的折线趋势图表示，管理层便可一目了然地判断评分系统的运行是否有效，且可迅速获取关键信息对业务的发展趋势的影响，并进行预测。

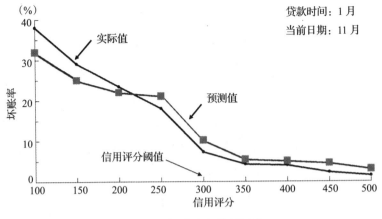

图 1-3　坏账率与信用评分

如图 1-3 所示，低信用评分的高风险账户具有较高的坏账率，且确实与预期相符，坏账率随着信用评分的提升呈平缓下降趋势。如果高信用评分账户的折线反转，即高信用评分的账户呈现高坏账率，管理层立刻会意识到当前的业务存在问题，并对可能的原因进行询问和分析。优秀的管理信息系统可以汇总如业务早期预测与当前实际发展趋势对比等重要信息，并用可视化效果展示，以便管理层迅速掌握并做出决策，而不需要花费大量时间在成堆的数据中发现问题。贯穿本书的示例表明：没有优秀管理信息系统的消费信贷业务很难取得成功。关于设计、开发和分析管理信息系统的详细内容将于本书第 12 章中论述。

最后，掌握信息后必须做出决策并采取行动。21 世纪前 10 年初期发生的房贷问题就是没有及时采取行动的经典失败案例。当时房价急剧上涨，相当简单且很多管理者都关注并评论过的房价指数报告（第 10 章中有实际报告样例），即将近 100 年主要市场的房价增长率与通货膨胀的匹配性进行分析的报告，足以证明房价已脱离正常规律而盲目上涨，各初、中、高级管理层都应该采取管理措施。

因此，得知业务发展不正常却没有采取行动会酿成大祸。确实有些人从 2000 年科技股急剧上涨，20 世纪 80 年代如加州和佛罗里达等州的房价急剧上涨，随后又大幅下跌的震荡中幸存下来，但更多的人并不希望业务从繁花似锦的井喷态势转为深不见底的下滑破灭之势。因此，再次强调消费信贷业务必须具有良好的管理信息系统，并对其进行汇总与提炼，最后做出决策并付诸实施。

权责清晰的风险管理原则

消费信贷业务的风险责任人必须被参与业务各个环节的所有人员明确知晓。在多种风险职责分配方式中存在两种极端情况：①每个人都是风险管理者；②机构风险由专职风险管理者进行全面检查和协调，其他人分别完成扩大业务量、降低成本或其他业绩目标。在此种方式中，由于每个人的业绩目标局限于具体业务范围内，因此需要专人进行整体监督与协调以保障机构顺利运转。

以上两种风险管理方式都可行，但前者需要所有人员专业且丰富的管理经验和极强的风险意识。后者经常应用于各大机构，使用此种管理方式的好处在于多个业务领域的专家可以使用先进、简练且相同的管理信息公开并直接地解决分歧。

需要牢记的是究竟选择哪种风险管理方式合适并没有简单的答案。同时，如果机构没有能够辨别风险与报酬之间细微差别的风险专家进行整体协调，那么无论其选择何种管理方式，都会陷入困境。

以上五个精心提炼的原则是理解和管控整个消费信贷业务周期的基础。接下来，本书将对用于描述和定义消费信贷业务的概念模型（见图 1-4）进行介绍。

如图 1-4 所示，整个消费信贷业务的五个环节有：产品规划、获客、账户管理、催收和核销。其中借助信息广泛、流程严谨的管理信息系统进行的管理工作贯穿整个流程的每个环节，处于模型中心。在整个消费信贷流程中，前一环节的结果会流入下一环节，而且所有环节都是相互关联的，催收和核销环节的账户数量及类型是规划新产品或完善已有产品必不可少的信息。同样，额度提升或准入政策变化后的账户表现信息也能有效反馈至前期的产品规划环节。

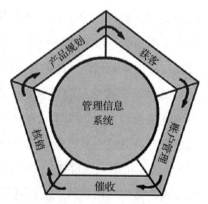

图 1-4　消费信贷业务的概念模型

本书总结了 21 世纪初期消费信贷业务的知识和经验，这些知识涉及优秀风险管理者为确保大规模业务有效运转的诸多领域，具体有吸收大量优质客户抵消不可避免坏账的重要性、控制业务规模、激励优质客户、淘汰劣质客户、管理预期利润等。

我们尽量避免为消费信贷业务披上需要大量统计技术的神秘面纱，正如我的前任领导所说，"消费信贷业务并不复杂，其商业本质仅仅是以低利率融资，高利率放贷，从而赚取息差利润"。该定义言简意赅，却明确指出了一个常见误区——一些消费信贷从业人员沉迷于大量的统计分析，忽视了业务的基础原则。

单纯依靠技术做出业务决策的管理者是相当差的管理者；相反，应该利用信息技术的优势，高效地从错综复杂的业务表现中分析提炼问题的根本原因，做出明智的决策。管理者必须有充足的知识和经验提出正确的问题，且不被那些缺乏行业背景、无业务全局观、正确决策辨识能力不足、所谓的夸夸其谈的"专家"蒙骗。

本书为读者提供了大量的消费信贷知识，至少可以帮助读者如何正确思考业务问题，寻找业务方向。

第 2 章

产品规划

充分完备的规划是管理消费信贷业务的关键，规划的主要内容有：调研确定产品的形式、使产品吸引好客户而规避坏客户的方式及为实现利润目标而设置的整个产品的信贷流程等。本章介绍了公司在顺利开展消费信贷产品规划时需要采取的主要步骤。

产品的生命周期主要有以下三个状态环节。

- 引入新产品。

- 评估和修正现有产品。

- 在必要时淘汰产品。

在日常业务中，消费金融公司很少有正式的产品规划机构。在通常情况下，产品规划工作是在公司管理层的指导下，由公司营销、运营、分支机构、财务、催收、风险管理等各个领域的代表组成的委员会（有时候是临时组成）共同承担和执行的，需要强大的领导力和部门之间的通力合作。

当一家公司决定迅速扩张现有业务或者到一个新的、没有经验的且对业务预期只有肤浅了解的领域开展业务时，其所做的规划往往欠佳。当公司在未知领域开展业务时，如果不遵守业务的基本规律，没进行合理的规划且未经过测试 / 验证流程来发现业务的真正风险，将会面临灾难。公司中如果没有有能力和经验的专家来应对产品或市场的重大变化，后果可能会不堪设想。尽管规划的失败案例多数是由新产品的推出引发的，但是近年来大多数失败案例是由于目标市场（如次级市场）变化，准入标准或产品条款放宽（如降低首付款和降低房屋抵押贷款的文件要求），或者进入高风险业务领域（如二手车融资）而发生的。下面以某家信用卡公司因忽视规律迅速扩张业务而失败的案例进行具体说明。

一家快速成长的信用卡公司

灾难的表现方式有很多种。这里以分析一家业务迅速增长的信用卡公司的数据为例进行说明。华尔街认为该公司经营良好，公司的股价也反映了这种好评。

以下各图显示了这家公司信用卡业务的惊人增长趋势。在前 3 年，应收账款年增长率超过 60%。该公司通过高度针对性的群发邮件、竞争性定价的余额代偿和良好的产品（提供精心设计的优惠为特点）获得了优于其竞争对手的优势。华尔街看好该公司，该公司股价飙升……这种情况至少持续到第四年。股票经纪公司的专业金融分析师预测，该公司盈利将持续增长。如图 2-1b 所示，该公司第四年的原始盈利估计为每股 4.85 美元，比上年增长 27%，但实际上并非如此。

第四年的第一季度传来了坏消息。该公司宣布将核销增加，并出现巨大亏损。一夜之间金融分析师对该公司的盈利预测大幅削减，公司的股价下跌了一半。

那么到底发生了什么？虽然公司外部人员永远不可能知道细节，但是回想起来，显而易见的是信用卡核销必然积累已久。此外，应收账款因公司缩减开支并减少新邮件发送而被抵平。核销率从之前的 3%～4%，最终攀升至 7.8%（见图 2-2）。

这里一个很关键的教训就是：快速增长隐藏危机。新账户需要时间来累积余额、逾期、核销，而新增客户量和当前应收账款都可能掩盖真实的核销率（见第 7 章）。资产组合可以通过单独跟踪同期账户（预定时间段）构建，所以管理层可以在后期资产组合的表现与前期资产组合表现相差甚远时早早地确定问题。显然，管理层没有遵循常规迅速做出反应。事实是，随着股价的灾难性滑落，该公司管理层和股东都为此付出了惨痛的代价。

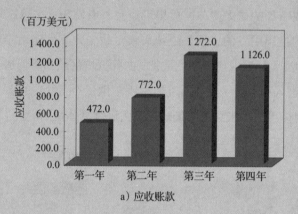

a）应收账款

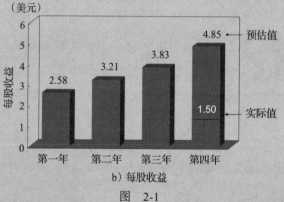

b）每股收益

图 2-1

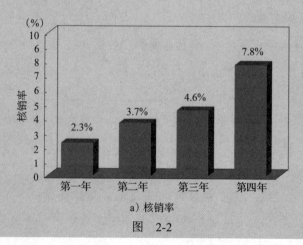

a）核销率

图 2-2

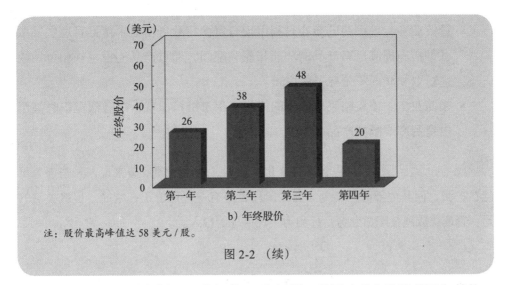

注：股价最高峰值达 58 美元 / 股。

图 2-2 （续）

非常经典的失败案例：21 世纪前 10 年初期，美国（后来波及英国和其他一些国家）开始大量滥发房贷，直至 2007 年，房贷滥发逐步受到控制，但仍然导致大量贷款人及其客户承受了巨大损失。当时房地产市场铺天盖地的低首付或零首付、先息后本、可以不提供或者提供很少的申请材料，以及低先期利率等促销广告。买家被投资房产可获得高额利润的诱惑鼓动，无论是出于自住还是投资的需求，纷纷购买了远远超过其长期支付能力的房产，从而导致房价飙升、次贷借款被追捧、大量金融机构涌入房贷市场。有人甚至将 2007 年房地产泡沫的破裂比作海啸灾难，这也导致监管机构开始采取遏制滥发贷款的严格措施。详细过程本书将于第 10 章中进行讨论。

公司总体战略

贯彻理解由高层（经董事会批准）依据公司总体战略而制定的基本业务策略是做好产品规划的开端。公司的基本业务策略主要有以下三大类。

- **扩张业务**。该策略将采取激进的管理措施以达到快速增长业务的目标，管理层明确且愿意接受为此目标承担风险和所需的投入（人力和技术），同时也认同只有长期努力地将业务的每个细节做好才可能实现盈利。

- **管控业务**。该策略的核心是利用现有资源将业务精益求精，管理层采取各种措施提高已有产品的功能和盈利空间，通过产品的稳定性和可持续性获取利润而不是业务量增长。
- **精简业务**。该策略采取保守的措施，尽量维持原状，在激烈竞争时甚至出售资产或削减产品。

此外，以上类别也可包含多种变化。比如，对于某项业务来说，一些部分可能在扩张，而其他部分可能处于管控阶段，还有一些可能正在精简。但最关键的是：管理层应清楚明白业务目标和为实现目标的投入。

背景分析

公司的总体战略（包括其能够承担的风险）确定后，产品规划的下一步是分析评估影响产品的外部和内部因素。

外部因素

外部因素包括当前的经济状态、竞争能力、竞争效率及市场上竞品类型等因素。关于当前经济状态需要明确以下问题：

- 当前时期适合扩张还是精简业务？
- 特定地区需要规避还是重点发展？
- 房价上升、降低，还是保持平稳？
- 监管政策是宽松还是严格了？
- 消费者是否感到自信或谨慎？
- 利率是升高还是降低了？

经验丰富的专家无论是在利好还是利差时期，总能发现产品推广的好时机，但在条件不成熟时，仍须做好保持现状的准备。

内部因素

对外部因素进行分析处理并确定了实施扩张策略的适当条件后，接下来公司必须分析内部是否具备必要的资源。

- 公司是否具有知识、经验和能力兼备的管理者将业务真正运营起来？
- 外聘人员是否可以填补缺口，或者是否有可能外包工作？
- 如果有必要搬迁到新办公地点，现有管理层骨干成员是否愿意？
- 新员工能否通过培养和训练，迅速投入公司现有的客服和催收等业务中？

运营支撑方面的因素也应该进行详细考察：

- 是否具备必要的计算机、系统和程序支持，以满足所有记账、支付、计费和扩张运营的处理需求？
- 公司所有人的办公空间和所需设备是否在业务开展前准备妥当？

最后，公司是否有实现增长的资金和财务能力：

- 是否有可靠的存款/借款基础和充足的资本来支撑所需的借款水平？
- 在业务运营效果未达到预期时（比如，经营亏损和核销率超过预期且持续很长时间时）能否继续维持？

如果以上的背景分析表明已具备成功扩张业务的条件，且扩张规划与公司总体战略的基本业务策略相符，就可以开展产品规划的下一步。

产品开发

确定业务目标和进行内外部因素分析后就可以开始产品开发了。

注意，此处介绍的消费信贷业务的管理原则和分析技术针对大量同类贷款的长期表现。这些管理原则和分析技术是以产品为基本单元的。因此，在更详细地研究产品规划过程之前，我们需要定义产品这一概念。

产品的定义

产品是同一组准入标准和条款的贷款或信用额度的集合。例如，新汽车贷款通常具有一组贷款条款，而二手车贷款是另一组贷款条款。中国香港的新汽车贷款将不同于美国或德国的贷款。类似地，白金信用卡是一个产品，标准信用卡是另一个产品，而提供给学生的首张信用卡是第三个产品。每个产品都有各自的准入标准、监控指标和盈利模式。

图 2-3 显示了目前市场上可见的主要产品。这些主要产品在分期或循环授信，直销或基于消费场景，抵押或信用贷款等方面存在本质差别。

产品	抵押		抵押还款方式		客户来源	
	抵押	无抵押	分期	循环	直销	渠道
信用卡（普卡、金卡、白金卡）	√	√		√	√	√ 社团
商务卡（如美国运通卡）		√		√①	√	
自有品牌信用卡		√		√	√	√
石油公司信用卡 额度		√		√ √	√	
个人贷款	√	√	√		√	
房贷 • 一抵贷款 • 房屋净值（二抵房贷）支票或卡	√ √		√ √	 √	√ √	√ √
汽车 移动房屋 船只 休闲车	√ √ √ √		√ √ √ √		√ √ √ √	√ √ √ √
学生贷款		√	√②		√	

图 2-3 主要消费信贷产品

①每月全额偿付。
②可延期偿付。

分期或循环授信产品

分期还款产品每期的还款额是固定的，即要求借款人在预定时间内每期偿还固定金额（借款本金加利息）的贷款。尽管每期支付的本金和利息可能有所不同，但是每期还款额都按预先签署的合同执行。分期产品通常应用于基于场景（如购买房屋或汽车）的消费信贷业务中，但二次房屋抵押贷款的资金用途一般不受限制。

循环授信产品每期的还款额不固定，且客户可以随意提取 / 偿还资金，仅受授信额度或提款的有效期（如房屋净值贷款）及还款日的限制。协议条款通常会要求每月偿还最小还款额，或者规定一段时间的免息期。循环授信产品通常会设置有效期。

直销或基于消费场景的产品

直销产品通过金融机构自身体系，如分支机构、互联网渠道、广告投放、直邮营销或"自取式广告卡"活动等方式将产品提供给客户。基于消费场景的产品通过其他行业，如汽车或船舶经销商、百货公司零售商或房贷经纪人等独立的分销商或代理商进行营销。经纪人 / 经销商的利润通常取决于其为客户提供资金的能力，因此非常关注金融机构审批和为客户服务的方式。

抵押或信用贷款产品

贷款最主要的识别特征是它是否有抵押。对于抵押产品，贷款人只要通过对借款人的资产（如房屋或汽车）或对特定存款（如定期存款或可销售股票）获得留置权就可放款。而对于信用贷款产品，尽管贷款人在客户违约后有可能获得追回无抵押资产的判决，但无法获得借款人的特定资产。

目标市场定位

产品规划过程的关键步骤是选择目标市场，目标市场的定位在很大程度上决定了产品的风险程度。消费信贷业务在确定目标客群后，就可以开始监控产品利润的两个关键指标：使用率和核销。

目标市场定位的主要考虑因素有经营的地理区域、客户画像（包括信用评分）和潜在客户资源（如邮件列表、汽车注册、征信局、房主、经纪人等）。

首先需要确定公司办公地点与现有客户及潜在客户的距离。当前，虽然技术的飞速发展可以使信息在秒级范围内实现本地区、国内甚至全球共享，貌似跨区域和全球运营都不成问题，但是目标区域的经济环境、客群特征等背景因素需要详尽的实地考察。例如，当地的经济状况是影响目标市场选择的一个重要因素。尽管大家都熟知整个美国或全球经济衰退的情况，但是目标区域经济的衰退与繁荣更重要。"石油州"（如得克萨斯州、俄克拉何马州等）的经济受石油价格的重大影响；"农业区"不停地进入和走出困难时期；如果波音飞机的订单大幅下降，西雅图可能面临衰退（除非比尔·盖茨决定继续大采购）。若要避免在萧条地区对客户进行营销，或者相反，在经济繁荣时停止营销，就必须跟踪监控当地经济的衰退和繁荣趋势。

你需要什么类型的客户？通过先进的数据挖掘[⊖]工具，我们能够精确地定位目标客户。尽管许多公司拥有大量现有客户的数据，但是它们没有利用现有客户进行交叉销售；相反，它们花费数十万甚至数百万美元来获得新客户。虽然根据不同的维度，如地理、人口等可将数百万的潜在客户进行分类，但是为了方便说明，我们可以把客群分为三大类：

- **高使用率、高风险客群**——他们迫切地需要资金，能够融资的渠道非常有限，愿意付出高额利息（如次级市场）。
- **中等使用率、中等风险客群**——他们经常使用信用卡及多种信用产品，对价格不敏感，但关注产品的便利性、产品特征、增值功能及服务质量等。

⊖ 数据挖掘是以尽可能了解潜在目标市场为目标的筛选大量信息的过程。大数据指的是目前可用的大量信息，包括有助于了解有关当前或潜在客户的更多信息的互联网搜索在内。公司都正尝试着找出使用这个信息库的方法。例如，大数据可以允许细分客群去更精确地制定产品或服务，或者用于研发改进下一代产品和服务，同时还需要解决好与隐私、安全和知识产权相关的政策问题。

- **低使用率、低风险客群**——他们按时偿还账单，且维持尽量低的债务水平，对价格很敏感，经常被各种信用产品促销信息轰炸。

竞品调研（了解竞争）

成功的产品规划始于有效的研究和分析。确定了总体策略和目标市场后就需要研究竞品。深入了解当前市面上的产品及其成功之处，对成功规划产品是至关重要的。我们要考虑：

- 公司正在推广的产品竞争程度如何？
- 有多少真正强大的竞争对手？
- 产品条款对目标客群是有竞争优势，还是鼓励劣质客群过度借款？
- 公司是否有一些独有的优势（如具备大量的分支机构、更好的位置或独有的品牌认知度），以帮助产品在非价格竞争中获取成功？相反，是否在特定情况下具有分支少、成本低的优点？能否设计出提高客户的忠诚度和使用率的奖励计划？

此外，为了提供有竞争力的产品，规划者必须详细了解竞争对手的详细产品条款。图 2-4 借助信用卡说明了竞争对手的公开信息：

优秀的信用卡竞品调查表需要收集以下有关方面的信息：

- 收取的基本利率。
- 手续费等各项费用（包括不明显的费用）。
- 每月最低还款要求。
- 产品特征（如促销利率、免息期）。
- 增值功能（如常旅客里程、返现）。

除了以上信息，还可以收集更多的差异细节，如客服服务时间和竞争对手承诺的服务内容。所有这些信息不仅有助于判断公司规划产品的竞争力，也可以帮助其分析确定竞争对手的产品是否盈利。

价格	A 公司（普卡）	B 公司（金卡）	C 公司（金卡）	D 公司（白金卡）	E 公司（钛金卡）
入门费率	0%（1 年）	无	0%（1 年）	无	0%（6 个月）
后续费率	基础费率 +9.5%	基础费率 +10.5%	基础费率 +9.9%	基础费率 +10%	基础费率 +11.5%
处罚利率	基础费率 +26%	基础费率 +23.5%	基础费率 +25%	基础费率 +12.4%	基础费率 +27%
年费	无	95 美元（第一年免费）	无	125 美元（第一年免费）	525 美元
附加费					
滞纳金	上限 35 美元	上限 30 美元	上限 25 美元	上限 35 美元	上限 35 美元
退款费	上限 35 美元	上限 30 美元	上限 25 美元	上限 35 美元	上限 35 美元
提前取现					
费用	3% 或最低 10 美元	3% 或最低 5 美元	3% 或最低 10 美元	5% 或最低 5 美元	5%（最低取现 3 000 美元）
年利率	基础 +22%	基础 +21%	基础 +21.5%	基础 +20%	基础 +20%
境外交易费率	3%	2.7%	3%	无	无
特征					
免息期（天）	25	26	28	23	22
附属卡	有 / 免费	有 /35 美元	有 / 免费	有 /45 美元	有 /250 美元
最小月还款额	余额的 3% 或 20 美元	利息 + 费用 +1% 本金	余额的 4% 或 20 美元	余额的 5% 或 25 美元	利息 + 费用 +2% 本金
增值功能					
交易奖励					
—常旅客里程	无	1 点 / 英里①，康泰尔航空公司	无	1 点 / 英里，所有航空公司	1 点 / 消费 1 美元，所有航空公司
—返现	所有交易的 1%	无	1% 或 3% 或 5%	无	无
机场贵宾待遇	无	1 年 3 次，康泰尔航空公司	无	无	有特定休息室
汽车租赁保险	无	有	无	有	有

① 1 英里 = 1.609 344 千米。

图 2-4 信用卡调研表

设计产品条款

在了解市场上竞争对手的产品后，就可以设计产品条款（定价、特征、增值功能）了。这些条款最终决定了产品的质量和盈利能力。产品规划的目标是吸引客户，在市场中生存且盈利，同时获得公司管理层认可。针对优质客户的高利率信用卡产品不会有市场，针对次级借款人的低利率信用卡产品不会盈利。必须严格区分每个目标市场。

下面我们讨论的产品特征和增值功能等产品条款的重点在于无担保循环授信产品（主要是信用卡）。后续章节会涉及适用于抵押产品的条款，如抵押品价值比率、首付款及资产评估过程等。最后需要注意的一点是，在 2009 年和 2010 年生效的美国信用卡行业法规《信用卡法》降低了行业定价和营销的灵活性，我们将在下面的定价和产品特征中介绍此法的要点。

定价

产品定价作为客户最关心的条款，是产品规划过程中最为关键的因素。这个因素会对客户和公司管理层产生影响。了解竞争对手的产品和定价的详细信息有助于避免不合理的定价。客户可能对收取的确切总费用不关注，但却很关注利率是否很高、是否有低促销利率（如 2.9%），以及从促销利率优惠回归到"正常"利率的优惠期。年费是无人不知的一个产品条款。不知何故，客户对年费非常反感。他可以兴高采烈地花 25 美元买 1 瓶酒作为晚餐，但却绝对不会支出 25 美元的年费！

定价的三种基本方法是：

- 低于市场定价法；
- 市场竞争定价法；
- 高于市场定价法。

每种方法都各有优劣势。

- 低于市场定价法。低于市场定价法适用于新进入市场想扩大份额或有低成本优势的时候。显然，只有在某段时间内低于市场定价才能成功。要记住的是低价总是会受到同业反击的。

不计成本，不求收益甚至都不懂如何计算成本与收益而盲目降价的公司是最危险的竞争对手。它们会推出一些无信用要求，新的貌似"低价"甚至劣质的产品抢占市场份额。因此，在准备挑起价格战之前，要对市场情况分析透彻，是要展开一场长期的拉锯战还是短期的争夺战？然后再精心地做出应对。

- 市场竞争定价法。定价的第二种方法是常规的市场竞争定价法。虽然业界对此方法并没有争议，但是管理者应该在充分计算自身真实成本的基础上确定是否选择此种方法（显然，如果成本远远高于竞争对手，用市场价格定价也可能不会盈利）。同时，该策略是否适当还取决于产品是否具有可比性。

- 高于市场定价法。如果公司的服务或产品真正有优势，那就可以采用高于市场价格的定价方法。例如，一些公司收取大量的年费且要求大量交易金额以换取一张提供独特服务和增值功能的卡（在下面将进行更多介绍）。这些卡的目标市场有很严格的限制。

定价不是仅仅通过简单的会议讨论，或者根据竞争对手公开的营销广告就能确定的，还要根据很多专业的方式进行调整。这些方式主要包括：

- **风险定价**。风险定价是通过向低风险客群提供较低的价格，而对其他客群选择性地提高价格来匹配风险与报酬的定价方法。注意！条款必须阐述明确清晰，以避免客户混淆和发生法律纠纷。（我们在第 11 章中阐述风险定价。）

- **吸引新客户的特殊优惠促销利率**。"第一年免费"或"前 6 个月花费 1000 美元可得 20 000 积分！"请记住，根据 2009 年美国信用卡法案，促销利率为期至少 6 个月。此外，如果没有提前 45 天书面通知，账户条款就不能发生实质改变。还要注意的是，如果你的产品除了促销优惠（尤其是低促销利率），不再有其他可使客户长期留存的条款和设计，之前吸引的大量新客户有可能在促销优惠期结束时流失。短暂而"精明"

的利率追逐者客群很少产生利润，因此在营销前需要提前识别此类客群并将其从邮寄名单中去除。

虽然利率可能会随时间而改变，但是美国对上浮已有客户的利率是有限制的，而且《信用卡法》规定客户有销卡的权利，并可以在加息前按照已有利率和还款周期偿还现有余额。客户可以在 3 个结算周期内拒绝新条款。另外一个限制就是在美国，信用卡公司不能因为持卡人非本公司信用卡的违约行为而提高其利率，即该法禁止所谓的"普遍违约"，禁止由于客户其他账户的违约问题或者贷款人的问题而提高客户所有信用卡的利率。从前信用卡公司可以在"任何时候、以任何原因"加息，以后不再可能。

- **逾期罚金，超限、退回或余额不足的支票罚金**。目前每次逾期罚金的最高额为 25～35 美元。滞纳金是很可观的收入（从 2002 年占美国信用卡行业收入的 13% 升至 2011 年的 30%），并且还是鼓励客户还款的有效手段，但有时候他们确实很过分。关于设计滞纳金的一些建议：

  （1）**确保客户了解还款日，以避免产生罚金**。2009 年的《信用卡法》规定，发卡行必须至少在还款日前 21 天邮寄账单说明，并且还款日应该标注在显著的位置以方便客户找到。这样，如果发生逾期，就不存在争议。

  （2）**制定政策来规定小额尾款的滞纳金**。《信用卡法》规定，滞纳金金额不能高于，只能低于最低还款金额。

- **其他费用**。现在对高利率卡的前期费用（通常针对次级市场）有所限制。有一段时间，有些贷款人收取的前期费用高达第一年信用额度的 90%，导致客户的新卡只剩几美元额度。目前，第一年费用不能超过可用信用额度的 25%。

你可能想要测试不同的定价方法、方案和策略，但在满足金额或达到足够的样本数量（如账户数或承诺数）时就可以停止测试了。

明确利润来源。最后，要了解你的收入和利润究竟来自哪里，记住一句谚语，"眼睛要盯着炸面圈，而不是中间的洞"。历史上，信用卡业务主要有四个收入来源，图 2-5 展示了信用卡业务如何获得收入。

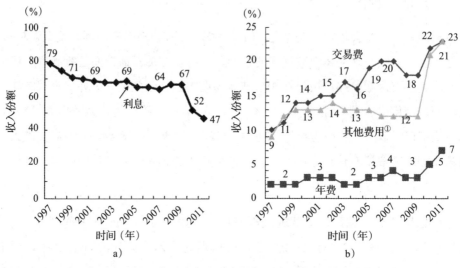

图 2-5 信用卡业务收入来源（历史统计数据）

①包括罚金、附加收费等。

资料来源：R. K. Hammer.

　　如图 2-5 所示，四部分收入来源所占的份额随时间推移发生了剧烈变化。由于 2010 年美国的新规定，利息收入下降到低于 50% 的份额，其他费用收入的增加弥补了这一损失。由于客户继续使用信用卡进行更多的日常交易（搭乘出租车、购买药品、餐馆小吃、购买报摊杂志等），刷卡手续费收入（即由商户支付给信用卡公司和交易处理商的交易费）在 2002～2011 年大幅上升（2008 年和 2009 年大衰退时期略有下降）。其他费用（包括逾期罚金、增值费用等）因 2010 年新规的实施在 2009～2010 年大幅增加，补偿了下降的利息收入。当前由于高增值功能，高年费的信用卡（如美国运通白金卡，年费 450 美元）被特定客户广为接受，年费的平均收入份额也上升到 5%～7%，但从总体来看，年费仍然是收入中很小的一部分。

　　如果你不了解"收入从哪来"，就不可能规划和定价一个可盈利的产品。

产品特征

　　接下来，在设计循环额度信用产品时，必须选择其特征，虽然这些特征在客户看来并不太明显，但是可能会显著影响其接受度和盈利能力。最突出的特征包括免息期和每月最低还款额。

- **免息期**。贷款人通常收取有余额客户（每月都付不清余额的客户）的利息，同时对每月全额还清余额的客户提供至少 22 天免息宽限期。在美国，信用卡公司必须在到期日前至少 21 天寄送账单。放款人也可以延长该期限（有些公司确实这么做了），但 21 日是最短宽限期。
- **每月最低还款额**。每月所需的最低还款额，即客户每月必须偿还的用以保证账户不被冻结的最低金额。每月最低还款额是一些贷款人强大的营销工具。虽然很少有人（12%～15%）只偿还最低还款额度，但是这种方法为人们在困难时期（如失业、离婚或生病时）还款提供了便利。

虽然每月较低的最低还款额能够持续吸引客户，但是监管机构要求最低还款额必须足够偿还部分本金以抑制过度欠款。以前，每月最低还款额可以不包括利息或逾期罚金，以至于偿还最低还款额之后计息本金会增加。

美国监管机构现在要求客户每月支付的最低还款额为应付总余额的 3%～5%，或者至少 1% 的本金加上每月所有的费用和利息。此外，信用卡公司必须向客户披露每个月只进行最低还款额付款的后果，也就是说，按此金额偿还全部余额所需的时间。如图 2-6 所示，依据收取的利率和每月支付的本金余额，若按每月最低还款额偿还 5000 美元需要 10～23 年的时间才能还清。正如我们所说，虽然大多数客户每月都偿还高于最低还款额的金额，但是每月最低还款额仍是一个有利可图的营销工具。

考虑到只偿还最低还款额的回款速度和长期出借的风险 / 回报率，每个金融机构必须规划好其资产中"最低还款额类"资产的占比。显然，每月最低还款额的收益是这一段时间的利息收入，但风险是违约概率增加了。

注意！需要针对低余额账户设置每月最低还款额的下限，通常是每月 20 美元。

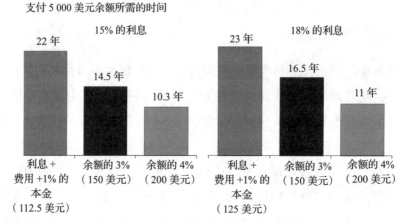

图 2-6　可选择的每月最低还款额

增值功能

以可接受的成本，针对目标市场的特点增加有吸引力的附加功能是一个信用卡被广泛接受的流行的做法。公司的营销部门会很乐意宣传这些附加功能来吸引目标客户。

以下是一些典型的信用卡增值功能：

- **常旅客里程**。客户在消费时可以获得特定或任意航空公司的里程积分奖励。有一些产品对可获里程没有限制，积分不会过期，而其他的可能有一些限制。这是最受欢迎的增值功能，尤其是对商务旅客来说。

- **旅游服务**。此类增值功能可能提供汽车租赁、酒店或航空预订、旅行规划协助和其他礼宾服务。这些增值通常是航空公司常飞卡的部分功能。

- **返现**。这类增值功能近年来变得流行起来。有一些信用卡会提供所有购买金额 1% 的返现，有一些是所有购买金额的 5%，还有一些的返现比取决于购买类型（如 3% 的汽油费、1% 的所有其他费用）。

- **购买奖励**。客户通过信用卡的每一笔消费赚取积分，并可用这些积分兑换旅行、购物和娱乐项目。

- **关联团体**。信用卡公司和关联团体（如大学校友会、体育协会、环保主义者、军队等）会合作发行关联团体卡。作为收益的一部分，关联团体允许信用卡公司向其团体成员推销信用卡，并发行以团体名称为品牌的信用卡。这些关联团体为贷款人提供了其他方式难以触及的客户。

- **信用卡注册**。此增值功能适用于处理丢失或被盗的卡。信用卡客户通过呼叫一个电话号码，可以取消所有信用卡并自动激活领取新卡的流程。

- **折扣优惠**。这种类型的增值功能可提供折扣价格，可能包括酒店、租车、机票、购物及长途电话，等等。

- **免费或低成本保险**。此类增值服务包括事故、残疾或人身保险（针对航空旅行）、信用卡交易欺诈、租车保险及行李丢失等保险。

- **保修延长**。此项增值延长了使用信用卡新购产品的保修期。

- **特殊金融服务**。有些信用卡公司会提供季度或年度报表来详细说明消费的主要类别（如航空、租车、餐饮、酒店等）。这些商务开支的详细记录有利于小企业主避税。

- **独家高端卡**。最后，近年来为高端人士提供的独家高端卡的规模逐渐扩大。这些信用卡起源于美国运通为高级管理人员、富豪或知名人物提供的运通"黑"卡（普通人申请也得不到）。其他信用卡公司包括花旗集团、美洲银行、Coutts & Co.（伦敦顾资银行）。这种信用卡很昂贵，通常包括高额开通激活费（高达 5000 美元）、高额年费（高达每个持卡人 2500 美元），并要求每年信用卡有高额消费（高达 250 000 美元）。虽然成本很高，但是福利也同样令人艳羡而无法抗拒。具体包括拥有私人助理来订票，规划行程，安排与世界知名的高尔夫球职业者进行个人比赛，甚至在蒂芙尼帮你购物。世界各地都有类似的卡，伊丽莎白女王传闻有一张 Coutts & Co. 世界卡。这些都是非常特殊的增值功能。

创造品牌

市场竞争常常会制约一个机构设计出完美的产品。提供同时满足价格最低、服务最好、增值服务最优的产品是几乎不可能的。因此我们需要折中。信用卡本质是一个大宗商品，我们能不能不仅仅提供一个大宗商品？是不是所有的信用卡都必须像信用额度、汽车贷款、房屋抵押贷款一样成为大宗商品？

有一个解决方案：创建一个品牌。耐克、美孚、可口可乐、丰田、福特、脸书和苹果都是全球知名品牌。麦当劳在 20 世纪 50 年代第一次开张时，只是一个汉堡包摊位。这些公司如何达到它们今天的国际巨头地位？通过创建品牌和品牌形象。无论你在堪萨斯州的托皮卡、日本东京，还是澳大利亚墨尔本，你都知道麦当劳的汉堡包和炸薯条是什么味道。

美国运通、美国银行、摩根大通、Capital One 和花旗集团因通过广告营销、增值服务和销售点促销等方式创建了各自独特的品牌而从众多的金融机构中脱颖而出，并且其中一些已经将其信用卡业务和分支机构扩展到了全世界。走入北京、克拉科夫或卡拉奇的花旗集团分部通常都意味着可享有良好的服务和全球联网的金融服务。这都有助于建立花旗集团的品牌。随着 PayPal、脸书和移动支付的出现，建立品牌对信用卡行业变得更加重要。一个品牌的意义在于它提供的产品及其是否可靠。在建立品牌时，金融机构必须决定它的形象、它的定位及它能否达成自己做出的承诺。

匹配产品和目标客群

产品规划完成且目标市场也达成一致后，还有另一个问题需要解决：你是否为该目标市场设计了正确的产品？图 2-7 显示了信用卡业务的形态。市场上可能有各种不同类型的客户。

可根据客户的行为特征将目标客群分为三类：

- 借款客户，即每月都不能还清全部余额的客群；
- 每月都还清余额，使用信用卡是为了支付便利的客群；
- 高频和低频使用信用卡的客群（这两类人都会出现在上面的两类中）。

如图 2-7 中第三维度所示，最终的结果是各类客群的风险程度（以及每类客群产生的利润）。关键是确保产品吸引到正确的客群，同时避免其吸引错误的客群。

下面我们分析市场上分别为三类目标客群提供产品的三类金融机构：一般的、非常成功的和完全失败的。

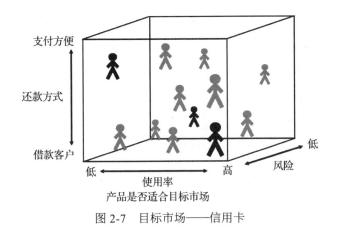

图 2-7　目标市场——信用卡

低使用率、低风险、低回报客群

许多金融机构向高信用、低风险的客群发放没有福利的信用卡。如果没有航空里程、购买折扣等实际的利益，那么使用信用卡的好处太少，信用卡只会成为备份。据一个金融机构估计，在 1.5%～2.0% 的刷卡手续费率水平下，客户每年大约消费 3500～4000 美元，才可使账户达到收支平衡。

很多商务旅客很容易达到这个额度，但是非商务客户却可能无法达到。因此针对此类客群的挑战就是增加客户的信用卡使用量。

高使用率、高风险、高回报客群

一些贷款人对它们的目标市场有一个非常清晰的认识：次级客群。次级客群很容易被吸引，因为他们迫切需要资金。通过信用局和人口统计的数据挖掘可以很容易确认此类客户，他们从多家银行和零售机构进行借款。通常，这类次级客群可能会轻微逾期，或只支付每月最低还款额。因此如"将欠款余额转移给我们，您的每月还款额将大幅下降"的促销很容易吸引此类客群。当然，也可以通过将每月最低还款额降至仅满足法规的最低要求吸引此类客群，实践表明：此类客群并不关注利率的高低，而很关注每月最低还款额和信用额度。金融机构在进入这个市场前必须对高负债、高使用率和高核销率的盈利模式有充分了解。

逆向选择

20 世纪 90 年代末，一家金融机构承受了产品仅吸引非目标客群的严重后果。

这个糟糕的信用卡产品的条款规定高初始利率，后期通过逐步打折来返还前期利息，最终变成"免费"的信用卡。事实发生的情况是：一些不太精明的客户没有看到最低使用要求及需要长达 20 年才能赚回付出的利息；精明的客户只看到当前的高额利息，因明确地知道赚回付出的利息是遥遥无期的而放弃申请。这是一个典型的逆向选择案例："坏人"喜欢的产品，"好人"不喜欢。如果没有足够的"好人"，那么这个产品就会有非常高的核销率（>20%）。这样的产品只会是一场灾难，所以要清楚产品设计的漏洞。

正如我们已经讨论的，只要优质客户信用卡的定价、筛选规则，以及使用带来的收益能够抵消图 2-7 中"前端右下角的高使用率、高风险的借贷客群"带来的风险，那么这些"坏客户"的存在也是合理的。

结果预测（包括盈利）

产品规划过程应该包括对产品投放到市场后最初几年发展的预测：会有什么结果？每年会有多少申请人，有多少人响应？使用情况会怎样，如平均额度和 /或平均贷款额是多少？会产生什么费用？账户数量和贷款余额这两个层面的预计核销率是多少？

如果产品在先期规划中都行不通，那么投放市场后将更行不通。下面资产预测的例子显示了在预测时需要覆盖的一些关键条目（见表 2-1）。

表 2-1　资产组合分析预测

产品 / 活动：信用卡 / 假期邮寄折扣

	每月开卡数						
	1	2	3	……	13	14	16
账户数	25 000	24 825	24 500		22 000	21 600	21 200
总 O/S（千美元）	7 500	22 343	27 563		23 100	22 680	22 260
活跃账户的平均余额（美元）	1 000	1 500	1 500		1 500	1 500	1 500
开卡账户的活跃率（%）	30.0	60.0	75.0		70.0	70.0	70.0
贷款账户（%）	0.7	30.0	50.0		50.0	50.0	50.0
逾期 60 天的账户占比（%）	0.0	0.0	0.0		1.0	1.0	1.0
年化账户 C/O（%）	0.0	0.0	0.0		2.0	2.0	2.0
逾期超过 60 天 O/S（%）	0.0	0.0	0.0		2.0	2.0	2.0
年化 O/S，C/O 比（%）	0.0	0.0	0.0		4.0	4.0	4.0
坏账账户的平均余额（美元）	0	0	0		2 100	2 100	2 100

（续）

	每月开卡数						
	1	2	3	……	13	14	16
每个活跃账户的总收入（美元）	0.83	21.25	21.25		21.25	21.25	21.25
每个活跃账户的利润（美元）	（7.71）	8.44	8.44		3.44	3.44	3.44
资产回报率（%）	-9.3	6.8	6.8		2.8	2.8	2.8

该预测表只在"每个活跃账户的利润"行中提及盈利。管理层可以从这个非常简短扼要的数字中发现这个产品是否能达到利润目标。本书后续将有整整一章内容来阐述盈利的重要性。甚至可以这样说，对如产品盈利能否达到公司目标，产品是短期还是长期盈利等不做假设，就不能设计产品。该话题将在第 11 章中讨论。

预测的技巧

预测不是一门精确的科学。我非常欣赏 1997 年发表在《新闻周刊》上的一篇文章中提到的预测。

"股价将不回头地上涨。"

——欧文·费希尔

耶鲁大学经济学教授，1929 年 10 月 17 日 ⊖

"谁会喜欢有声电影？"

——哈里·华纳

华纳兄弟，1927 年

"电视没有前途，谁会盯着层板盒子看一整夜。"

——戴瑞·扎纳克

20 世纪福克斯负责人，1946 年

"计算机在将来可能只有 1.5 吨。"

——《大众机械》杂志

1949 年

⊖　股市于 1929 年 10 月 29 日崩盘。——译者注

"我们不喜欢披头士的音乐，他们过时了。"

——Decca 唱片公司（拒绝了披头士的唱片）

1962 年

"所有的发明都有了，将来不会有新的发明了。"

——查尔斯·杜尔

美国专利局长，1899 年

"家庭用户没有理由使用计算机。"

——肖尼斯·奥尔森

DEC 总裁，1977 年

我希望你比过去的一些天才更能够准确地预测。

最后一步

产品规划完成后，贷款人必须决定产品在投入市场前是否需要测试。如果管理层有足够的耐心等待 18 个月或更长时间，就可以对产品是否能满足预期假设进行测试，进行必要的修改和完善产品。然而，许多公司不会接受测试产生的上线延迟及花费的代价。[⊖]

测试新（或迭代）产品有以下好处：

- 在获得测量结果之前不需要投入大量资源。如果产品过于成功，金融机构会因没有足够的资源服务成千上万的客户，而陷入大量不满意投诉的困境；相反，如果产品完全失败，几乎不存在公共关系的问题。

⊖ 尽管对这种做法有一些伦理上的担忧，但是许多公司通过从竞争对手那里"借用"产品知识来避免测试。这可以通过招聘具有类似产品经验的开发或管理人员来实现。此外，公司也可以通过阅读商业出版物，参加 FICO 或风险管理协会（RMA）等机构及自己举办的研讨会或所罗门·劳伦斯的"风险管理与回报"培训等途径获取大量行业信息。

- 可微调和修改产品以满足客户的要求，同时又符合贷款人自身的利润目标。
- 同时进行几项测试有助于解决"哪些产品特征最好"的内部争议。

测试的首要原则是要确保可以清晰地确定结果，其次是确保测试结果得到分析并将分析结果反馈给管理层。如果没有对精心开发的测试进行系统跟踪，那么整个测试过程就是在浪费时间和金钱。本书将于第 6 章中详细讨论测试。

金融机构很难投入大量的时间和资源进行长时间的测试，快速投放新产品总是非常有诱惑力的。如果管理层不能等待，想要在没有测试的情况下正式推广产品，至少可以采用以下几个步骤来降低风险：

- 详细研究竞争对手在类似情况下的做法，并根据公司自身的情况进行调整。
- 招聘有经验的人并听取他们的意见。
- 密切监控产品初投入市场的早期结果。如果理由充分，可以迅速更改关键条款以避免可能发生的灾难。

我们在后面的章节中也会介绍一些前期的预警指标。

批准

产品规划的最后一步（无论是新产品还是现有产品的迭代）是准备规划过程中每个阶段达成决议的正式文档。该文档应该列举出产品投放市场前对产品整个生命周期的讨论（包括账户筛选过程、账户计费方式和提供何种服务）、催收策略、核销政策、管理指标和预测（包括长期盈利的预期）。

每个产品都应有几名高级管理层成员的正式批准并签名。这些签名代表个人已经正式批准授权此项目的实施。签名说明的是个人责任，而不是无名委员会的共识。"骆驼就是委员会设计的马"，这一说法也适用于消费金融行业。

批准产品的每个人都应该能够通过提出正确的问题或推进产品的开发（真正了解业务）来增加价值。没有业务知识的公司管理层批准一个项目是没有意义的。事实上，如果为了获得批准而做不必要（甚至愚蠢）的修改，那么这个批准流程可能会毁了产品提案。

实施与反馈

正式批准不是产品规划过程的终点。除了每月（或每周）对初始预期进行更新外（见表2-1），每年还需要对产品进行正式回顾。以下是回顾的部分内容：

- 是否需要对目标市场或条款进行调整？
- 竞争对手有什么反应？（记住，模仿是最真诚的奉承。）
- 是否存在运营问题？
- 为了以后设计更好的产品，可以从此产品中学到什么？能做得更好吗？
- 产品是否有利润空间，做出哪些改变可以提高盈利能力？
- 我们的市场份额是多少？增加还是减少了？
- 根据风险调整定价是否合适？
- 催收策略是否有效？我们是否有人力达到这些目标？

客服

最后，成功的产品需要有经验的客服。现在，不经过烦琐的自动应答系统的选择，我们几乎不能直接跟客服对话，"如果您想了解余额，请按1；如果要更改地址，请按2；你的电话对我们很重要"，等等。当你按下足够多的按键、等待足够长的时间后，最后可能只等到"请等待下一个值班的客服"。以前，公司有能够及时接听电话并快速接通专业客户服务人员，而现在越来越多的公司使用自动应答系统。在如今自动应答系统泛滥的时代，如果哪个公司将更多的资源投入客服，可能获得巨大的竞争优势。

过去能够预测将来吗

规划和实施策略只能到此为止。经济、法律、监管或者客户消费习惯都有可能发生预料之外的变化，正如诗人罗伯特·彭斯在《致老鼠》中所说："不管是人是鼠，即使最如意的安排设计，结局也往往会不如意。"谁可以预见互联网上五花八门获取信息的方式会导致怎样的后果？也许会出台保护消费者隐私的法规，也许会限制征信局只能向金融机构提供部分数据。我们仍在努力消除 2007 年底开始的全球性经济危机造成的影响，一些国家甚至已经进入双底衰退阶段。美国破产法[⊖]修正案（由此很多拥有资产的债务人需要偿还至少部分债务）可能遏制一些滥用破产的行为；另一些国家仍然不允许个人破产，这一点将来可能会改变。未来法规将如何改变你的业务模式，哪些费用可以收取，你的产品又可以如何设计？这些因素都会对你的业务模式产生巨大影响，没有任何规划可以考虑到这些细节。

适应这些变化需要高度灵活的管理，不能有官僚作风，而且公司要能通过及时收集客户数据以适应外界的变化。

总　　结

好的规划是消费信贷业务成功的关键。好的规划意味着：

- 以产品（或子产品/衍生产品）为单位来管控业务。
- 注重细节。
- 匹配产品和目标市场。
- 了解竞争对手（有时是恶意竞争）。
- 关注外部环境（经济、法律、文化）的变化。
- 熟知盈利的来源。

最后，"不要孤注一掷"。在引入/扩大消费信贷产品时，必须控制好所须承担的风险。许多金融机构都不清楚自己在 21 世纪初的次级/房贷市场上承受的风险，它们付出了破产、股价大跌的代价，最终导致房贷大幅下降。

了解良好规划需要的步骤并做到位是一个好的开始。接下来，我们将讨论执行这个规划所需的步骤。首先，我们讨论的是消费信贷业务中最强大的工具：信用评分。

　⊖　指 2005 年《防止滥用破产和消费者保护法》。

第 3 章

信用评分

在探讨信贷周期之前，我们先讨论一下业界最重要的风险管理工具——信用评分（以下简称评分）。

评分是通过对申请者（潜在客户）和存量客户的数据进行分析，用以预测他们未来表现的一种方法。如果使用得当，评分系统能够为管理者提供非常丰富的统计信息，使他们能据此以高度的预见性管控信贷资产。在下一章中，我们还将讨论另一种决策方法——人工审批。

本章主要包括评分系统的开发、实施和监控，并对在日常操作中如何应用评分进行探讨。本章的细节将会让读者理解评分的相关概念，不过我们并不打算详细解释研发评分系统所需的诸多技术原理及相关的数学理论。因此，本章的目标读者是那些必须理解评分但又不一定有技术背景的管理者。

评分的概念

评分使用统计技术来识别潜在客户，客户是否合意，或现有客户的行为。合意程度由我们事先定义，可以是收益率、风险、响应率、续借的意愿、违约情况下的偿还意愿，等等。在下面的例子里，评分系统可以用于预测具有破产可能性的客户、在催收中无须采取措施或必须采取措施的账户、可以增加额度的客户、必须减少额度或者取消额度的客户。简而言之，评分系统可以说是消费信贷业务中最有用的一件工具。

早期的评分系统

一位来自 Fair, Isaac and Company（现在是 FICO，一家加利福尼亚州的评分系统开发公司）的前高管格里·切科夫介绍，在 20 世纪 40 年代，Household Finance and Spiegel 和芝加哥邮购公司第一次尝试在贷款决策过程中使用评分。但是这两家公司都终止了这项业务。后来，在 20 世纪 50 年代末，伊利诺伊州的美国投资公司（AIC）聘请两位数学家（比尔·法尔和厄尔·艾萨克）通过审查一个小型贷款样本（其中一些支付信用良好，一些较差）来确认是否可以获得可用的数据模型，这将有利于公司在未来更好地做出贷款决定。

法尔和艾萨克计算出 AIC 可以通过判别分析法减少将近 20% 的核销。这项成果是革命性的，但是由于少数贷款专员坚持他们可以做得更好，评分系统并未得到充分的利用。然而，法尔和艾萨克坚信他们已经有了很好的雏形。他们继续改进数学算法并逐步改变了怀疑论者的看法，在他们的努力下，这项理论逐步成熟。

一些需要处理大批量贷款的公司，如福特信贷、蒙哥马利-沃德和西尔斯罗巴克，是早期转向使用评分系统的公司。事实上，福特汽车信贷不得不从一开始就使用评分系统来评估汽车贷款申请人，因为在该公司成立的 20 世纪 60 年代初——通用汽车金融服务公司（GMAC）成立后 40 年，几乎没有足够的训练有素的贷款专员。另外，GMAC 直到 20 世纪 80 年代中期才开始引入评分系统，因为 GMAC 一直自豪于它们经验丰富的经销商及过去产品的稳定性。

除消费信贷外，许多业务都会用到评分。保险公司使用它来评估参保人的寿命、健康程度或汽车事故的风险，邮购公司使用评分来识别可能的邮件响应。虽然没有广泛宣传，但是美国税务局也使用评分系统来选择审计对象。

评分系统同时考虑多个变量，根据申请人或客户的合意程度来分组（注意，不是针对单个申请人或单个客户）。这就是说，一个组内的所有成员具有相同的概率在某个指标上表现一致。

前面提到，在消费信贷领域，评分可以用于筛选申请人（无论他们来源于什么渠道）和管理已有客户。术语申请评分或信用评分通常被用来描述筛选申请人的评分系统，行为评分或表现评分通常被用来描述用于已有客户管理的评分。

申请评分和信用评分是最适用于评估小额批量信贷业务（一般最高 15 000 美元）的方法。这些产品的例子包括信用卡（Visa、MasterCard、Discover）、美国运通和大来卡发行的公务卡、零售商签账卡、个人分期贷款、汽车贷款等。评分系统为小额贷款产品提供了低成本、一致且准确的审批方式和控制损失的方法。

因为有巨大的现金风险和担保贷款中对抵押品进行估值的需求，大额的无抵押信贷、房贷和其他高价值贷款业务除了评分还需要进行更细致的人工审批和分析。事实上，美国主导房贷二级融资业务的公司（房地美和房利美，见第 10 章）要求对每个申请人都进行评分，以作为房贷申请详细评估过程的一部分。这个房贷评估过程是买房或房屋再融资必需的。

最后要提的是，通常有两种不同类型的评分系统：定制评分和通用评分。定制评分根据你的自有数据开发，而通用评分根据通用数据开发——数据通常来自几个主要的征信局。如果你的存量客户数据有限，或者正在推广新产品或拓展新业务区域，那么通用评分可能是评估这些申请人或存量客户的唯一方法。

评分系统的优势分析

评分系统对满足监管要求非常有用，因为使用评分系统审批可以保持一致性，并且不触犯相关法规。

每种类型的评分系统具有不同的优势，申请评分具有以下优势：

- **客观的风险评估**。消除了决策过程中的个人偏见，并保持多个决策的一致性。

- **低成本、高效率**。不合格的申请人会被迅速淘汰，优质的申请人可以迅速得到批准，从而留出时间对"灰色地带"的账户（得分既不是很高也不是很低的账户）进行详细分析。例如，当有更多的信息来辅助信贷决策时，就可以做进一步的分析。评分实际上能比人工审批更好地区分"灰色地带"的好、坏账户。
- **对资产可以进行统计控制**。每个账户的风险都可以量化描述。随着时间推移，可以在图上对比实际结果和当初的预测结果，以确保评分系统保持原有的效能。
- **可控的实验设计**。因为能够对客户账户进行排序，故而可以设计实验来选择风险更高的账户，提供更高的信用额度，对新账户设置更少的限制等，从而使业务长远来看更有利可图。

行为评分具有以下优势：

- **账户使用可管控**。因为每个账户的风险都能被持续地识别出来，所以对业务上更合意的账户（可能是低风险的，也可能是更能获利的），我们可以扩展与它们的业务关系；对高风险账户，我们可以进行限制或销户。
- **交易授权可管控**。评分系统可以对常规授权进行更一致和更快的决策，同时对如实时授权、超限消费等困难的决策具有更高的灵活性。这能提高客户满意度，并且可以节约成本，当然也可以带来更高的利润。
- **更多的实验设计**。可以使用冠军/挑战者策略来不断改进催收、额度调整、授权决策等环节。在这个理念下，现有的策略（冠军）将受到替代策略（挑战者）的挑战，获胜的策略会得以实施，失败的策略则随时间推移被放弃。
- **更好的催收效果**。一个优秀的催收模型可以识别高、中、低风险账户，从而以更低的成本改进催收人员的目标设定。催收人员可以把时间花在最具成本效益的账户（那些他们有很大的机会回收的账户）上。同时，模型能识别出不需要联系（和打扰）的低风险账户，因为它们最终会还款。

- **更早地定位问题账户**。评分系统可以使用征信局的数据识别出负债水平升高或在其他机构已违约的人。

评分系统的劣势分析

评分系统也有一定的劣势，管理人员在开始任何项目之前都必须了解这些缺陷，主要的劣势如下：

- **花费较长时间开发**。开发和应用评分系统需要时间。尤其是行为评分系统，需要一个完善的内部报表系统来支持，以便能够测试和部署不同的策略。此外，必须有人负责审阅报表并根据报表采取行动。如果公司高层的支持不到位，项目就很可能无法有效实施。
- **评分是统计预测，不能对个体进行完全确定的预测**。评分系统不能识别个体账户的好坏，它只能给出账户好坏可能性的比率。如果一个账户的好坏可能性的比率是 500：1，那很容易做出决策——这个账户是好的。然而，如果比率只有 8：1 或 5：1，那做决策就困难多了。
- **评分系统需要长期持续更新**。随着人口和经济的变化，所有评分系统的性能都会随着时间的推移而下降。由于评分依赖于历史表现，我们必须持续地对评分系统进行监测和验证以确保它们运行良好。2008 年，曾有过一些议论说"评分不起作用了"。事实上，当时发生了非连续的变化，目标市场和借款人态度都发生了变化，经济环境也发生了变化。评分是一种稳健的排序方法，在经济衰退时期，评分在阈值附近会有一定的波动。我们将在第 14 章中更详细地讨论这一主题。

使用评分系统的优势大于劣势，但是开发、使用评分系统不是一件简单的事。

评分系统建设

虽然信用评分和行为评分系统明显有着非常不同的应用，但是相同的通用开发原则对两者都适用。作为示例，让我们来看看开发申请评分的四个步骤：

- 规划。
- 开发。
- 实施。
- 验证 / 监控。

评分系统规划

由于评分系统复杂且需要时间来开发，因此需要一个合格的内部团队来管理开发项目的各个环节，任务主要包括确定评分系统的目标，选择合适的开发团队，定义好坏客户，以及选取样本。

确定评分系统的目标。计划的第一步也是最重要的一步就是决定如何在业务中最有效地使用将要开发的评分系统：应用于哪些产品及信贷周期的哪一部分？当前的大多数贷款业务以各种方式使用评分，但改进的机会总是存在的。现有的自定义分数是否需要更新？是否应该开发一个新的评分来协助管理催收？市场上新的通用评分能更好地预测破产吗？房贷审批流程是否可以用评分来加速并改进？在开始开发之前，必须选择评分系统的目标——目标决定了需要分析的数据。同时，确保评分系统的目标与业务目标一致：你想预测盈利能力、损失还是逾期？

对于一个良好运营的业务需要多少数量和类型的评分，并没有"教科书"式的答案。由于评分具有多种用途，体量大的贷款机构通常需要多个评分系统。

下面介绍几个有用的常识或基本原则。首先，针对特定产品和目标市场的评分会更有效。但是如果细分导致样本量太小，评分会因在统计意义上不稳定而失去作用。一方面，如果为东南区域每个分公司都建一个申请评分，在风险排序上效果可以非常好，但是公司是否有能力开发和管理这么大量的评分系统？每个分公司的客户是否会非常不同，以至于需要使用单独的评分系统？另一方面，为新车买家和二手车买家分别开发一个评分系统可能是必需的，因为购买新车的人往往与购买二手车（特别是六七年车龄的二手车）的人有很多不同。

同时，必须考虑不同的人群可能需要不同的评分系统。例如，针对无信用记录的人群、信用记录很少的人群或真正的次级客户（有不良记录但可能又具备借款的能力）使用单独的评分系统可能会更合适。对这些人来说，你可以使用通用评分系统再加上一些有鉴别能力的因素。但要注意，这些申请人很少拥有自己的住宅，或在征信局有可靠的记录，如果你的评分系统主要依赖这些因素的话，他们是不可能通过的。很少有无信用记录的借款人或次贷借款人被为一般人群开发的评分系统接受。

现有的评分系统也可以用于新人群，在应用之前，你必须验证现有评分系统是否能按照预期鉴别新人群，即必须真正地测试现有评分系统是否在统计上是适用的（我们将在后面介绍细节）。如果只是为了节约成本而把旧的个人贷款系统应用于新的车贷产品、新的信贷产品或房屋净值贷款产品，那就有问题了。无效的评分系统可能会造成多种危害，它可能无法很好地区分好坏客户，导致放进来比事先预期多的坏客户，更糟糕的是还可能拒绝潜在的好客户。

选择合适的开发团队。在开发申请评分时，一个简单的单一评分系统通常要花费 5 万美元，一个复杂的评分系统大概需要 30 万美元。开发可能需要几个月的时间，时间长短往往取决于数据的可用性。行为评分系统可能需要更多的时间和资源来开发，取决于要开发的评分系统的数量和目的，以及数据的可用性。因为不必等待征信的数据，行为评分系统的开发时间有可能更短。无论如何，首要问题是：应该自主开发评分系统还是应该外包给专业的评分系统开发公司？

有几个优秀且经验丰富的评分系统开发公司。最大和最知名的是 FICO，现在总部设在明尼阿波利斯。自 1948 年以来，FICO 为许多大型银行和金融机构开发评分系统。同时，通用风险、破产、收入、欺诈、损耗和催收模型美国三大征信局（Equifax，Experían，TransUnion）通常都有使用。此外，FICO 还在世界各地开发评分系统。使用 FICO 的评分系统一般不错，但这不是唯一的选择。

2006 年推出的 VantageScore 是基于美国三大征信局数据的通用模型，它在每个征信局使用相同的特征变量和相同的模型，因此三大征信局得出的评分几乎完全一致。今天美国大多数的主要贷款机构都使用 VantageScore。

还有许多小型公司开发评分系统。纽约的投资管理协会（PMA）是最高水平的评分系统开发公司之一，它现在是 Novantas 有限公司的一个部门。PMA 并不局限于一种特定的数学技术，其方法是与终端用户密切合作，培训终端用户并确保他们理解开发和实施的过程，并留下管理方法来跟踪评分系统，从而使终端用户彻底了解评分及其应用。

使用外部评分系统开发公司具有以下优点：

- 最好的行业人才；
- 可能更快地把握行业趋势，因为外部评分系统公司能在各个机构看到更多的情况；
- 可能引进内部不熟悉的技术；
- 无偏见的意见，即不会因为有一个内部部门可能有动机去维护或扩大其势力范围，而出现要保护的地盘或岗位；
- 一次性成本支出，不需要持续固定的成本支出来维持；
- 竞标过程可能降低成本。

使用外部评分系统开发公司可能有以下缺点：

- "黑箱"方法，意味着组织内没有人被许可或者有能力理解评分系统内在的数学原理；
- 外部开发人员在评分系统开发后会离开，终端用户可能不愿意购买专业咨询服务来提高使用评分系统的效能；
- 外部开发人员不知道内部员工才了解的业务及其数据的细节。例如，或许第三季度的业务结果看起来不一样，是因为有一个促销活动在那之后结束了。

选择自主开发或外包没有一个统一的答案。一个可能的解决方案是两种方案的一个平衡——依靠外部开发人员，同时由内部专家小组进行指导和建议并与各业务部门沟通协调。PMA 的艾伦·席费尔斯建议同时使用内部和外部开发人员，用以"测试"是否能从这类资源中获得最好的结果。一些较大的贷款机构会综合进行内部和外部开发。

定义好坏客户。 一旦选择了开发人员，终端用户必须根据存量客户账户的表现定义好结果、坏结果和不确定结果[⊖]。对于一个风险评分系统，严重逾期、核销

　⊖　不确定结果指表现结果对业务没有影响，或者无法确定表现结果是好还是坏。

或者破产可以被定义为坏结果（你不希望他们成为客户）。对于一个客户流失预测评分系统，坏结果可以是流失的可盈利账户。最理想的定义应该通过盈利分析来设定。例如，可以通过比较过去 6 个月中有 3 次严重逾期的账户和只有少量余额的账户的盈利能力来确定谁好谁坏。这种类型的分析需要极其复杂的数据，并且并非所有贷款机构都能够做到这一点。

任何客户群里总会有一些不确定账户——基于盈利分析，盈亏平衡水平附近的账户就符合这一定义。在风险评分系统中，不确定账户可能在某些时候轻微地逾期，但又不会太频繁或太严重；这样，我们无法清晰地判定它们的好坏。这些账户的数量应该相对较少。不确定账户不应该用于评分系统的开发，但可以用于验证模型。

选取样本。开发申请评分的下一步是选取样本。选取合适的样本有以下关键步骤：

（1）最重要的一点是样本必须能代表评分卡⊖要评估的人群。例如，车贷申请评分系统的样本必须基于过去在类似经销商处购买过类似型号汽车的买家。一个全新雷克萨斯的买家不同于一个二手起亚的买家，其考虑的特征可能不同，各方面的行为也可能不同。如果你使用新雷克萨斯买家的特征和行为作为指导，那么很难预测二手起亚的一个好买家应该是什么样子。

（2）样本必须具有与要评分的人群相同的特征（如相同的地理和人口统计特征）。例如，用于向学生群体发放信用卡的评分系统应该使用学生作为样本；针对东北地区房主的房产净值信用额度评分模型应该使用东北地区房主作为样本。

（3）某些群体应该在选取样本时剔除。例如，一个常规做法是剔除收入低于一定金额的人群，没有必要将这部分人群包括在样本里。

（4）样本中必须有足够多的好坏客户来为评分系统提供坚实的统计基础。开发人员需要知道要达到可接受的精度水平，需要多少好坏客户，以及可以使用什

⊖ 评分卡是评分系统的一个组成部分。一个评分系统可以有一个或多个评分卡或子评分卡。评分卡是开发的结果。评分卡是基于一个特定样本的。评分卡使用所有可用的特征，如公司年限、房产类型等。评分卡根据特征的类别赋予其不同的权重（例如，租房：0 点；自有房产：38 点；住父母家：15 点；等等），汇总后给出一个最终评分。

么样的抽样技术（如分层随机抽样）。通常来说，最少需要1000个坏客户才能有效开发模型。

（5）数据必须在所分析的时间段内可获得。对于申请评分，样本通常是1～2年前的借款人，因为其账户有充足的时间产生好的或坏的贷后表现。那么，建模需要的申请数据和在那一个时段的征信报告就必须可以获得。

（6）样本应包括之前被拒绝的客户——他们中的一些可能是好客户。贷款机构知道哪些申请人通过了审批，并且贷后表现是坏的。基于这种经验，开发人员可以在通过的申请人中识别出坏客户，使得他们在将来不会再通过审批。然而，这种做法缩小了贷款机构的潜在市场。为了扩大业务，贷款机构还必须弄清哪些被拒绝的客户是好客户，这样他们在将来可以通过审批。评估被拒绝的客户并通过统计建模确定其好坏的技术被称为拒绝推断。

拒绝推断通常有三种方法：

- 实际经验：了解被拒绝客户潜在贷后表现的最佳方式是进行"测试"，即在被当前策略拒绝的客户中少量随机抽取部分通过审批。这种技术从评分系统设计角度来说最佳，但需要长期规划，因为这样的测试通常需要在评分系统开发前18～24个月进行才能起作用。
- 统计拒绝推断：如果使用人工复审来评估过去的申请人，那么决策中很可能会出现不一致。具有相似特征的申请人往往会被一个审批人员拒绝而在另一个审批人员那里通过。一些开发人员运用统计技术来利用这种不一致性，通过匹配通过客户和被拒绝客户的特征，来推断被拒绝客户潜在的贷后表现。
- 经验拒绝推断：如果有良好的征信局或其他第三方数据，开发人员可以根据潜在客户在其他贷款人那里的实际行为，推断被拒绝客户的可能贷后表现。

通过拒绝推断，每个被拒绝的客户可以被分为好坏客户。这是至关重要的，因为将来的评分系统有可能通过之前被拒绝的申请人，这样我们就大大扩大了潜在的好客户的数量。

到这一步，你已经确定了目标，选择了开发人员，定义了好坏客户，并选择了有完全代表性且准确的样本，可以进行评分系统开发了。

评分系统开发

我们将以信用评分的开发为例，说明评分系统开发的步骤。我们将在后面的章节中谈及用于行为和邮件获客评分系统的不同数据。

建设管理团队。第一步，要创建一个包括所有利益相关方并代表所有商业利益（市场、风险、财务、IT、运营、法务等）的项目团队。你一定不希望在开发评分系统后发现无法实现它，或者其中某些内容无法通过内部合规、法务或监管。

选取特征变量。开发人员的第一步工作，是根据可用的数据（数据通常来自申请表、征信局及人文资料）[⊖]来了解样本中客户的特征变量。典型的特征变量如表 3-1 所示。

表 3-1 特征变量

从申请表可获得的样本数据	
• 年龄[①]	• 银行证明资料
• 住房形式（自有或租住）	• 常用 / 储蓄账户
• 居住时长	• 抵押担保要求
• 工作单位	• 余额
• 电话	• 负债
• 收入	• 贷款用途
• 工作时长	• 贷款类型
• 之前工作单位	• 担保人
• 之前工作时长	• 担保人信息
• 家属人数	• 共同申请人
• 信用证明资料（信用卡等）	• 共同申请人信息

从征信局可获得的样本数据	
• 信用记录历史时间	
• 按时还款数目	
• 不同逾期数量（如逾期 30 天、60 天）	对于不同类型的贷款产品，如分期付和循环额度

⊖ 有些公司，如 VantageScore 和 CoreLogic，也使用一些如房租等非传统数据来为上千万没有传统征信的人群建立评分。这些人群主要包括：无信用记录的人群、不使用信用的人群和信用记录很少（少于 3 次信用交易）的人群。

（续）

- 最后一次逾期时长
- 核销账户余额数
- 不同类型贷款的余额，如信用卡、零售卡、金融公司账户
- 查询次数（在最近 x 月内）
- 最近一次查询
- 最大 / 最小交易年龄
- 循环授信账户中最高 / 最低 / 总计的额度
- 循环授信账户中最高 / 最低 / 总计已使用率
- 总计余额在不同的贷款产品中最高余额的百分比（如循环额度、分期付）
- 最新的交易数量及类型

其他数据

- 人口统计
- 人口普查中的收入中位数

①年龄可用于确认合同有效性，在美国其他用途受限。

这一步分析的目的是识别出任何可以用于区分好坏客户的特征。在表 3-2 中，开发人员分析了样本历史表现和征信历史时长这个征信数据特征变量的关系。征信历史时长即申请人拥有征信局记录的时长。时间段可以以任意的方式划分（例如，12～15 个月、12～20 个月等）。在这个例子中，开发人员分析了 6 个类别的征信历史时长，从少于 12 个月到超过 60 个月。

表 3-2　申请人特征分析

征信历史时长（月）	总数	好	坏	坏账率（%）	总数占比（%）
< 12	1 000	753	247	25	4.2
12～18	1 334	1 067	267	20	5.6
19～24	2 000	1 700	300	15	8.3
25～36	3 000	2 700	300	10	12.5
37～60	3 334	3 067	267	8	13.9
> 60	13 333	12 713	620	5	55.5
合计	24 001	22 000	2 001	83	100.0

通过分析，开发人员会发现申请人征信历史时长和贷款表现的相关性。从数据中可以看出，具有较短征信记录的申请人的坏账率远远高于在征信局有长期征

信记录的申请人。因此，征信历史时长是可以区分好坏客户的一个特征。

具体而言，如表 3-2 所示，征信记录较短（<12 个月）的申请人的坏账率为 25%，具有较长征信历史的申请人的坏账率相对较低，具有 60 个月以上征信历史的申请人的坏账率只有 5%。这种线性的关系并不总是存在，通常客户表现和任何给定特征变量之间的关系是曲线式的或不规则的。与此相反，某一特定的特征变量可能在好坏客户之间没有任何区别，在这种情况下，这个特征就不会被用在评分系统中。

开发人员以这种方式测试数百个特征变量，以寻找相应的特征变量是否在好坏客户之间存在差异。开发人员总是试图寻找更强大的可识别特征变量，并选择其中最好的来区分好坏客户。因为太多的特征变量会发生重叠（如房主倾向于比租房者年龄大），所以下一步是通过统计方法估计潜在的特征变量之间的相关程度并消除其影响。法律对于可使用的特征变量有明确的限制——在美国，法律禁止贷款机构因种族、性别、宗教、国籍、婚姻状况或收入来源而拒绝贷款。此外，开发人员和终端用户必须对是否使用某一特征变量达成一致。对某些特征变量来说，即使可以合法地使用它们，但你如果用它们来拒绝客户的话，在逻辑上也很难向客户解释清楚。

例如，由于汽车购买是季节性的，购买车辆的月份可能在统计意义上是有用的判别依据。具体来说，8 月买车的人可能比 11 月买车的人风险更高（得分较低）。这是有统计依据的，因为在 11 月新车型刚推出时购买的人要比在 8 月购买上一年车型的人支付更高的价格。但是这种解释可以让客户信服吗？想象一下，一封拒绝信里说"你的信贷申请被拒绝了，因为你通常在 8 月买车"，你会有什么样的反应。其实，我们可以找到更多符合逻辑的判定依据。不使用不合逻辑的特征变量可能降低评分系统的分辨能力，但是这样的评分系统更容易解释。开发人员可以通过在子群体上建立单独的模型来解决这个问题，例如，可以为 8 月的车辆买家建一个单独的模型。同时，这个例子也很好地说明，为什么建模要和业务紧密联系来确保开发出的评分系统是合理的。

给小型资产业务经理的建议

任何选择使用人工审批的人（例如，因为规模太小不足以支撑开发一个完整的评分系统）应该以表 3-2 中分析征信历史时长同样的方式审查尽可能多的特征变量，客户的任何特征变量（住宅所有权、职业、地址使用时间、信用额度等）都能以这样的方式分解，如果客户账户很少，可以允许业务经理补充一些信息来促进审批决策。也许，这样至少可以让贷款机构减少潜在的坏客户，或者接受更多潜在的好客户。虽然不会得到完美的结论，但是业务经理会对他们所做的决定有一个更好的理解。

选择和设置权重。 从通过的申请人样本中，开发人员可以找到具有最好分辨能力的特征变量，同时考虑它们与实际表现之间的相关性，然后对选择的每个特征变量分配权重（具体细节可以向开发人员咨询）。最终结果就是一个评分系统，表 3-3 是一个样例。[⊖]

特征变量主要源于申请表和征信局数据，取决于实际数据和表现，数量和内部的分段都有可能不同。终端用户可以通过累加各个特征变量（例如，根据这个评分卡，如果申请人与父母同住，她得到 15 分；如果她是 23 岁，她又能得到 4 分；等等）得到的分数给申请人打分。总点数或分数被转换成"赔率"，用来预测申请人的账户在预计时间段内将如何表现。

表 3-3　简单信用评分卡

特征	分类	分数
房屋类型	租住	0
	与父母共住	15
	自住	38
申请人年龄	18～20 岁	0
	21～24 岁	4
	25～55 岁	27
	56 岁以上	53

⊖　评分系统有多种形式。评分卡是其中常用的一种。

（续）

特征	分类	分数
家庭收入	未知	22
	少于 2.5 万美元	0
	2.5 万~4 万美元	7
	4 万~6 万美元	31
	6 万~7.5 万美元	43
	高于 7.5 万美元	61
最近查询次数	0	66
	1~3 次	48
	4 次或更多	0
满意度等级	0	0
	1~2	14
	3~5	26
	6 或更高	33
90 天逾期等级	0	129
	1	34
	2	13
	3 或更多	0
逾期余额数	0	38
	1	7
	2 或更多	0
信用卡数	0	0
	1~3 张	40
	4 张或更多	53
近 12 个月被统计的信用卡余额	0~250 美元	40
	250~1 000 美元	37
	1 000~3 000 美元	17
	大于 3 000 美元	0
最低分数 = 0	最高分数 = 511	

设置分数阈值。通过分数阈值，我们确定一个总分数，理论上高于该分数的所有账户都会通过，低于该分数的所有账户都会被拒绝。贷款机构可以选择否决根据分数阈值得到的自动审批结果（本章后续内容将讨论细节）。在决定是否接受某个账户时，最有用的是开发人员预设好的各个分数段的审批结果和坏账率，如表 3-4 所示。

表 3-4　设置分数阈值

分数	总体比例（%）	好客户比例（%）	坏客户比例（%）	核销率（%）	
				边际核销率（%）	累积核销率（%）
500	17	19	2	1.4	1.4
450	25	29	3	2.2	1.7
400	32	37	5	3.9	2.2
350	46	52	9	4.2	2.8

（续）

分数	总体比例（%）	好客户比例（%）	坏客户比例（%）	核销率（%）	
				边际核销率（%）	累积核销率（%）
300	62	69	17	7.2	3.9
250	65	72	21	18.0	4.6
200	73	79	34	23.4	6.6
150	85	89	59	29.1	9.8
100	100	100	100	38.0	14.1

根据贷款机构的业务目标，有多种设置分数阈值的方法。我们通常可以基于以下几种标准来选择申请评分的阈值：

- 保持给定的通过率（并且希望降低坏账率）；
- 维持给定的坏账率 / 核销率（并希望提高通过率）；
- 根据经验维持管理层可接受的通过率 / 坏账率的组合；
- 提高利润。

如果你的业务暂时还没有数据来评估利润，前三个方案中的任何一个都是可以选择并立即应用的，但要注意它们并不是最优的方案。例如，根据上述表 3-4，业务经理能够预测出在分数阈值为 300 时的通过率（62%）和累积核销率（3.9%）。然而，3.9% 的核销率是不是合适的阈值？这取决于产品和该产品的盈利能力。3.9% 的累积核销率按现行标准对信用卡产品来说是较低的，但对车贷来说就很高了，对于房贷产品来说简直无法想象。此外，在决定分数阈值时应使用边际数值。在表 3-4 中，300 的分数阈值的边际核销率是 7.2%，意味着在该分数阈值上的人（得分为 300 分的人）有 7.2% 的预计核销率，累积核销率 3.9% 包括了所有得分在 300 分及以上的人。这里的关键是你是否愿意接受一群预计核销率为 7.2% 的人，同时你也必须考虑因环境变化产生的回报波动。在最终决策时，我们强烈建议高层管理者根据盈利能力选择分数阈值。确定分数阈值所需的关键是坏账户的成本（要考虑它们有更高的催收成本及核销金额）和预设的产品生命周期内好账户的利润。分数阈值可以通过账户或者总体资产组合的盈亏平衡点来设置。如果你根据利润来设定分数阈值，就必须根据风险调整后的利润来设定。我们将在第 11 章中更详细地讨论利润分析和风险定价。

针对其他预测模型（客户流失模型、盈利模型、催收模型、破产预测模型等）的不同得分，我们需要有不同的策略来应对。例如，催收模型对于低、中、高风险的客户分别需要一套策略，要记住收益率始终是关键标准，因此在使用催收评分时，你需要平衡催收成本和各种策略实际收回的资金。

使用破产预测模型为各个分数段建立一个固定的应对方案是非常困难的，因为潜在的破产者看起来非常像你最好的客户（而且经常表现成这样）。要记住的一点是，任何评分系统只是对你的客户账户进行排序，你需要最终确定对每个分数段的客户采取什么行动。关于破产预测模型，有一个值得关注的观点，即当前最有效的模型似乎是征信局依赖诸多贷款人反馈的数据建立的通用模型，而你自己的数据可能不足以进行准确预测，我们将在后续关于催收的章节中讨论这些内容。

评分系统实施

评分系统实施的步骤包括培训、人工复审、异常处理、拒绝信及文档。

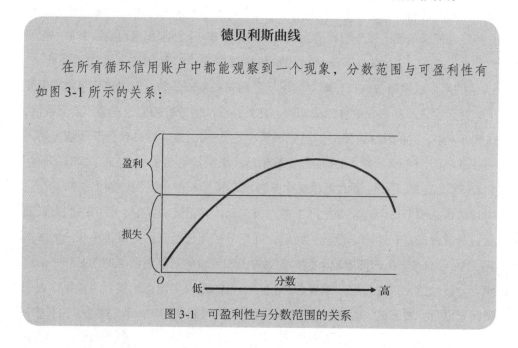

德贝利斯曲线

在所有循环信用账户中都能观察到一个现象，分数范围与可盈利性有如图 3-1 所示的关系：

图 3-1　可盈利性与分数范围的关系

最高风险和最低风险账户的利润远低于处于中间范围的账户，甚至可能没有利润。高风险账户可能会引发过高的催收成本和核销；低风险账户太多仅仅是为了支付方便而使用信用卡（这些客户极少使用信用卡并且习惯于按时还款）或者根本不用信用卡。如果信用卡没有年费，为了支付方便而使用信用卡的客户必须有非常活跃的交易，信贷机构才能盈利。

我们称之为德贝利斯曲线，以纪念投资组合管理协会创始人乔·德贝利斯。乔开创了评分行业的许多先河，包括在 20 世纪 70 年代中期花旗集团的第一个基于盈利的邮件营销模型。

培训。评分系统的用户是否已经准备好了？答案通常取决于该评分系统是用来替换既有评分系统的还是首次使用的。假如现有的评分系统运行良好（它被信贷机构接受，并且具有良好的安全性、良好的监控和有效的性能），替换评分系统可能只需要在管理上进行很少的改变。换句话说，假如既有评分系统仍可以运行，但其性能已经退化，现在需要部署一个新评分系统以提高判别能力，那么在这种情况下，培训只需要解释为什么需要新的评分卡，以及新的评分卡将如何改进贷款决策的过程。

如果评分系统对于信贷机构来说是全新的，那么必须非常谨慎地引入。成功实施的关键是：①管理层的认同和理解；②对所有终端用户的全面培训。如果信贷机构认为管理层真的支持该项目，那么信贷审批人员更有可能实际使用该评分系统，并且不会试图颠覆它。组织越分散，实施就可能越困难，尤其是在管理人员习惯于做出个人信贷决策的分支机构中。在具有集中式贷款审批部门的机构中部署评分系统要简单得多，因为容易沟通并且能够从一开始就控制整个流程。

要让分支机构使用评分系统，需要进行全面的、持续的培训，以确保信贷审批人员知道评分系统是什么及它如何工作，包括它是如何开发的，为什么它能起作用，为什么需要完整的评分系统，为什么在个人信贷决策中评分系统比人工审批的性能更优越。例如，必须教育承销商（或经纪人）绝对不能"包装"申请人（例如，"你的确有储蓄账户，布朗夫人，不是吗？"）；申请表应该是完整的，但不能是伪造的。此外，信贷审批人员必须看到评分的结果以证明评分系统的有效性。审批结果必须定期以简单明了的格式反馈给信贷审批人员，以说明评分系统确实能很好地对客户进行排序，并且表现跟预期一致。还有一点很重要，要显示所有人工否决与重判客户的贷后表现。

人工复审。有些贷款申请最终会进行人工复审，对审核人员来说，评分只是决策过程的一部分而已。虽然我们不鼓励审核人员在较小的信用额度上花费大量时间，但任何申请系统都应该预留人工复审的机制，因为在某些情况下评分系统得出的决定需要被推翻。这是因为审批人员可以使用一些评分系统中未考虑到的信息，这些信息如果能被恰当地利用，就能够进一步判别评分系统难以判别的人群。所以，只有当审批人员能获取额外信息时，才应进行人工复审。

有两种类型的人工复审：

- **高分重判**。评分系统认为该客户应该被批准，但复审人员发现了应该拒绝该客户的原因。
- **低分重判**。评分系统指示应拒绝该客户，但复审人员批准了该客户。

举例说明：许多评分系统不是为在贷款机构有长期、大量存款或大量投资的客户而设计的。如果一个人想为他正要去上大学（并且没有信用记录）的女儿办一张信用卡，贷款机构很可能决定接受这个客户，并且不要求他女儿共同签署申请表。同理，信贷审批人员可能掌握了一些没有进入任何评分系统的信息（如持续的诉讼记录），从而拒绝一些已经通过评分系统审核的人。

在这些情况下，可以进行人工复审和重判。但是应该严格控制人工复审，如根据产品的不同，低分重判不应超过评分系统审批通过总人数的3%~5%，高分重判也应该有相同的数量限制。允许人工复审最重要的一项工作是监控这些重判客户的表现。

对于低分重判后通过审批的客户，监控其表现是很容易的，只需要准备一份月度报告以跟踪这些通过客户的账户。如果重判是合理的，很快就会显现出来；如果其逾期率或核销率高得不可接受，那就要提高低分重判的标准。在 FICO 发布的一项研究中，一个贷款机构发现，唯一可接受的复审通过一个客户的理由是良好的客户关系（例如，客户或他的某个近亲在该贷款机构拥有多个优质账户或一笔大额定期存款），这些客户的逾期率低于分数阈值（根据最大可接受风险推定）以上的客户的逾期率。

低分重判在车贷业务中是非常重要的，因为需要接受一些不良账户，才能够从合作的汽车经销商那里获得优质账户。这样，即使不良账户的核销率会高一些，但该业务总体仍可能有不错的利润。

监控高分重判后被拒绝客户的后续表现则完全不同。除非采用特殊步骤，否则无法跟踪高分重判被拒绝客户的后续表现，因为这些客户的账户没有被记录在册。一种解决方法是批准一小部分本应被拒绝的账户作为样本，并单独跟踪它们（例如，给这些账户分配集中的、可辨认的部门编号）。如果这些账户像评分系统预测的一样，贷后表现良好，贷款机构就有相应的依据调整高分重判的比例。如果贷款机构没有记录这些账户，另一种跟踪它们的方法就是在之后的一个时期（如18个月后），通过检查这些未被记录的账户的征信记录来获取其表现。如果其中大多数账户在其他贷款机构有良好的记录，那就应该采取措施减少高分重判；否则，请保持人工复审的水平或调整评分系统的分数阈值。关键就是让数据来证明人工复审的决策是否有效。

至此，评分系统在统计上是合理可靠的，评分卡是符合逻辑的，报表系统到位，并且整个评分系统在技术上已经准备好实施。但还有一些细节要注意。

异常处理。评分系统的自动化运行可以让失误减少。然而，管理者应该意识到失误仍然可以渗透到评分系统中。存在两种失误：①严重失误，记录员输入了十分不正确的数据，致使通常应被拒绝的账户通过了审批，反之亦然；②常态失误，失误并没有真正影响最终的审批结果。显然，严重失误更重要，但常态失误也会影响系统的有效性。

失误通常是人工处理申请表时出错导致的（例如，人工输入当前工作单位的工作年份时，输入了一个不正确的时段）。想要在任何时候都能保持记录准确对任何人来说都是很困难的，但日常工作的压力可能会加剧这些困难。此外，如果输入需要进行大量解读的信息（例如，困难或复杂的职业代码），那么失误更容易出现。另外，一些申请表包含相互矛盾的数据，如一个申请人勾选了"与父母同住"

及"房主"的选项，哪一个是正确的？也许两个都是。那是否值得将申请表发回去让申请人进行说明？记住，任何延迟都会大大降低申请成功率。正如在总统选举中统计佛罗里达州选票时，工作人员必须制定一系列规则，用于读取表格上可能令人误解的数据（例如，接受最上面的勾选框），有经验的开发人员会采用基于现有系统的使用规则来处理这些异常。

审核部门应该有一个流程来采样和报告失误，特别是严重失误。同时在评分系统实施时，还应该做相应的系统记录，以确保生产环境计算的评分与开发人员计算的评分一致。

拒绝信。在美国，贷款机构需要在拒绝授信时出具拒绝信通知申请人。拒绝信需要给出申请人未能通过信贷审批的具体原因，并且可能给出其得分偏离满分或预期平均得分的各个因素（例如，地址使用时间不足，没有银行账户）。另一个选择是拒绝信只告知申请人有权从贷款机构获得解释。管理层必须预先决定是否立即将拒绝授信的主要原因告知客户，或只有接到客户要求才告知。

始于 2001 年：信用评分披露

越来越多的人意识到，信用评分在确定资信度方面起着至关重要的作用。随着消费群体日益增加的压力，开始第一次有立法（在加利福尼亚州）要求贷款机构披露贷款申请的实际信用分数。2001 年春天，FICO 和 Equifax 开始通过网站将用于贷款决策的信用评分对贷款申请人开放，只收取一笔象征性的费用。在今天的美国，消费者每年都有权从每个主要的征信机构（Equifax，Experían 和 TransUnion）获得一份免费的征信局报告。如果消费者购买他们的信用评分，他们不会被告知给出数字的确切方法（避免可能的人为操纵），但会被告知实际的得分及其与标准的关系，并得到一些提高他们分数的建议。这些提示包括以下常规性建议：

- 按时支付账单；
- 保持信用卡和循环贷款较低的余额；
- 只在需要时申请并开立新的信用账户；
- 偿还债务而不是更换贷款人；

> • 确保征信局报告中的信息正确。
>
> 看起来阐明信用评分是一个好的策略，让人们理解更多是没有负面影响的。

文档。对于任何已安装的评分系统，完整的文档是很重要的。第一个原因是万一管理人员发生变化，需要对评分系统保持正式的内部控制。第二个原因是可能应法律要求而必须有记录。虽然经过验证的评分系统是合法的，但是万一发生针对贷款机构的集团诉讼，可能需要辩护评分系统的公正性。该文档还用于监管机构（如 OCC、美联储）的审查。

评分系统评测与监控

评测与监控步骤包括初始和持续的统计验证，制定预警报告，以及得到最终表现报告。

统计验证。必须在评分系统的生命周期内定期对其进行验证和监控，以确保评分系统按开发人员的预期工作——分数阈值设置是否恰当，评分系统运行是否合法合规。使用没有监控的评分系统就像使用没有指针的时钟，它可能在工作，但你怎么知道？

第一步是在评分系统实施之前进行验证。为此，开发人员通常会使用保留样本：在开发评分系统时保留一组随机样本，来验证评分系统在开发样本和保留样本上是否有同样的效果。如果评分系统开发用时很长，使用一组更新的申请样本来验证依据之前一个时期的数据构建的评分系统，效果可能就会更好。一旦评分系统就位开始运行，贷款机构就应该使用几个标准报告来持续验证和监控评分系统，以确保其继续按预期工作。

- 要确保分数在统计上有效，请使用 K-S 值、区分度或其他类似统计指标。
- 要确保得分在将来依然有效，请使用群体和特征变量稳定性报告。
- 要确保分数阈值适当，请使用历史表现表。

　　一个评分系统的预测能力通常用两种测度方法来评估：一种是 K-S 检验，另一种是区分度。K-S 检验（以两个数学家柯尔莫哥洛夫和斯米洛夫命名）计算好坏账户的累积分布之间的差异。由于其形状，它有时被称为"橄榄球"图，如图 3-2 所示。

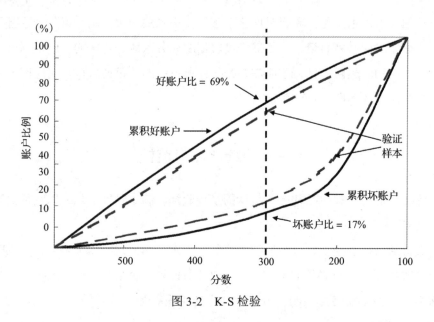

图 3-2　K-S 检验

　　好坏账户之间的累积分布的间隔越大，评分系统就越强大。对于申请评分，通常认为间隔超过 30 个百分点是可接受的。对于行为得分，可接受的间隔要增加到 45 个百分点，因为它基于账户已有数据，应该有更好的分辨能力。在图 3-2 中，间隔达到 52（= 69-17）个百分点，是非常好的。该图还显示出保留样本（内部曲线），证实了开发样本的有效性，因为两条曲线非常接近。K-S 值应该定期计算，如起码半年计算 1 次。

　　我们也可以用区分度计算来确定评分系统的有效性。这里，开发人员计算好客户被误判成坏客户的频率（或反过来），或者两者之间有多少重叠，如图 3-3 所示。

　　一般来说，两条线相距越远，结果越好。开发人员可以告诉你，如何计算出一个可接受的区分度水平。

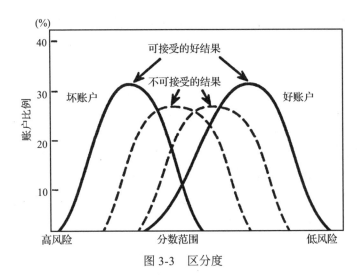

图 3-3　区分度

预警报告。一旦评分系统实施完成，你必须定期监控：它是否按预期运行？两个重要的预警报告是客群稳定性分析和特征变量稳定性分析。客群稳定性分析将近期实际申请人的分布，按分数段（以月或季度为单位）与预测分布进行比较。报告的样例如图 3-4 所示。

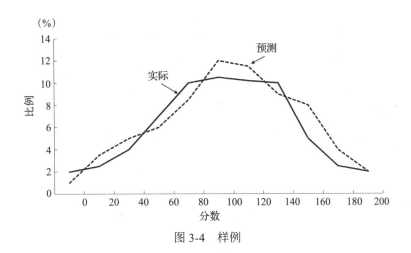

图 3-4　样例

客群稳定性是发现潜在问题的一个很好的早期指标，因为它会告诉你系统构建时基于的那一类客群是否仍然在申请贷款。假设就是，如果客群分布变化，你就知道进入的客群也是不同的。例如，如果贷款机构展开一项针对年龄小于正常年龄的申请人的新营销活动，那么更年轻的可能更有风险的申请人的数量就会增加。通常，这将导致出现更多分数低于分数阈值的申请人（这将导致更低的通过率）。

如果贷款人确实遇到了这种转变，下一步就要检查特征变量的分布，如表 3-5 所示。

在评分卡中使用的每个特征的分布，应该以时间维度与开发样本的特征变量分布进行比较。在表 3-5 中，第三季度"未知"收入申请人数量的急剧增加（他们的收入在申请表中未知或未报告）是否表示有问题？它是一个真实的业务转变或只是一个由于其他原因导致的暂时变化？

表 3-5 特征变量稳定性：家庭收入

	开发样本（%）	实际（%）		
		第三季度	第二季度	第一季度
未知	5	14	5	8
低于 2 500 万美元	3	3	2	4
2 500 万~4 000 万美元	15	14	14	15
4 000 万~6 000 万美元	55	54	57	55
6 000 万~9 000 万美元	17	14	18	16
高于 9 000 万美元	5	1	4	2

这些报告只提出问题，并不直接解决问题。只有对贷款机构的流程和运营情况进行详细的分析，才能了解变化的原因。

最终表现报告。"真相，全部真相"——对于评分卡，当你得到对比实际表现与预测表现的报告时，最终表现就有了。对于预测风险的评分卡，当获得按分数段区分的实际逾期、核销的报告时，我们就有了最终表现报告。这个报告告诉我们评分系统是否有效。当然，这个报告的缺点是要等到贷后几个月才能获得。如图 3-5 所示，我们追踪了不同分数段的实际核销情况。如果评分系统有效，核销率将随着分数的增加持续下降。

此报告的样本可以是一定时间段（通常为 3 个月）内获取的账户，或特定邮件或营销计划获得的所有账户。在同一时期内获得的并且具有相同筛选标准或目标市场的账户，通常被称为同期账户（vintage，如同酿酒商识别一个装瓶年份的方式一样），有些人也称之为同群账户。无论怎么称呼，它都是所有账户表现分析的基石。如果评分和实际结果之间的某些关系看起来不同寻常，那么管理者就应该开始深入分析以发现问题。

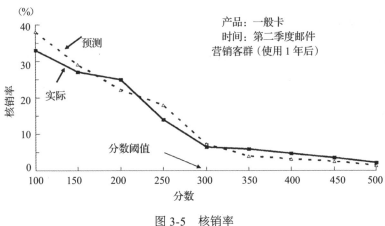

图 3-5　核销率

使用这些报告监测评分系统的性能，就像给时钟装上了指针，让人们能够读取时间。当然，如果管理人员不按时审阅报告，那工作也是很难开展的。

通用模型

除了定制化的（内部）评分系统，还有基于征信局数据的通用模型，这些通用模型可以供那些由于资源不足或数据不足而选择不开发自有评分系统的机构使用，如某个机构刚刚进入一个新市场或开发了一个新产品。通用模型可以独立使用也可以用作内部评分系统的补充。

前面提到，FICO 和 VantageScore 是主要的通用模型开发商，它们主要使用征信局的数据——贷款机构上报的数百万个账户的实际表现。这些通用的评分模型包括：

- 风险模型，如 BEACON 和 EMPERICA 及 VantageScore。
- 针对汽车、银行卡、分期贷款和个人理财等业务的行业专属模型。

- 破产预测模型。
- 收入预测模型。
- 申请反欺诈模型。
- 客户流失模型。
- 催收模型。

其他开发商还提供一些基于全国和局部区域的模型，具体产品包括：

- 银行循环额度。
- 银行分期信用贷款。
- 汽车贷款或租赁。
- 信用社产品。
- 零售商信用卡。

通常，针对特定产品的模型更能符合贷款机构的需求。全国范围或广泛使用的模型也许能满足需求，但贷款机构最好还是使用自己特定的产品和目标群体来验证评分系统，以确保评分能够给出符合需求的结果。

虽然贷款机构总是更希望构建自有的申请评分或者营销评分（据某个贷款机构报告说，如果有非常完整的记录，它们可以开发比通用模型效果好 10%～20% 的自有评分系统），但是通用模型对那些因客户规模太小而无法构建自有评分系统或者进入一个业务领域时间太短的贷款机构来说是非常有效的。使用通用模型的另一个优点是大多数通用模型都是定期更新的，当经济环境变化时，一些机构内部的自有评分系统可能比预期退化得更快，而通用模型可能更新得更及时也更有效。

如果成本允许，自有评分系统和通用模型可同时用于筛选新申请人或审查现有账户。同时使用两个模型可以增强对大多数账户的辨别能力，但也会产生一个辨别结果不确定的区域。如图 3-6 所示，征信局评分和自有评分相互交叉：图中有 28% 的申请者同时被两个模型拒绝，46% 的申请者同时通过了这两个模型。因此，系统对接近 3/4 账户的评分结果达成了一致（这是 FICO 报告的典型结果）。这一结果为贷款机构接受或拒绝大部分申请人提供了坚实的基础。

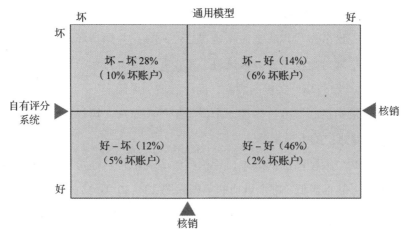

图 3-6　使用两个模型

对于剩下的 1/4 的账户，一个模型说"接受"，另一个模型说"拒绝"。这并没有听起来那么糟糕，相反这是改善审批边际账户的机会。

通过叠加两个模型，无论原来单个模型的分数阈值如何，都可以计算出组合坏账率并绘制分数阈值线——指出可接受的坏账率范围。组合分数在每个区域的组合坏账率的示例，如图 3-7 所示。

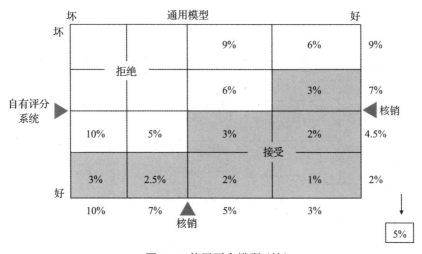

图 3-7　使用两个模型（续）

在这种情况下，开发人员可以选择接受阴影区域内的账户，即使一个模型拒绝了该账户。通常，使用两个模型会让更多的好账户通过审批。FICO 的研究表明，在一些模型中，这么做可以将通过率提高 2%～3%，并保持坏账率不升高。虽然这样的增长说起来可能不太多，但是对于每个月批准上万笔贷款的机构来说，增加 200～300 笔贷款可以切实提高利润，而不必增加风险。

如果贷款机构担心批准过多被一个模型拒绝的账户，可以通过提高分数阈值来调整边际区域账户的批准策略。

同时使用两个模型增加的成本是否值得？只有机构自己可以给出答案，但通用模型的成本可能相当低（每个申请的审核只要 20～30 美分）。只要经济上可行，一定要考虑使用多个模型。当然，需要测试来判断是否值得。

使用两个模型的一点提醒

正如一些贷款机构已经尝到了苦果，串行使用两个模型而不是并行使用是一个潜在的陷阱（见图 3-8）。多个模型必须集成并行使用，以更好地指导决策。

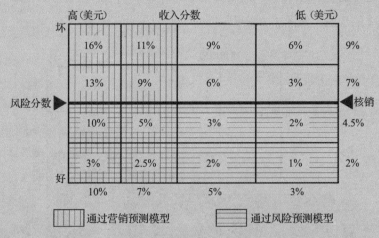

图 3-8　使用两个评分模型

设想以下贷款场景：风险管理部门已经开发了风险预测模型，市场部门也已经开发了收入预测模型。市场部门只能获得通过了风险预测模型的名单，并只会向其中通过收入预测模型的人（"高潜在收入"客户）进行营销。最终的结果是灾难性的。

　　原因有两个：①没有位于右下角第四象限的潜在低风险客户会通过评估（记住，他们是低潜在收入客户）；②位于左下角第三象限（高风险）的客户将非常匹配该规则。他们作为"大消费者"已经通过收入筛选模型。最终结果是没有足够的来自右边象限的好客户抵消来自左边象限的坏客户。这个审批策略会导致贷款机构经历严重的逆向选择，核销率会高得令它们无法忍受。

　　虽然市场部门可以说所有的目标市场都通过了风险筛选，但是它们不得不深刻地了解到不是所有评分 680 分（或任何其他分数阈值）的客户都表现相似。串行顺序使用两个模型是导致灾难的因素，向开发人员说明如何集成模型吧。

总　　结

　　开发、实施和制定相应的策略来使用评分系统所需的工作量远远超过实际开发评分卡所需的计算。有少数人依然不相信评分系统是一个行之有效的工具，或许是因为许多贷款机构仍然没有充分地利用评分系统。他们拥有评分系统，却没有优化评分的运用。

　　将评分系统应用到一个现有机构，需要来自高管层的强力支持和对评分系统运用的充分理解。一种增强评分系统使用的方法是，在管理层沟通业务结果时将评分作为报告内容的重要部分。例如，有效的报告可能会写道：

- "在亚拉巴马州 10 月的邮件业务中，高风险试验组（得分 <180）的表现优于预期，我们正在将测试扩展到其他 3 个州，如果这些早期结果可以被证实，我们会考虑降低分数阈值。"
- "在明尼苏达州我们服务的所有经销商中，布鲁斯·奥斯莫比尔的客户平均得分最低（仅 292 分，总平均分 336 分），人工重判率达 13%，止赎抵押品比例是平均值的两倍。我们正在调查这个经销商的业务是否有盈利能力。"

- "范围在 400～500 分的 PBS 分数组响应率高于预期。这些账户处于较高的风险范围，我们正在观察它们早期的激活方式和使用模式。"

上述这种类型的报告反映了如何使用评分来交流信贷周期每个阶段的趋势和表现。

至此，我们已经介绍完了评分，现在我们将视角转回信贷周期，从获取账户开始，看看评分是如何在整个信贷周期中发挥作用的。

第 4 章

获　客

　　首先，盈利业务的获客关键在于提供一个好产品以吸引合适的客户。这意味着产品必须有一定的吸引力，并且被潜在客户认同。在你确定产品、目标客群和目标市场后，业务发展的下一步是如何获取目标客群。这个获客过程可以通过深度挖掘现有客户或者开发新客户来实现。新客户可以来自本地区、本省、本国甚至全世界。

　　本章会介绍获客这一开展新业务的关键步骤，包括向存量客户提供其他产品的方法及获取新客户的技巧。获客的目标是：

- 吸引优质的潜在客户进行申请。
- 了解目标客户的风险／收益。
- 建立快速、经济、高效的审批流程。
- 合理确定初始信用额度。
- 减少欺诈。

获客阶段的目标并不是剔除所有潜在的坏客户，事实上我们也永远达不到这个目标。相反，获客阶段的目标应是去设定一个可接受的好坏账户的比例。⊖提高好客户的申请量或响应率会最终降低坏账率，这要比聚焦减少坏客户更为有效。

要记住的重点是：坏账率是一个比率，即坏账户的数量除以批准账户数量（或坏账户的资产余额除以资产组合中的资产总余额），如图 4-1 所示。

```
┌─────────────────────────────────────────────────────┐
│ 客群：100 万个潜在客户，其中好客户 965 000 个，         │
│      坏客户 35 000 个                                   │
├─────────────────────────────────────────────────────┤
│                    A 产品           B 产品              │
│  邀请件        100 万            100 万                 │
│  批准账户      14 325（1.4%）    35 000（3.5%）         │
│  好账户        12 750（1.3%）    33 250（3.4%）         │
│  坏账户        1 575（4.5%）     1 750（5%）            │
│  坏账率        11%               5%                     │
└─────────────────────────────────────────────────────┘
```

图 4-1　坏账率

B 产品相对 A 产品更具吸引力，该产品的批准账户数量高于 A 产品的。尽管 B 产品有更多的（绝对数量的）坏账户，但其占比明显低于 A 产品。产品竞争力薄弱、产品优势不明显或客群定位不良可能都是导致 A 产品不能吸引好账户的原因。

寻找潜在客户

传统模式下银行和其他金融机构通过自己的分支机构（分行或分公司）来吸引新客户，并拓展与存量客户的关系。为了吸引客户，银行建造了壮观的市中心大楼，并在繁华的市区建立了多个吸引眼球的分支机构。这些分支机构或在购物中心，或在人口密集的老城区。客户会受到品牌的吸引，他们开户的主要原因是商家的信誉、分支机构的位置及金融机构与客户之间的良好关系。

地域扩张，尤其是信用卡行业和新型金融服务类公司的大规模增长——其中许多公司可能没有分支机构（例如，像 20 世纪 90 年代那些只有单一产品的信用

⊖ 为了防止理解有误，如前所述，好账户的定义是现在或者将来可以带来盈利的账户；坏账户通常是那些低收益 / 高风险，你不希望获取的账户。在逆向选择的讨论中，坏账户是基于高风险定义的。

卡公司[⊖]和互联网银行），改变了人们对银行业的观点。今天，消费信贷机构通过各种方式来获客以扩大它们的客户群体，如：

- 营业网点。
- 传单（小册子、申请表）
- 邮件营销、团体协会营销。
- 广告。
- 互联网。
- 交叉销售。
- 资产购买。
- 场景渠道放贷，即通过场景渠道（房地产经纪人、零售商、汽车经销商等）放贷和服务客户。
- （两个或更多的公司，如银行和零售商联名发行产品）。
- 其他方法（固定电话和手机、ATM）。

我们将在这一章详细介绍上述每一种方法（场景渠道放贷在第 9 章中单独讨论）。

营业网点

利用现有的分支机构，银行或金融机构可以直接面对面地吸引新客户，尤其是还未被邮件营销锁定为目标客户的初次借款人。此外，分支机构可以和商家建立合作关系并对商家雇员推销其产品。分支机构虽然是一个方便且行之有效的获客渠道，但是如同其他获客渠道一样，所有申请人必须经过仔细、全面的筛选过程。

传单

这些宣传信贷产品的小册子附有相应的申请表。潜在客户可以在便利店和银行分行获得这些申请表。传单可以让信贷机构在现有获客渠道之外接触到更多客户（申请表填写的信息会在后期核实）。传单摆放的地理位置需要谨慎选择。尽管

⊖　单一产品公司通常在开始只有一个产品，如信用卡。

严格的筛选可以让地理位置的选择不那么重要，[⊖]但是对于那些"不够格"的潜在客户的营销，审批成本也是需要考虑的。一般通过使用传单申请贷款的通过率很低（10%～20%），信贷机构不应该依赖这种渠道来迅速发展业务（信贷机构可以通过该渠道选择一些边缘客户），但是我观察到一些信贷机构会在商场使用传单进行信用卡促销。

邮件营销、团体协会营销

邮件营销是向潜在客户发送邮件，使客户了解并申请信贷机构的产品和服务。几乎每一个大的信用卡发行商都大量使用这种方法来获取新的信用卡客户。该方法也被用于吸引房贷和其他产品的客户，或其他产品拓展新客户。在美国，邮件营销是获取大量客户的一种比较便宜的方式。但是信用卡邮件的响应率已经下降到不到1%，所以邮件营销的技术已经变得越来越复杂。由于邮件营销客户名单的筛选比较复杂，我们将在下一章单独讨论。邮件营销的一个方式是利用团体协会营销。

团体协会是有共同兴趣或参加过相同活动的成员（如航空公司成员、汽车俱乐部成员、环保人士、校友团体、博物馆成员等）加入的组织。这些成员名单可作为邮件营销客户名单的来源。MBNA（现在是美洲银行的一部分）是成功地通过团体协会营销来发展其信用卡业务的一个典型代表。（历史上其唯一未开展业务的团体协会是"心脏移植幸存者协会"，也许是因为成员数量太少。）

广告

广告仍然被广泛用于拓展新业务。广告可以是电视上向广泛地域投放的信用卡（Visa、MasterCard）广告，也可以是当地或区域性报纸上每天的车贷和房贷的广告。如果广告做得好，它仍然是提高产品认知度、获得关注和提升市场份额的绝佳方式。广告也出现在非传统渠道，如手机和ATM。下面我们将讨论互联网营销。

互联网

互联网是获取新客户增长最快的（也可能是最便宜的）方式之一。潜在客户可

⊖ 在美国，如果信贷机构只对高收入地区投放传单，可能会被起诉地域歧视。

以通过互联网广告展示、搜索引擎营销和社交媒体营销（脸书、推特、领英）等渠道获取。此外，专业金融机构进入互联网市场，为潜在客户提供全方位的银行产品（贷款申请、账单支付、股票交易等）；现有的信贷机构也向其客户提供类似的服务。当前互联网申请的低批准率以后可能会随时间推移而有所提高。

交叉销售

交叉销售是通过向存量客户销售其他产品来获客的廉价方式。管理良好的金融机构会通过邮件或电话与客户保持经常联系，或者和走进营业网点的客户互动。如果客户享受良好的待遇（如良好的产品、优质的客户服务、有效的 ATM 机、排队时间短、礼貌的柜员），他们可能会接受新的产品。由于信贷机构拥有客户信息和客户表现记录，因此它们可以对客户提供更有针对性的产品和做出更好的风险决策，通过此渠道可以较好地控制客户的质量。

谁是互联网的赢家

互联网的爆发式成长刺激了直销银行的成长。得益于运营成本的降低，互联网成为潜力巨大的渠道，互联网直销看上去可以迅速获取信用卡和其他贷款客户。此外，没有分支机构的成本和太多的间接费用，直销银行可以通过更高的存款利率来吸储和盈利。

但这个让人激动的策略仅仅是理论上的，让我们看看互联网直销银行的一个主要公司 Bank One（现在是摩根大通的一部分）。Bank One 在 1999 年成立了直销银行 Wingspan。Wingspan 当时的口号是"重新选择的话，你的银行应该是这样子的"。为了宣传这家直销银行，大量的广告被投放到主流经济媒体上。尽管 Bank One 拥有 Wingspan，但 Wingspan 的品牌定位中没有提及和 Bank One 的关系。其结果是 Wingspan 直接以低成本和更有竞争力的息费和 Bank One 的网上银行竞争。但是没有线下的服务网点最终成为 Wingspan 的弱点。Wingspan 的客户可以付费使用 Bank One 的 ATM 机，但他们不能使用 Bank One 的分行。非电子的存款必须通过邮寄完成。2000 年 9 月，Bank One 关闭了 Wingspan，并将其客户并入 Bank One 的系统来提供网上服务。Bank One 指出关闭 Wingspan 的原因在于直销银行无法获得足够的客户。类似的情况发生于花旗银行和它的 Citi/fi 银行，以及其他直销银行和线下银行的合并中。也有网上直销成功的案例——USAA（可能做得最好）和美国运通。

资产购买

金融机构有时会购买其他机构的整个或者部分资产。购买资产能够使金融机构实现地域扩张并一次性获得大量客户。此外，购买的资产的表现是已知的。20世纪 90 年代末和 21 世纪初期，（美国的）信用卡业务经历了大幅度的整合（十大发卡行现在控制着 85% 的业务，相比 20 世纪 90 年代这个比例是 50% 或更少）。虽然收购资产的成本似乎很高，但是不一定比通过邮件获取账户的成本高很多。信用卡业务的高度竞争性及复杂的营销和运营使不愿意投入大量资源来学习和了解市场的公司被淘汰，掌握这些能力的公司则快速扩张。一个警告：确保你想要购买的资产和你的目标市场、产品和筛选过程匹配，或改变它们以满足你的目标。当美洲银行在 2008 年收购 Countrywide 时，由于住房市场崩溃，Countrywide 的主业次级房贷损失严重，美洲银行遭受了数十亿美元的损失。同年，美联银行收购了 Golden West Financial，这是一家专注于 ARMS（可调利率房贷，借款人可决定每月还款金额）的公司。这也许就是美联银行在金融危机期间被富国银行收购的原因。

渠道获客

渠道一词是指通过第三方来拓展业务（如汽车、船和移动房屋经销商，百货商店，零售商，房贷代理商）。经销商或零售商销售产品，金融机构为购买者间接提供资金，这样金融机构通过第三方的分销系统来获取新客户。这通常是一种快速拓展业务的方式。金融机构为此支付某种形式的佣金，而且必须仔细核查申请人（记住，经销商 / 销售人员通过销售获利，它们总是面临"包装"客户信息以达到销售目标的诱惑）。

其他方法

也有其他方法被用来吸引和获取客户，如电话（客户打入的电话或者客服呼出的电话）、ATM 机和移动电话等新兴模式。这些方法发展客户不如其他方法有效，但有助于获得一定的市场份额。

学生市场

通过邮件、营业网点、传单广告等方式来获取新的信用卡客户越来越难，一些金融机构转向学生市场开拓客源。花旗集团、Discover 和美国运通尤为重视这个市场。学生市场甚至包括高中生，是这三个发行商的主要新客户来源。今天，大多数高中生的卡片是借记卡或者预付卡。在美国，法规限制 21 岁以下的人在没有父母共同申请或者没有支付能力的情况下获得信用卡。

学生到底是一个良好的业务来源，还是应像躲避瘟疫一样避开的客群？开发学生客源的好处显而易见，许多人会对第一个给自己信用产品的机构的产品建立很强的忠诚度。早早和学生建立关系可以让你拥有一个具有长期潜力的客群（或至少是受过良好教育的客群）。学生也需要这些信用卡来支付书本费、放假回家的旅费，维护汽车等。在一个获客越来越困难、获客成本越来越高昂的环境中，这种方式的回报率会很高。

一个控制信贷机构风险的方法是给首张学生信用卡较低额度（500 美元或最多 1000 美元），然后根据使用情况逐渐增加额度。即使在不必要的情况下，有些信贷机构仍然要求父母担保；有些信贷机构只发放给四年制本科大学的学生信用卡；有些则尝试一些不太知名的大学和其他学校。大多数信贷机构在一开始进入学生市场时就知道，除了学生是否有银行活期或者定期的存款账户（里面可能就只有一点点钱）外，它们对于学生只能获取少量的信息甚至没有信息。信贷机构不愿意透露学生信用卡的损失率，但以往经验表明，学生支付账单的习惯不比父母差甚至有时还要更好。

上面我们总结了信贷机构获取新客户的主要方式（如上所述，因为邮件营销的重要性，我们将在第 5 章单独讨论其流程）。请记住，在获取新客户的过程中，客户的来源在很大程度决定了业务的质量。一个由现有优质客户推荐或通过精准邮件营销获得的新客户，比在酒吧或餐馆通过传单获得的客户更有可能成为理想的客户。

筛选账户

一旦确定了新的业务来源，下一步就是建立一个良好的筛选账户流程。在消费信贷业务中，风险管理最关键的一个步骤是建立一个审慎的流程来筛选。下面我们将介绍筛选新客户的基本原则。关于筛选邮件营销客户的专门流程，评估抵押物（抵押产品）及评价通过第三方（渠道）的申请流程将在后面的章节中介绍。

收集信息：申请进件

账户申请流程开始于借款人填写申请表，向信贷机构提供足够的信息，以使其做出合理的信用决策。申请表可长可短（根据产品而定），对客户来说完成申请表是整个申请过程最直观的步骤之一。

总的来说，贷款金额越大，信贷机构需要的信息越多，有时甚至包括申请人完整的财务信息。例如，对于房贷，申请资料中应该有足够的细节用于确定申请人的年度住房费用、财产税、保险、物业费用等。这些费用对抵押贷款申请的影响比较显著，小额信用额度或信用卡一般不要求此类信息。

根据产品，申请材料可能会要求申请人和共同申请人提供当前和（简要的）以往的如下信息：

- 个人背景（如姓名、地址、出生日期、自置居所）。
- 就业和收入。
- 征信及征信查询需要的充足信息（如美国的社会安全号）。
- 财务报表（通常只针对较大信用额度的产品，如房贷或大额无担保信贷）。
- 抵押贷款中抵押品的信息。

获客的主要目标之一是鼓励合适的人申请。设计申请表的一个诀窍就是平衡客户需要提供的信息（从客户体验角度出发）与信贷机构做信用决策和账户管理需要的信息。如果你的竞争对手的申请表简单，而你的申请表冗长，具有良好信用记录的申请人会选择哪种？信用良好的客户有多个选择机会，他们通常不喜欢填写冗长复杂的表格，而信用一般的申请人通常会填写任何申请表。因此，不必要的复杂申请表可能使信贷机构失去资质最好的客户。

吸引客户、提供服务和催收（如果需要的话）都需要申请人提供的信息来完成，因此申请表的设计中应当包含以下这些信息。

营销。营销的主要目标是激励合适的客户来申请自己的产品。申请过程应简单并且人性化，使用如"请介绍你自己"的标题，以一种友好的态度询问客户关于工作、收入和其他的详细个人信息。

风险管理。风险管理部门的目标是获取申请人的必要信息，以便做出正确的授信决策。例如，必须要有足够的信息来确认申请人。由于人们经常搬家、离婚、再婚，存在职场上和私人生活中使用不同的姓名等情况，要确认每个申请人并不总是容易的。在美国，社会保障号码是必须提供的，这样可以确保从征信局得到的征信历史信息是准确的。许多其他国家也有这样唯一的身份号码，可用于确保个人信息的准确获得。

催收。催收部门在催收客户时需要有足够的信息与客户取得联系。

运营。运营部门的工作人员需要将客户填写的信息输入系统中，所以申请表中的内容要简单易读。同时，申请表必须有足够的空间，这样申请人能够清楚地在申请表上填写信息。

法务。法务部门确保机构符合法规和法律要求（包括信息的披露和反歧视法规）。法务部门对申请表的审查是设计过程中的一个重要步骤。

其他要点

- 申请材料应该能够反映出目标市场的特殊性，如对大学生和工薪层询问不同的问题。问一个学生是否有房产几乎没有任何意义，但问他们的夏季或短期工作、课外活动等信息可能有用处。
- 问题要明确具体，而不是含糊不清。申请资料需要具体的个人信息

（如出生日期，而不是年龄）。当问到收入时，你问的是家庭还是个人收入？只是薪资还是包含所有收入？月收入还是年收入？虽然勾选框通常被用于获取收入范围（如果你的个人年收入 35 000～45 000 美元，请在相应的框里打钩），但是最好的方式还是询问具体信息（如你每月的总家庭收入为_____美元）。

- 索取太多信息，如每张信用卡的卡号、银行贷款的账号或是货币市场账户的账号，会适得其反。填写这些数字令人厌烦，会让优质的申请人望而却步。而且我们并不一定需要这些信息：在美国和许多其他国家，征信局记录中通常包含现有信贷产品的信息。

- 最后，信贷机构应该持续测试可以用来区分信用资质的条件和标准，因为今天行之有效的条件和标准可能不适用于未来的市场。未来的判断标准可能是：你拥有第二套房产吗？你使用智能手机（或什么型号的智能手机）吗？你有 IRA 或 401（k）账户（个人退休账户）吗？你使用互联网吗？你有个人网站吗？准备将来可用于合法细分好坏客户的标准对企业来说至关重要。一个信贷机构想要在未来保持领先地位，现在就需要测试一些看似不相关的问题以确定它们是否能够有效地区分好坏客户。

标准审批步骤

获客的下一步是对新申请的客户进行审批。审批过程可以流程化（见下文），但应该有一个标准的审核过程。在消费信贷业务中，通常使用的审批流程包括以下步骤：

- 检查申请进件的准确性和完整性，拒绝不合规的申请人（如不符合最低年龄要求的申请进件）。
- 获得征信报告。
- 对通过初筛的申请人进行评分。

- 检查结果，并确定是否需要其他信息。
- 计算负债比率（此步骤可能不适于所有产品）。
- 反欺诈。
- 验证客户信息和 / 或担保，在必要时调整交易内容（如汽车交易）。
- 做出最终决定并通知客户，接受一部分没有通过筛选的客户作为测试
  样本。

审批流程如图 4-2 所示。

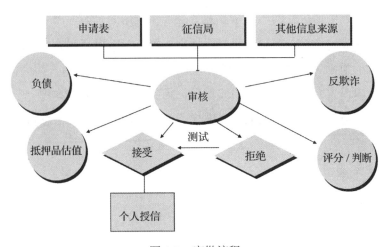

图 4-2　审批流程

初步筛选

即使是房贷，新客户的申请审批过程也必须尽可能简化和自动化。在此过程中，对于不符合最低标准的申请应该迅速排除；对于最合适的申请尽快地通过审批；对于其余的申请则需要进行更加深入的审查。这种方法可以节省资金并做出更好的决策，因为信贷机构可以投入更多的时间来做出那些真正困难的决定。

秒拒（快速拒绝）

通常申请进件被快速拒绝的原因包括：

- 未能达到最低年龄或最低收入要求。
- 未达到最低分数（定制或通用评分）。
- 曾经破产或申请进件明显地含有虚假申请信息。

一个不完整的申请进件并不一定被秒拒。缺乏重要申请信息的申请进件可能被拒绝，但是如果只缺少少量的次要信息，应该跟进并获取更多信息。

快速审批 / 自动化审批

设定好审批标准后，大部分的申请可以使用自动化流程快速审批。这种方法对于通过第三方申请进件的汽车贷款业务是非常有用的，因为汽车经销商把客户信息像撒纸屑般地送给多家贷款机构。通常，第一个给出有竞争力产品的信贷机构将有最大的机会得到客户。请记住，并非所有被批准的申请人都会注册开户；许多优质的申请人会被其他贷款机构接受，因此实际开户的成本是一个重要的监控指标。一个警告：最初的批准可以附加条件，根据后期客户信息和抵押品的验证，包括对可疑信息必要的核查之后可以改变先前的决定。

一个精明的信贷机构会检查其审批流程的规则，以确定它是否能以最低成本处理最多的申请人，同时保持对决策过程的控制。例如，如果信贷机构向存量客户提供一个新产品，就可以不打扰客户，仅仅依靠内部信息对客户进行评分。

信用评估的复杂程度取决于涉及的风险，同时也因产品而异。正如我们所说，筛选潜在客户是有成本的；如果风险较大并且利润较小的话，不值得投入大量资金来筛选客户。当贷款金额较大时，则要花更高的成本来做出准确的决定。新账户的筛选成本可以从 10～20 美元，到上千美元（如细致的房贷申请审查）。关键点是保持调查成本与产品一致，如图 4-3 所示。

在以上例子中，当审批额度较低的零售商信用卡时，可能仅仅需要检查完整的申请信息（很多人在百货公司开立第一张信用卡之前为白户，我们希望对这部分白户有一个通用评分）。有些零售商信用卡在店内促销：如果你有一张大银行的信用卡，那么可以给你本店的私有卡。当审批有较高债务和诈骗风险的高端信用卡时，则需要进行更彻底的调查，如果发现信息冲突，可以进行第二次征信查询或者通过多家征信局进行征信查询。

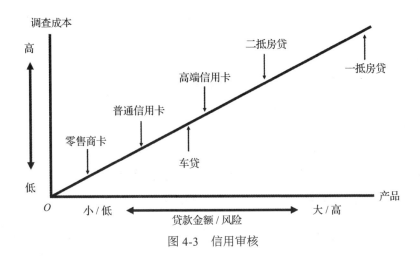

图 4-3　信用审核

　　一抵房贷或者高额房屋净值贷款，如 10 万美元或更多，需要对客户信息以及房产进行更细致的审查。无论是一抵房贷还是二抵房贷，资产评估都是必不可少的。

　　额度较小的（如 5 万美元）的房贷和其他产品的审批严格程度是介于上述两类贷款之间的。对于小额的二抵房贷或者房屋净值循环额度的申请，应仔细检查以确定申请人是否有资格获得无担保贷款；如果通过筛选，可以在房屋资产上登记留置权以提供额外的保障，对于这些资产的评估过程可以不那么严格。

客户筛选：主观判断与评分

　　在美国，通常在初步筛选之后，每个申请进件将被输入到信贷机构的贷款审批系统中，该系统会调用征信报告并对申请进件评分。如上一章所述，评分是筛选潜在客户最理想的方法。有些时候，因为业务量太小而无法使用通用模型或者自有评分系统时，唯一的选择是主观判断。除此情况之外，应该使用经过验证、由专业人士开发的评分系统作为筛选潜在客户的关键步骤。

主观判断

　　大多数经验丰富的信贷机构有一系列它们坚信的经验规则：老年人比年轻人更可靠，房主比租房者更好，白领的风险低于蓝领工人（但要小心律师，他们喜欢打官司），等等。经验是随着时间的推移而丰富的，专家所做的每一个决定都会依赖经验。历史上，审核专家根据三个因素做出决定：意愿、能力和担保。意愿指的是客户过去履行其还款义务的意愿，在美国，主要以征信历史来衡量还款意愿。能力是客户在当前收入（负债）的情况下偿还当前和未来债务的能力。担保是指被用来担保融资的物品价值。这些基于经验逐步开发的规则通常被称为专家系统。

专家系统

专家系统旨在复制银行中最有经验的人才的专业知识，将他们的经验和智慧融入规则中，让经验不足的人遵循。被复制的经验包括贷款审核、催收、授权及其他业务方面的经验。如果一个机构依靠经验筛选客户，至少应该记录审批规则流程以保证（规则使用的）前后一致性。例如，文档中必须指明最低批准标准，如：

- 开户的合法年龄。
- 收入。
- 工作时间。
- 在当前地址的居住时间。
- 抵押贷款的贷款价值比。
- 征信历史。
- 债务负担标准。

信贷机构可能基于这些规则来制定申请进件审核人员遵循的规则。

拒绝申请人的条件如：

- 收入低于 30 000 美元。
- 工作的时间少于 1 年。
- 征信历史时间少于 1 年。
- 在征信记录中发生任何逾期行为。
- 过去 6 个月中进行了 3 次以上的申请。
- 当收入超过 50 000 美元时，如果上述申请条件只有 1 个例外（如工作时间小于 1 年），仍旧可以接受申请。

专家系统在下列情况下很有用：何时需要申请人提供更多信息，何时需要第二份评分或征信报告，何时否决规则，需要做多少详细的债务负担分析，以及需要验证多少信息。专家系统在对房贷申请人进行资格预审时尤其有用。历史上，申请房贷是一个枯燥耗时的过程。然而，现在的自动批准系统（实际上是专家系统）可以大大加快房贷申请过程。现有的两个专家系统是由美国两个主要的政府所有机构房利美和房地美开发的。借助于这些自动化系统，工作人员能够更迅速和专业的帮助潜在客户申请房贷，并且它们会对如何解决可能出现的问题提出建议。我们将在后面第 10 章中具体讨论房贷审核流程。

主观判断的一些问题

主观判断会存在一些基本的限制。

不一致性。尽管有成文的规则，但是一致性是很难实现的。审核人员在这个过程中总会有一些自己的偏见，同一人甚至也可能在不同的时间段（午餐前后）对同一申请做出不同的决定。这是人的本性。

缺乏反馈。实际上只有很少的信贷机构会分析主观判断审批的结果。例如，排除所有"收入低于 30 000 美元"的申请人的效率怎么样？如果贷款机构接受这样的申请进件会发生什么？每个信贷机构应该能够在数据上证明其做出的决定是最好的。这样做的方式是接受一部分不符合评判标准的申请人作为样本，并跟踪他们的实际表现。不幸的是，很少有信贷机构进行这种分析。

无法做边际决定。就算你希望提高审批通过率，你也不能（通过专家系统）直接接受下一个风险梯次的客群。由于只有个人判断的历史而没有客户的准确数据，你没有能够帮助你做出这些决定的信息。

系统的不灵活性。当经济、产品、账户行为、目标市场、竞争及法律和监管政策发生变化时，系统改进主观判断非常困难。你永远不知道你是如何审批现有账户的。例如，在经济发展较缓慢的时候是否需要更高的收入，还是在现地址更长的居住时间或更长工作年限？如果想改变专家系统的规则以提高申请进件的质量，信贷机构必须留住所有参与专家系统开发的员工。

缺乏报告。没有一个统计方式可用于描述通过主观判断通过的账户。如果一个信用机构在 1 个月内使用判断系统发放了 2000 笔贷款，理论上它们应该是好的贷款，否则不可能被批准。然而，一些贷款将会变坏，但信贷机构不能像用评分系统那样系统地排序和描述这些账户。当你使用评分系统时，你可以分析出风险的来源从而在新客户中得到更多的利润，并随着时间的推移不断跟踪观察它们的表现。在上一章结束时，我们列出了一些评分系统可以利用的信息的例子。

不精确。主观判断的规则是"好 / 不好"，没有中间的选择。例如，申请人有一些轻微的拖欠行为可能会导致被主观判断拒绝。而评分系统中不同特征有相应的权重（仔细分析它们的长期影响之后），其中并没有一个能直接决定拒绝申请。在评分系统中，如果其他大多数特征都得到较高的评分，一次较小的拖欠行为不会导致拒绝。

由于这些原因，主观判断应仅作为高申请进件量的公司的一种补充方式。这类的系统可以用于判断新信息是否会影响审批，如有些不会用在评分系统中的信息（例如，申请人在本行有商业账户，她是董事会主席的女儿，或此人在征信局有三个不同地址的征信历史）。在这里，主观判断可以对评分系统进行补充，但其做出的决定仍然需要跟踪。

人工与机器审核的对比

对于那些仍然相信人类不会犯错误的人来说，很遗憾的是，有大量证据表明，评分系统比大多数人工审核人员在批准消费贷款申请方面做得更好（批准率更高、损失更低）。自动化的评分系统不仅能节省贷款处理成本，而且一次又一次地证明能比人工审核人员做出更前后一致、更可靠和更可预测。

在精心开发和验证后实施的评分系统几乎总是能比人工审批做得更好。在风险管理和回报讲座中我们做了超过 400 次的申请审批实验，在审批 10 个申请（基于实际申请人的实际贷款）的试验中，人工审批只有寥寥几次能够与评分系统表现相当，只有一次表现超过了评分系统。评分系统相较于主观判断的一个主要好处是更高的批准率。人工审核人员往往是比较保守的，特别是当管理层总是开除一些发放太多不良贷款（由管理层定义，通常不考虑产品的整体盈利）的审批人员时。因此，评分系统能够带来更多的账户、更好的预测性和一致性，而所有这些都意味着利润增加。

征信报告

我们之前已经讨论过获得征信报告并使用其数据进行评分。征信局就像是"图书馆"，贷款人定期报告它们客户的表现。在美国，征信局的客户有银行/金融公司、零售商信用卡发行商、医生/医疗诊所、地方/联邦政府和水电公司等。这个庞大的数据库传统上只限于现有的和预期的贷款人使用。在美国，当贷款申请被拒绝后，申请人可以免费获得自己征信报告的副本。另外，每人每年可以从每个征信局免费获得一份征信报告。征信局的报告样本如图 4-4 所示。

美国的三个主要征信局通过多年来对许多独立征信机构的收购控制了美国的征信产业（虽然一些较小的独立征信机构仍然存在）。随着数据的集中化，信息的质量和完整性得到长足的提高。获得申请人的征信报告和评分是任何新账户审批流程中的关键步骤。正如我们在第 3 章里面介绍的，如风险预测评分、破产得分和通用收益分数都基于征信数据。从征信报告中得到的信息是申请过程中最重要的信息。

各征信局可能在以下方面有所不同：

- 记录的完整性（商家和客户）。
- 更新的及时性。
- 地域的覆盖。
- 信息的准确性。
- 数据读取的容易程度（匹配算法）。
- 数据产品的提供（通用分数）。
- 碎片文档[⊖]的处理。
- 价格。

⊖ 当一个消费者有多个不完整的文档时，我们称之为碎片文档。常见的原因有名字拼写错误、名字的不同拼写（如 John Jones 和 John R. Jones），或者最近地址变动。

Duncan Elizabeth 别名为: Cook Elizabeth	SSN：666-58-5521 出生年月：1954/02/04	电话号码：555-555-5555	归档始于：4/78

现住址： 9932 WOODBINE, #9B 芝加哥，伊利诺伊州，60068 上报日期：1/05	前住址： 10 N. CAMINO 奥克兰，加利福尼亚州，94583 上报日期：4/01	前住址： 8500 N. Western AV. 芝加哥，伊利诺伊州，60645

职业

ABC 酒店 安妮小镇，伊利诺伊州	职位：礼宾员	开始时间：3/01 结束时间：	归档始于：5/07 有效起始日：5/07
ABC 酒店 奥克兰，加利福尼亚州	职位：行政助理	开始时间：3/01 结束时间：	归档始于：3/00 有效起始日：3/01

警告和重要通知 ●

类型	详情
身份证不匹配警告	之前输入地址与档案地址不匹配
高欺诈风险警告	输入的 SSN 并未在社会保障总署注册
SSN 注册年份	档案 SSN 注册年份：1957～1960 年 注册州：伊利诺伊州 EST. AGE OBTAINTED：4-8
身份审核验证	欺诈模型得分：+200，身份得分：500，分数生成码：345 电话号码与邮箱绑定，678 身份要素与疑似欺诈行为有关联，901 低风险身份欺诈
OFAC（警署）名单警告	无
客户详情	看最后的 RPT

评分 ●

类型	分数	详情
Vantagescore	+590	TK 账户逾期 / 坏账的不良行为
		52 无有效金额的房屋贷款账户
		RF 循环额度逾期 / 坏账的不良行为
		10 无可用的分期账户
		评分卡：02
破产评分	+533	24 信用经历不足
		07 履行逾期义务
		15 信用报告调查次数
		08 无有效金额的房屋贷款账户

信用信息，总结（全部历史记录）●

公共记录：	2	收录：	1	收录：	4	收录：	4
负交易账户：	1	有负交易历史账户：	2	有负交易历史账户：	9		

	数量	最高额度（美元）	额度上限（美元）	账户余额（美元）	逾期额度（美元）	还款额度（美元）	可使用
循环额度	2	10 100	18 200	5 350	0	225	71%
分期	1	16 900	n/a	12 900	1 128	282	n/a
房贷	1	232 500	n/a	173 200	0	1 470	n/a
总计	4	259 500	18 200	191 450	1 128	1 977	

公共记录 ●

DAUPHIN CP（Z 4937063） 单据号：99B38521

类型：第 7 章破产		资产： 2 668 美元	入档：10.05
法院：	位置：	负债： 14 668 美元	审核：
责任：C	原告：	原账户余额：	已付：
	被告：D. WINSLOW	现账户余额：	

DAUPHIN CP（Z 4937063） 单据号：98M987654

类型：有偿民事判决		资产：	入档：4/05
法院：	位置：A 银行	负债：	审核：
责任：I	原告：	原账户余额： 3 128 美元	已付：6/05
	被告：WILLIAMS	现账户余额： 0 美元	

图 4-4 报告示例

收缴

ADCVANCED COL（Y 999C004） 账号：12345 账号评级：09B

原债权人：ABC 银行 备注： 使用额度：2 500 美元 开户时间：5/02

账户类型：AG 账户余额：1 000 美元 已付：

责任：I 逾期金额： 注销：

最后付款： 审核：4/07 A

交易

ABC 银行（B 6781001） 账号：9876543210 账号评级：I05

账户类型：汽车 额度上限： 账户余额：12 900 美元 开户时间：8/05

责任：I 最高额度：16 900 美元 逾期金额： 1 128 美元 已付：

备注：有争议的账户 周期：60M282 注销：

审核：5/07 A

最后付款：（20 个月） 1 1 5 30 60 90 过失（逾期） 最大（高）：1/07 额度：1410 美元 还款模式 1 ~ 12 月：445543211111 13 ~ 24 月：111111111111

ABC 网点（D 1234567） 账号：1234567890 账号评级：R01

账户类型：信用卡 额度上限：16 700 美元 账户余额：5 200 美元 开户时间：12/04

责任：I 最高额度： 9 600 美元 逾期金额： 0 美元 已付：

备注： 周期：MIN200 注销：

审核：5/07 A

最后付款：（29 个月） 1 1 0 30 60 90 过失（逾期） 最大（高）：2/05 额度：230 美元 还款模式： 1 ~ 12 月：111111111111 13 ~ 24 月：111111111111

ABC 房贷（Q 1111111） 账号：1112223333 账号评级：M01

账户类型：信用卡 额度上限： 账户余额：173 200 美元 开户时间：11/01

责任：C 最高额度：232 500 美元 逾期金额： 已付：

备注：传统抵押 周期：360M1470 注销：

审核：5/07 A

最后付款：（48 个月） 0 0 0 30 60 90 过失（逾期） 最大（高）： 额度： 还款模式： 1 ~ 12 月：111111111111 13 ~ 24 月：111111111111

ABC 部门（D 7654321） 账号：123123123123 账号评级：R01

账户类型：信用卡 额度上限：1 500 美元 账户余额：150 美元 开户时间：12/06

责任：I 最高额度： 500 美元 逾期金额： 已付：

备注： 周期：MIN25 注销：

审核：5/07 A

最后付款：（5 个月） 0 0 0 30 60 90 过失（逾期） 最大（高）： 额度： 还款模式： 1 ~ 12 月：1111 13 ~ 24 月：

调查

日期	描述（代码）	类型	金额
2010/05/20	ABC 部门评分（DCH248）		
2007/03/07	检测银行（BPH9999EAS）		
2007/02/20	主街汽车行（A 1234CAL）		
2007/01/01	123 经销商（DNY777EAS）		

调查分析

日期	描述（代码）	验证信息
2007/03/07	检测银行（B 9999）	Duncan，Elizabeth（773）123-4567 9932 WOODBINE，芝加哥，伊利诺伊州，60693
2007/02/20	主街汽车行（A 1234）	Duncan，Elizabeth（773）555-1234 9932 WOODBINE，芝加哥，伊利诺伊州，60693 10 N. CAMINO，奥克兰，加利福尼亚州，94583 工作单位：Grand 酒店

客户详情

#HK# EFCRA 欺诈警告：此行为需要链接 FCRA 账户进行验证

报告提供方

图 4-4 （续）

资料来源：TransUnion LLC.

根据这些因素，信贷机构通常根据它们业务的地域选择一两个征信局作为供应商，并一直使用它们，直到出现一些不得不更换的情况。每个供应商都在不断改善其服务，所以重要的一点是不要被无法持续保持竞争力的供应商捆住手脚。某一家征信局今年表现最佳，并不等于明年它也是表现最好的。

CoreLogic 是一家位于加利福尼亚州的公司，它为信贷机构收集合并征信信息。这家公司之前的一次研究表明，没有任何一家征信局的报告里有超过 72% 的月还款记录、超过 64% 的贷款记录或者超过 36% 的查询记录。调用第二个征信局报告的成本应与其带来的价值进行比较。评分系统开发商 VintageScore 试图从三个征信局的数据中得出一致的评分，据它宣称其算法显著地减少了三个公司信息不同造成的差异。最后，一个征信局并不总是具有每一个申请人的所有信息来进行精确的评分。我们在前面介绍过，VantageScore 通过使用传统征信局不包括的信息（如房屋出租），然后将其与传统数据合并对征信记录很少的客户（"瘦文档"，或者准白户）进行评分，如移民、学生、最近离婚的客户等。

负债分析

消费者账户的负债分析类同于对公业务信贷人员对公司账户进行的现金流分析。这是对公业务信贷人员的传统任务，他们利用准确的工具来分析公司财务报表和销售记录等数据。负债分析常常被用于消费者贷款，但准确地获得个人的财务数据是很困难的，尤其是个体经营者。为了避税，有些人的税表实在是"具有创造力的伟大杰作"。粗略的审查难以剔除这些通过五花八门方式避税的人。

由于这些原因，特别是因为可靠的数据很难获得，大多数贷款人应该花尽可能少的时间和精力来审查消费者在小额贷款上的支付能力。衡量收入和核实资产的详细程序只有在大额贷款和成本合理的情况下才适用（或在房贷中需要，见后续章节）。

关于负债计算的说明：它们通常是其他衡量指标，特别是评分的指标。在使用通过数据分析和经验导出的标准时，负债指标的利用有时会破坏数据分析的价值，因为这些数据分析得出的筛选标准已能在大多数情况下捕捉到可能因为债务负担变坏的客户。这时候负债指标的使用对坏客户的捕捉是以排除了太多的好客户为代价的。

债务负担：审查方法

有多种方法计算客户的负债水平，并将其与既定负债水平进行比较：

- 最低收入要求规定了符合信贷产品准入的最低收入，如申请白金信用卡年收入需要 75 000 美元；
- 收入负债比是申请人每月的债务负担（剔除房贷）占每月税前收入的百分比，如 15%～22%；
- 可支配收入是每月总收入扣除所有债务负担得出的每月生活可自由支配金额，如设置每月最低可支配收入 2000～3500 美元；
- 新的收入负债比计算申请贷款的月供占每月收入的百分比，如车贷为 16%～18%；
- 收入房屋负债比计算包括所有住房开支（如房贷、房地产税、房屋保险和相应开销）占月收入的百分比，如 28%～33%；
- 包括住房的总债务收入比计算所有债务（如每月车贷、其他月付、儿童抚养费、赡养费和所有住房开支）占总收入的百分比，如 36%～45%。

注意：我故意避免为每种计算方法提出精确的比率，因为在大多数情况下难以设置和证明这些比率是"正确的"。这些比率应该仅仅作为指导，任何信贷机构都应制定自己的简单（希望如此）方案。任何收入负债比率都充满了许多问题。

- 虽然每个州的汽车价格（几乎）相同，但是生活成本有很大差异。例如，纽约市、旧金山、夏洛特（北卡罗来纳州）和奥什科什（威斯康星州）的住房、交通和生活开销大不相同。16% 的比例可能在一个地区有些夸大，但在另一个地区却完全被低估了。一辆汽车可能在杰克逊维尔是必需品，但在芝加哥却是一个奢侈品，因为那里的公共交通非常便利。你怎么可能只用一个公式来考虑这些因素？
- 贷款人试图"猜测"消费者将来会怎样履行他们的义务。然而，消费者的状态在不断变化：他们结婚、离婚、离职，随着时间推移得到或者失去（工作、家人等）。每个人的生活方式也有不同：有些人生活得特别节俭；有些人在每月刚过 1/10 的时候就花掉了所有的钱，并用借来的钱过活。一些消费者的收入来源并不会"登记在案"，他们的收入和资产很难量化。一句话，消费者是多种多样的，他们彼此之间的行为差异很大。

负债分析是否值得去做？高负债比与低信用表现有关吗？显然，根据常识（美国的监管要求），贷款人不应该批准与个人收入明显不匹配的贷款，但这个条件可以使用非常简单的规则满足，如排除年收入低于 20 000 美元的人。

应该不时地测试负债参考规则的有效性，看看它们是否真的能创造价值。（你能证明它们增加价值了吗？）换句话说，应该接受一些没有满足负债比条件的客户，跟踪这些客户的表现，试试如果只看（甚至根本不看）最简单的负债比，会发生什么。这些测试客户的表现和标准客户一样好吗？如果是这样，你可以减少或去除负债比的规则。还有一点：允许不同区域有不同的负债比。每个贷款人都应该适时调整反映这些因素的负债比规则，不然它们的竞争对手可能会抢走好客户。

最后一点：房贷市场有负债比的标准，特别是当贷款人决定在二级市场出售或证券化房贷时。这时，适当的负债比是至关重要的，因为这些产品的买家通常要求贷款人达到某些标准。我们会在第 10 章中讨论这些比率。

客户验证

到目前为止，筛选过程的最后一步是验证申请表中的信息。这里再说一次，诀窍是平衡验证的成本与可能的收益，找出那些有欺诈或误导的申请。即使在最好的情况下，信用机构也往往只能找出一些偶然的作假行为，如最近失去工作的人夸大了他的收入，或者使用一个有良好信用记录的名字，隐藏另一个有较差信用记录的名字。职业的欺诈行为往往只有高度专业的刑事调查程序才能捕捉到。

知道贷款申请人的确切身份是非常重要的。在美国，全自动程序可以验证申请人的社会安全号码、邮政编码和电话区号（如果是固定电话或本地手机）的有效性和一致性。如果这些信息都确定无误，就不需要对较低的信用额度（小于 5000

美元）进行进一步验证。如果需要进一步检查，可以将申请人的征信信息（如就业、大额未偿贷款、婚姻状况等）和其申请信息做对比；如果有重大差异或有不明原因的事项应该进一步检查，但是除非你能通过测试来证明这是值得做的，否则不要在这里乱花钱。

标准验证

如前所述，调查的深度（花费的时间和金钱）应与产品本身的风险和利润成正比。贷款机构不应该花比从客户获得的利润更多的钱去获客。

以下信息可以而且必须验证：

- 身份。申请人就是客户本人吗？是正确的人在申请，或他的身份信息（如姓名、社会安全号码等）被盗？（一旦受害者报告身份被盗，此信息在征信局会有体现。）
- 反欺诈。任何时候都必须调用标准的征信局反欺诈模型。这些欺诈模型包含随时更新的涉及欺诈的名字、地址、邮箱及其他要素。他们还检查社会保障号码以筛选出如使用死者信用记录的人。

两种诈骗

身份盗窃

身份盗窃是一个日益严重的问题。例如，一位办公室经理在申请她的第一笔房贷时被拒绝，她非常震惊地发现自己有不良信用记录。她得知她有一笔 22 000 美元的沃尔沃汽车贷款，并有 3 笔美国运通、Master Card 和 risa 的严重违约记录。这份报告让她感到相当困惑，因为她只有一两张零售商卡（均未逾期），用现金支付大部分账单，她的车是一辆已经还清车贷的 2002 年雪佛兰。

这位办公室经理是身份盗窃的受害者，犯罪分子窃取她良好的征信记录，然后用受害者的身份申请尽可能多的贷款来购买商品，直到额度被取消。他们显然没有偿还的打算。犯罪分子使用的一种方法是从合法商家那里获得征信局的计算机访问代码，然后搜索具有相近名字并且有良好信用的个人。

"信用修复"

所谓"信用修复"是机构在收取一定费用后清除有效的但对客户不利的征信记录。他们提供海量的信息给征信局。如果征信局在一定时间内没有验证完所有信息的准确性并给予回复，按照法律规定，相关记录必须删除。因此，客户将得到一个干净的征信报告，并可以开始再次申请信贷产品！征信局和金融机构正在不断合作，试图阻止这些骗局，但欺诈行为很难彻底根除。

如果对识别风险有帮助，就应该对下列信息进行验证：

- 工作。申请人的工作单位，其是否仍然受雇？
- 收入。申请人的收入可以核实吗？
- 地址。申请人居住在填写的地址吗？

全面验证

较高的信用额度需要更多的验证，可能涉及电话核查以验证实际的工作单位，并在可能的情况下了解收入。房贷申请则可能需要从税表、申请人当前的工资单或 W-2（美国的收入证明）表格中获取收入信息。然而，如今的计算机技术很容易在最后两项上作假。如果对某公司有任何疑问，请联系 Better Business Bureau 或当地其他商业组织，以验证该公司的可信性、经营年限和其他要素。

对个体经营客户，应要求以下任何或所有项目：

- 当前财务报表（经过审计的更好）。
- 签名的税表。
- 公司流水。
- 合作伙伴的声明。

总之，核查过程应仔细设计，以达到在成本与做决策决定需要的信息之间的最佳平衡。证明抵押品的存在和价值的验证过程将在后面的章节中讨论。

完成验证过程标志着标准客户筛选过程的结束，客户完成申请，信贷机构按一个决策流程，精确地找出非常好的客户并且挑出非常糟糕的客户。这个过程允许信贷机构将大部分资源投入到大量的中间客户中，这里的抉择总是最困难的。最后一步是决定是否通过、拒绝或修改贷款条款并通知客户。

通知被拒绝的客户

在美国，当申请人申请产品被拒绝时，需要向其寄送拒绝信。美国的两个法案——《公平信用报告法》（FCRA）和《平等信贷机会法案》（ECOA），要求信贷机构通知申请人被拒绝的详细原因。

当申请人基于主观判断被拒绝申请时，可以较容易地将原因传达给客户（"收入不足""过多的违约"等）。毕竟，做出拒绝决定的信贷审批人员是受过培训的，其决定至少基于一个理由（"对不起，夫人，你不符合我们的要求"）。

然而，当申请人完全或部分因评分而被拒绝时，贷款人的问题就来了。大体来说，申请人被拒绝是因为其"没有达到足够的分数"。政府监管机构认为这个理由不能让人满意，因为人们应当了解被拒绝的确切理由（他们可以纠正这些缺陷，并在未来成功申请）。如第 3 章所述，在所有用于评分的因素中，可以取其中申请人的分数与最高分或平均分偏离最大的因素作为拒绝的原因。这些解释通常会有以下几点：

- 严重拖欠行为、负面公共记录或催收次数过多；
- 循环账户中额度使用率过高；
- 太多账户有未还清余额；
- 账户未偿还余额过高。

另一个选择是简单地通过邮件告知申请人他有权从信贷机构处获得拒绝的原因。管理层必须提前决定是立即告知客户被拒的主要原因，还是根据客户请求告知。

如果拒绝基于某征信局的信息，就必须告知申请人该征信局的名称，并且告知其有权直接联系该征信局并免费获得征信报告的副本。根据 Equifax 的统计，不到 10% 的客户要求查看他们的征信记录，这部分客户中很少有人能推翻被拒绝的决定，但这个过程必须被遵循。

初始额度

在这个过程中的最后一步：决定初始额度。如果客户有明确的购买目标（如房产或汽车）并且申请了特定的贷款金额，就需要在核查价值贷款比和负债比后通过、拒绝或修改贷款。对于其他产品，如无担保贷款或信用额度、信用卡、零售商店卡等，初始额度的规则没有那么明确。需要在考虑贷款的风险和竞争力后，做出正确的额度决定。历史上，决定初始额度的典型依据是：

- 评分。
- 人口普查中的平均收入。
- 小区平均家庭收入[⊖]。
- 负债。
- 预期使用情况。
- 以上的任何组合。

今天，对每个目标客户，信贷机构还会调查现有竞争对手产品的额度和使用情况（所有信息都可以从征信局获取），然后根据常识性的规则来调整额度大小。如果目标客户现有的额度使用率极低，那么我们还应该给其提供另一个高额度的产品吗？可能不会。然而，对于那些额度使用率较高并且评分还可以的客户，提供一个高额度的产品是合理的。

无论使用何种方法，关键问题是：初始额度应该是多少？来自资产管理协会（Novantas，LLC 的一个部门）的艾伦·席费尔斯在我们的风险和收益研讨会上对这个主题提出了以下观点：

> 通常，初始额度的设定应与预期的信贷使用情况保持一致。使用节省下来的资金（不必要的高额度和实际使用额度之差）提高产品的其他特色比单纯提供高额度对客户更有吸引力。根据客户的行为表现，额度可随后增加。

⊖ 我们将在第 5 章中讨论小区平均家庭收入。

艾伦·席费尔斯阐述的原理基于两个事实。首先，在美国，Visa 和 Master-Card 持有人的平均信用额度目前约为 7500 美元，这些账户未偿还的平均余额约为 2000 美元。显然，大多数人只使用了他们额度的一小部分。其次，当一个循环额度账户被核销时，它的欠款金额通常都会接近于最高额度。因此，好客户没有使用所有的额度，但那些坏客户往往用光了额度。

让我们看看这些信息告诉了我们什么。贷款损失通常需要同时考虑核销账户数量及余额。我们可以使用以下公式来计算循环额度产品的贷款金额损失率（见图 4-5 ）。

图 4-5　循环额度产品的贷款金额损失率

以上公式的第一部分涉及核销账户数量。新账户的评分标准通常能够影响账户损失率。例如，如果在某一阈值的预计账户损失率为 3.0%，则意味着 3.0% 的账户，而不是余额的 3.0% 将被核销。

公式的第二部分涉及账户的平均余额，不管是核销金额还是总金额。我们已经说过，大多数核销账户的余额通常都会接近于其最高额度，因此最终核销金额会受到该账户额度的极大影响。所以，为了抑制核销金额，我们必须控制好可能的坏账户的限额。由于我们并不能确定哪些账户会成为坏账户，所以我们必须要严格控制每个账户的额度。为了说明这一点，图 4-6 表明怎样计算贷款损失预算。

在这个例子中（见图 4-6 ），我们希望得到核销率为 3%，即总金额的 3% 被核销。图 4-6 的左侧是基于评分得到的账户核销率；顶部显示的是不同的核销金额率。如果基于评分得到账户核销率为 3%，那么核销账户和正常账户的平均余额应该相同。如果我们改变评分阈值，使得账户核销率为 2%，则核销账户的平均价值可以是正常账户的 1.5 倍。这实际上更贴近现实，因为正如我们前面指出的，一般来说好客户仅仅会使用额度的一小部分。

		核销金额率（%）					
		0.5	1.0	1.5	2.0	2.5	3.0
	1.0	0.5	1.0	1.5	2.0	2.5	(3.0)
账户	2.0	1.0	2.0	(3.0)	4.0	5.0	6.0
核销率	3.0	1.5	(3.0)	4.5	6.0	7.5	9.0
（%）	4.0	2.0	4.0	6.0	8.0	10.0	12.0
	5.0	2.5	5.0	7.5	10.0	12.5	15.0
	6.0	(3.0)	6.0	9.0	12.0	15.0	18.0

图 4-6 贷款损失预算（核销金额率）

在第 6 章中，我们将讨论怎样管理账户余额。现在需要注意的是，随着给予好客户未使用额度的增加，不良余额相比于正常余额的比率会不断提高。在额度不断增长的时候，为了能维持特定的贷款损失预算，你必须不断努力降低账户核销率。随着账户核销率的不断降低，你最终会被挤出这个行业。

回到艾伦·席费尔斯观点的第二部分：随着客户使用和偿还贷款，特别是在行为评分系统的帮助下，你可以在获客后增加额度。正如你看到的，没有哪一种简单的方法能够使你获取更多的利润，但初始额度的设定显然是一个关键点。

分期贷款的贷款金额损失率计算公式如图 4-7 所示。这里，关键点是平均核销余额与平均贷款余额。因为所有分期付款账户在账户开设时就被激活，所以更应该关注的是提前销户率，因为销户会严重影响盈利。销户有两种情况：账户被核销或客户提前结清贷款。当分期贷款利率较高时，提前结清（或者借新还旧）的概率更高。当分期贷款利率较低时，重新借贷的概率就低。当资金成本上升时，信贷机构的盈利空间会被挤压。

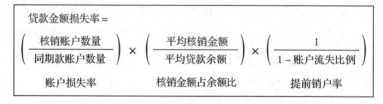

图 4-7 分期贷款的贷款金额损失率

以上是本章涵盖的最后部分。在下一章中，我们将更详细地讨论如何通过邮件营销的方式获客。

第 5 章

邮件营销获客

　　许多金融机构直接发送邮件来拓展业务，特别是信用卡业务。尽管当前互联网已变得越来越重要，而且大量分支机构特别是设立在国外的分机构网络也是新业务的重要来源，但是通过直接发送邮件进行信用卡营销对于快速发展的金融机构来说仍是重要手段。虽然 2008～2009 年金融危机造成信用卡的申请量大幅下降，美国于 2009 年降到了 18 亿张，但是到 2011 年已恢复至 50 亿张。市场上各类金融产品，如储蓄账户、货币市场账户、支票账户、汽车贷款、无担保贷款和各种抵押贷款等也通过直邮的方式向客户营销，但信用卡仍然是邮件营销的主要产品。

　　邮件营销获客的根本目标是以最低的成本来获取最大数量的优质客户。邮件营销的流程首先是金融机构选择目标市场及目标客群，然后从中筛选出最有可能接受产品的优质客户作为目标客户，最后给筛选出的客户发送邮件。无论是线上平台还是线下门店，邮件营销的优点都是金融机构在客户主动申请前可以筛选符合产品预期的客户群，并为其提供精心设计且具有吸引力的产品介绍和方便快捷的申请表（这些方案几乎都是预筛选过的），这样潜在客户更容易接受这些产品。

　　近期邮件营销的响应率与早期相比有显著下降，甚至不足 0.25%。这个情况迫使金融机构不得不使用越来越复杂（有时是昂贵的）的技术来定位目标市场并对目标客群进行精准营销。就像本书第 2 章所述，数据挖掘经常被表述为金融机构收集和筛选客户信息来精准营销客户的过程；大数据指的是从多种数据源（如互联网搜索和社交媒体网站）中获取的大量多维度数据，可以帮助金融机构更深入地了解当前或潜在的客户。大量的机构正在研究如何使用这些庞大且复杂的数据分析方法。考虑到使用其他方法获取优质客户的成本较高（投资组合购买、经纪人、分支销售等），如果使用直接邮件营销方法得当，该方式仍然是性价比较高的营销方式。

与任何其他扩展业务的方式一样，邮件营销最好的方式是自己具备差异化的产品。正如我们在第 2 章中所述，金融机构如摩根大通、美国运通、美国银行、花旗集团等，通过不断群发邮件（以及其他方法）保持市场占有率，同时用新的产品在现有的客户中进行交叉销售，以吸引客户。客户可以得到多种优惠，包括返现或其他如航空公司贵宾休息室、无跨境消费手续费等较为新颖的奖励。一些金融机构通过提供高风险产品（如高负债比的第二房贷）来扩大市场份额，但是此类产品的效益令人担忧。许多客户会收到超出他们接受范围的大量邮件，所以除了那些能使人眼前一亮的邮件，大多数都会被删掉。许多发卡行喜欢在开始时提供较低的信用卡促销利率（"白金卡——0%"），但它们当然不可能从零利率的产品里赚取利润，因此必须仔细测算其业务数据以确保未来盈利。能够盈利的唯一方法就是留住对利息不敏感的优质客户。

在详细介绍通过邮件营销获客的方法之前，让我们来看看直邮的整体过程，如图 5-1 所示。

第一步是制定一个涵盖以下内容的营销整体规划：

- 确定总体计划目标，包括经费预算。
- 选择目标市场——按地域、收入、消费习惯等。
- 选择要筛选的客群。
- 设计适合目标市场的产品。
- 设计筛选过程，准备筛选后续流程。
- 管理和监控邮件营销，包括衡量实施效果的指标（管理信息）；测试多种方案以改善结果。

邮件营销获客过程如图 5-1 所示。

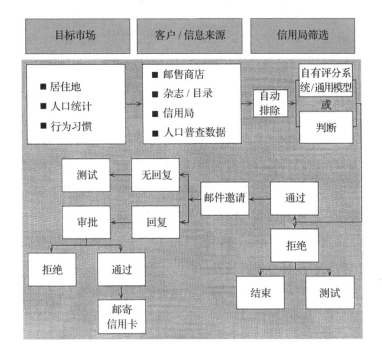

图 5-1 邮件营销获客过程

营销整体规划

第一步是确定总体计划目标。下面是一个样例：

主要目标：在 3 年后实现税后 1.5% 的资产回报率，在此之后保持 2.0% 的资产回报率。

次要目标：

● 每年增加 20 万个信用卡账户

● 在保持现有市场渗透率的同时，在两个新的目标市场中进行扩张

● 测试 6 个新的精准营销的模式，并与目前的营销模式做比较

● 从最近与南部中心银行的合并中获取 5 万个新客户

明确了总体计划目标后，就需要研究目标客群的居住地、人口统计数据（收入，是否业主等）、行为习惯，包括风险和贷款的使用及其他生活方式（如是否打高尔夫球）等信息，从而清晰地确定邮件营销的目标市场及客群。接下来让我们详细地研究每一项。

目标市场

地域范围。确定营销地域距离总部或分行的距离。把目标市场定位在乡村还是城市？产品可在国内、省内、地区内还是全球使用？发卡行的经营范围可能仅限于省内或者分行覆盖的地区及其附近区域（几个省），或者全国范围。一般来说，只有较大的金融机构才有经营全国性业务所需的资金和处理、运营、客服及收集信息的能力，而大多数金融机构可以处理其所在的省份或附近区域的客户，特别是当该金融机构已经具有一定的品牌时。广告有助于对产品进行差异化营销，但只有花旗集团、第一资本银行或美国运通等有足够的经费进行全国性的推广和营销。最后，要了解目标市场的经济条件……正如本书第2章所述，不同地区的经济情况有所不同。另一个警告：美国根据不同邮编有相对应的邮寄法规，因此就这方面的业务你需要咨询法律部门。

人口统计定位。发卡行目标客群的特征有哪些？总体可以有多种分类方式，具体有收入、年龄、性别、教育程度、家庭人数、是否业主等。在业务开展的前期确定目标客群的特征至关重要，因为这些特征对营销计划或经费有重大影响。通过筛选过程（后面会详述）可以对客户进行精准定位，如可以选择受过良好教育并且居住在富裕社区的高收入人群。该类客群是多家机构的目标对象，响应率较低。也有很多其他值得考虑的目标客群，如大学生、少数族裔社区（如"西班牙裔"市场或近期的移民）、新退休的专家、新业主、有年幼子女的家长，收入较低的业主等。发卡行只要不"孤注一掷"在一个不太了解的市场进行大量的邮件营销，而是有的放矢地积极发掘未被大量开发的市场，就可以获得一些优势。

行为/生活方式定位。为了预测发卡行邮件营销获客的风险，并将产品提供给最有可能响应的客户，市场上有强有力的资源可用于定位目标市场的行为和生活方式。首先需要做的决策是：目标客群是经常通过信用卡借款的人，还是每月全额还款的人？如果你的产品针对通过信用卡借款的客群，特别是只能每月付最低还款金额的客群，你可以从征信局获取他们的信息。同样，如果产品为经常乘坐飞机的乘客提供里程数积分，目标就应该定位于使用信用卡进行高额消费的人群，通常是商务旅客或富有的退休人员。如果你的产品旨在吸引具有关联关系的客群，如校友、摩托车手、高尔夫球手或滑雪者，你可以去咨询那些供应商名单，从而更加精确地开发这类潜在市场。

一旦你选择好目标市场，下一步就是获取能够带来最大利益的目标客群及其邮寄地址。

获取目标名单：名单选择和筛选

你可以使用内部名单，也可以从其他机构购买外部名单。

内部名单：当前存量客户的邮件清单

如果公司已做了多年的邮件营销，获客可以从分析前期邮件营销开始。通过分析过去的营销及获客，你可以获得客户的行为表现及邮件营销的得失及经验教训。另外，可以在存量客户的基础上进行新产品的交叉营销。正如之前所述，许多金融机构的失误之处在于在营销新产品时忽略了存量客户，殊不知针对这类客群，机构与客户之间已有了解并建立了关系，营销更容易成功。另一个可行的名单获取方式是与其他没有对存量客户进行大规模交叉营销的金融机构合并。如果在营销时已充分应用了公司内部名单及数据，就可以在外面寻找新的目标名单。

外部名单

获取外部名单的途径主要有以下几种。

邮件名单销售机构。简单来说，邮件营销的目标名单可以从邮件名单销售机构购买。这些销售机构主要从汽车注册、电话号码表和人口普查局等单位收集整理信息。尽管这些信息已有部分客群区分度（如雷克萨斯买主可能比福特的买主更富裕），但是相对来说仍不够充分，而且几乎没有关于客户行为习惯的信息。这导致获取高匹配目标客群（如 35 岁以上的高收入高尔夫爱好者）的成本较高昂且整体的响应率较低。

直接提取名单。另一个获取目标名单的渠道是从征信局档案中提取，也称直接提取名单。可以通过向征信局提供目标客群特征，如信用卡借款人群、信用卡高额消费人群和轻度逾期人群等来获取名单。有些金融机构仅单纯地使用这类名单，但有经验的大型金融机构会使用先进的精准营销技术来筛选目标客群。

其他来源。另一种更好地了解目标客群行为和生活习惯的方式是从有针对性的名单中选择你的名单，如：

- 杂志和期刊（如《福布斯》《高尔夫》《房产》《时代》《体育画报》美食美酒网、《金融时报》《名利场》《大众机械》、*Road & Traek*）
- 产品目录（如 L. L. Ban、Bang & Olufsen、Lands' End、Sears、White Flower Farm）
- 俱乐部（如医生、大学校友、律师、AARP 或 AAA 会员、职业橄榄球季票持有人、航空公司常客）
- 网购人群（如 eBay，Amazon，Priceline 等）

通过以上渠道我们可以获得客户的人口统计信息和行为习惯，从而判断他们否是为目标客群。例如，每个杂志都有其读者的详细人口统计信息，如 67.4% 的男性；86.7% 上过大学（40% 是研究生）；53.6% 已婚；21% 拥有度假房等。即使采用相同的筛选标准，不同的名单也会有不同的响应率和损失率。*AARP* 与 *Hot Rod Journal* 的订阅客户就不同，前者主要针对退休人员。有经验的营销人员能在总结之前成功经验的基础上开发新的市场，如是否扩大产品的客群，测试一些现有或新产品的市场反响，以及检测风险筛选的准确性。

此外，可以通过如 PRIZM、Claritas 和 ClusterPlus 等专业市场研究机构对目标名单在生活方式、地区、人口统计信息等方面的调研分析来进一步确定潜在客群的特征。如本章前面所述，数据挖掘是公司提取并整理复杂的目标客群信息的过程。这些公司分别使用独有的统计方法将整个美国分解为各类细分群体。例如，ClusterPLUS 使用了 1000 多个生活习惯变量对整个美国人口进行了细分。同时，此类公司通过与多个数据源（包括人口普查局）的数据进行交叉关联，可具体地确定社区的组成结构，分析粒度可精确到至少 10～15 家。这使得邮件发送更具有针对性，可以通过姓名、年龄、收入、教育、家庭规模、是否为业主等来筛选。这些筛选特征有助于更加精确地定位目标市场，以抵消邮件营销的低响应率和成本。

要记住一点：我们需要权衡使用上述聚类或其他筛选方式花费的时间和成本，与减少从征信局获取名单的数量节省的成本相比是否值得。只有通过专业的营销人员计算成本 / 效益比，并结合之前邮件营销活动的记录（响应率、激活率、使用率和盈利能力等），才能确定哪些定位和筛选方法是真正有效的。考虑到目前使用计算机的便捷性，我们可以很容易地建立邮件名单的数据库。如果没有邮件营销的专业技能，许多大、小型的邮件公司都很乐意提供这方面的服务，它们能对筛选方法提出建议，并根据金融机构的要求处理或执行邮件的发送。

当经验丰富的营销人员完成邮件营销过程后，他们就可以获得足够的信息（有时候会太多）来构建较完善的客户画像。一些客户画像就像在当地刊物中的个人广告："34～40 岁的男性，最近刚搬家，拥有房产，喜欢高尔夫和旅行，大量使用信用卡并按时还款。"

产　品

下一步是设计一个优秀的产品来吸引潜在客户，具体包括：

- 客户交流内容（邮件、回单和产品介绍的小册子）。
- 申请人独有的优惠券 / 申请表，上面的信息必须能让你匹配申请人。
- 有效日期。
- 所有必要的法律条款。

在那些信用记录良好的消费者把邮件删除之前，你只有几秒的时间来吸引他们的注意力。（放心，信用不好的人们会仔细看你的邮件，因为他们真的想要信用卡！）

精明的营销人员会重视邮件的设计以提高响应率。邮件上会有产品的亮点，如初始利率低（如前 6 个月免息）、长期利率（如果这点特别具有竞争力）、返现（"最多返现达 3%"），以及提供的是金卡、白金卡或黑卡等。可以有不同的方式使邮件脱颖而出，如加一个小窗口，除了显示收信人的地址外也可以让收信人看到产品的亮点来吸引他们。只有通过反复测试，才能确定吸引目标客户的最佳设计。

最后，申请过程必须简便。潜在客户只需填写必要的少量信息，就可以通过邮寄或在网站上申请产品，一旦通过快速筛选，就可以获得最低的授信额度。

当然，与其他信贷产品一样，合同条款的细节必须有详细说明（通常在邮件背面和网站上），包括年化利率、价格浮动的时间与条件、免息期限（在每期全额还款的情况下，还清当期消费款项且允许无须支付任何利息的最长时间）、收取滞纳金或超限费用的条件和方式，以及计算余额的方法。务必请合规部门仔细审查相关材料。

设计尽可能简短的回单和申请表也很重要。下面是一家大型银行最近的一份产品（见图 5-2）。

请注意，这里没有关于初始额度的声明。在 2008 年之前，额度是信用卡的一个大卖点。但 2009 年美国的信用卡法案及全球金融危机使行业停止了这种做法。那时候通常的做法是在邮件上粘贴“高达”某高额额度的标签来吸引申请人。实际上，不以额度为营销点是有益的，因为它是造成赊账损失的一个重要因素（见第 4 章）。

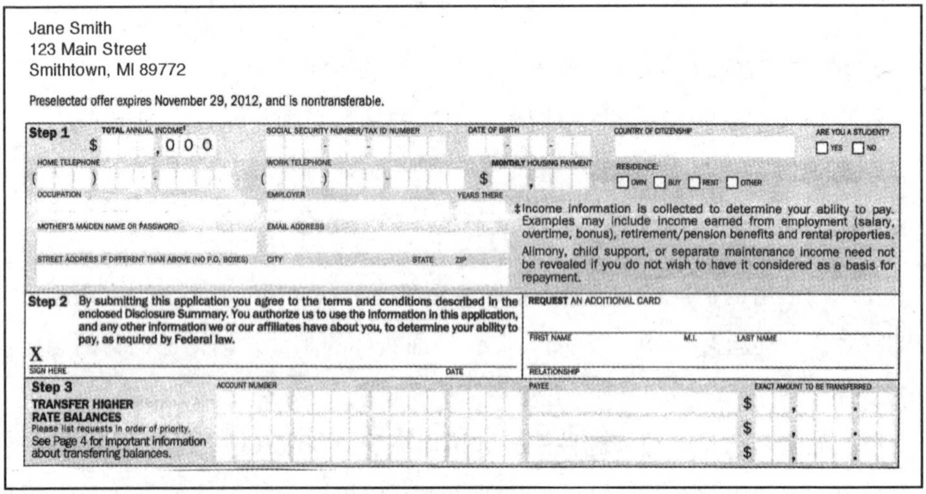

Jane Smith
123 Main Street
Smithtown, MI 89772

Preselected offer expires November 29, 2012, and is nontransferable.

Step 1 TOTAL ANNUAL INCOME‡ $,000 | SOCIAL SECURITY NUMBER/TAX ID NUMBER | DATE OF BIRTH | COUNTRY OF CITIZENSHIP | ARE YOU A STUDENT? YES NO

HOME TELEPHONE ( ) - | WORK TELEPHONE ( ) - | MONTHLY HOUSING PAYMENT $, | RESIDENCE: OWN BUY RENT OTHER

OCCUPATION | EMPLOYER | YEARS THERE

MOTHER'S MAIDEN NAME OR PASSWORD | EMAIL ADDRESS

STREET ADDRESS IF DIFFERENT THAN ABOVE (NO P.O. BOXES) | CITY | STATE | ZIP

‡Income information is collected to determine your ability to pay. Examples may include income earned from employment (salary, overtime, bonus), retirement/pension benefits and rental properties.

Alimony, child support, or separate maintenance income need not be revealed if you do not wish to have it considered as a basis for repayment.

Step 2 By submitting this application you agree to the terms and conditions described in the enclosed Disclosure Summary. You authorize us to use the information in this application, and any other information we or our affiliates have about you, to determine your ability to pay, as required by Federal law.

X
SIGN HERE | DATE

REQUEST AN ADDITIONAL CARD
FIRST NAME | M.I. | LAST NAME
RELATIONSHIP

Step 3
TRANSFER HIGHER RATE BALANCES
Please list requests in order of priority.
See Page 4 for important information about transferring balances.

ACCOUNT NUMBER	PAYEE	EXACT AMOUNT TO BE TRANSFERRED
		$, .
		$, .
		$, .

图 5-2　申请表

在邮件中还应当说明，信贷公司收到申请后，申请人有可能需要接受进一步的筛选，如果未通过，就申请失败。

最后一点：申请产品要设置有效期，从而降低未来有可能发生的潜在风险（如破产、失业）引发的损失。

一位国会的邮件营销专家

我的国会议员购买了给选民发送邮件的专业服务，他可以给居住在同一地址的父子发送不同内容的邮件。

作为塞拉俱乐部的老会员和环境期刊、山地自行车月刊杂志的订阅者，我的儿子很明显是我的国会议员的潜在支持者，这位国会议员是一个坚定的环保主义者。在我儿子陆续接到的邮件中，他明确表示，国会将尽一切努力保护长岛地区的野生动物和湿地。

但是，我是 AARP 的成员，并订阅 AARP 的月刊。同时我也订阅《纽约客》《福布斯》和《经济学人》。在给我的邮件中，我的国会议员竭力陈述了他会不懈地保护老年人，保持有效的社会保障和稳定的医疗保险，当然还有降低税收等。

这位国会议员在细化客户需求后进行精准营销的做法可以帮助他持续当选，起码在限制国会议员任期条款的修正案通过之前继续当选。

筛选过程

最后一步是收集每个目标客户的信用相关信息，以确定是否对其进行授信。由于直邮信用卡的额度一般是预先核准的，因此无论从哪个渠道获取的目标客户都必须经过一系列筛选。首先，你要自动拒绝你不可能接受的客户。自动拒绝可以通过以下特征来进行：

- 曾经破产，通常最近 10 年之内有过破产记录的应拒绝。当然也有一些激进的贷款机构服务该市场。

- 严重不良记录，如有多次超过 60 天或 90 天的欠款，有过坏账（当前或最近）。
- 高欺诈可能性（来自征信局欺诈记录）。

接下来要对那些通过自动拒绝的申请人使用通用模型（基于通用征信数据）或自有评分系统（如果你有足够的邮件营销数据来开发）来进行评分。通用模型现在已经精准到能够适用于筛选新的信贷客户，缺乏信用信息的人（没有什么额度），当然还有大量使用信贷的人。不同评分系统的出现使得信贷机构可以选择通用模型和自有评分系统来确定两个系统都通过的，两个系统都拒绝的及一方通过一方拒绝的每个客户。使用两个评分系统必须遵守第 3 章中提到的警告，那就是在评估时应同时使用两个评分系统，而不能按先后顺序来使用。可以给那些通过所有筛选的客户发送信贷产品广告，通过终审后他们就可以获得信贷产品。

筛选后续流程

对于预先核准或预先筛选的信贷产品，你可以通过征信局获取通过你筛选标准（依据征信历史长度、开设新账户的数量、账户类型、评分等）的名单，这个名单是你的邮寄对象。然而，一般邮件发送可能需要几个星期或几个月的周期：你需要收集数据，发送邮件并获得回应，所以准备好筛选后续流程是很重要的。这里，我们需要：①检查申请表是否已经正确填写；②确保响应的客户满足标准。当申请人达不到当初的筛选标准时，信贷机构还有最后的机会来修正，如果申请人的信用严重恶化，信贷机构就有权利拒绝。在美国，联邦贸易委员会（FTC）要求对任何客户提供最低额度，如果他：①已通过征信局筛选；②符合你的标准。但是，如果申请人的信用记录恶化到破产或严重逾期时，FTC 允许拒绝贷款。今天，预先核准的产品通常使用"回复邮件附上的表格来申请贷款"或"这是一个对你个人的信贷邀请"这样的语句，给信贷机构一个合法的方式来拒绝那些未能通过筛选后续流程的客户。

在筛选后续流程中需要特别注意两种类型的申请人。第一种是完全不达标的（大概有 5%～10%），因为他们实质上根本不符合你的标准。第二种是那些你可能不太想提供给他们信贷产品的人，因为他们的信用出现一定程度的恶化但是还没有糟糕到被直接拒绝的程度。在这些情况下，给予他们的额度会明显低于邮件中提到的可以申请到的"最高"额度（如果提到），有时会低至 500 美元。另一种方法是根据你的合同条款来调整那些高风险客户的额度。

在最低程度上，筛选后续流程可以使信贷机构对未来可能出问题的借款人有一个预判，但是他们也必须因为邮件里的承诺而提供最低额度给这些客户。这些客户应该在信贷机构的预警系统中被密切关注，以便在出现符合合同条款中的任何问题时迅速采取行动或尽早关闭账户。

最后一点：从每次邮件营销过程中测试和学习是非常重要的。例如，你应该批准一些没有通过筛选客户。你可以从这些邮件中学到什么吗？他们真的那么糟糕吗？虽然你可以在他们之中筛选一些客户，但是从这类客户的整体表现来看，他们真的值得吗？测试、测试，不断地测试，并总结经验教训以备下一次邮件营销。

管理和监控邮件营销

每次邮件营销都需要设计详细的流程表，以追踪和审核各个环节的执行情况，具体有：①邮件实物的生产；②名单选择和筛选过程；③申请表回执的审查；④实际发卡数。由于这些步骤通常由外包公司执行，因此设置审核流程对于确保营销活动能够按计划运行非常重要。名单的选择是否准确？筛选步骤是否合适？有一种方法是使用"种子"名单，即在名单列表中放置几个自己人的名字，就像是潜在客户一样可以直接接收邮件，以确定邮件是否能及时并准确地发送到客户手中。

为了增强后续邮件营销活动的效果，活动的最后一步是确保跟踪记录所有与利润相关的重要信息。具体包括每个激活账户的平均余额，每获取一个账户的成本、收入、运营费用，逾期和坏账率等。前期评判邮件营销活动成功与否的一个重要指标是不同模型区段的响应率。早期信息不仅对于测试活动成功与否非常重要，而且能为分析潜在客户的风险提供早期预警，使得信贷机构可以提前采取措施（如雇用更多催收人员）。当某次邮件营销出现比预期多的低评分客户时，信贷机构就可以准备相应措施来处理这一问题（见图 5-3 ）。

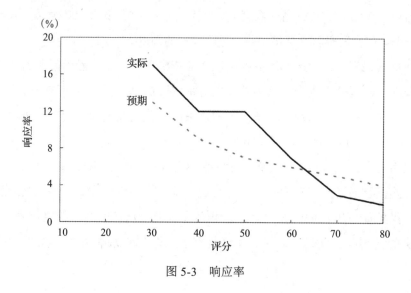

图 5-3　响应率

图 5-3 总结了需要追踪的其他关键因素及它们与初始预测的对比。

这些结果表明一个问题：此次邮件营销活动没有达到预期的结果。具体问题包括：

- 开户数和活跃账户数远低于预计。
- 平均核销金额几乎是预测的两倍，导致远远高于预计的核销率。
- 此次营销不能盈利。

现在需要分析问题成因，并提出改进措施。表 5-1 的两个主要问题是：①客户未按预期使用信贷产品（较少的开户数、较低的激活率、较低的余额、较少的账户借款），该现象可能是产品的问题（客户可能不接受这个产品）；②核销金额要高于预期（见第 4 章，在那里我们全面地讨论了核销金额）。

通过持续追踪和管理发送邮件，业务发展趋势将会变得很明显，如图 5-4、图 5-5 所示。

表 5-1　跟踪管理信息

	第 13 个月		
	预期	实际	
开户数（个）	22 000	14 107	
总额度 O/S（美元）	23 100	9 458	
账户平均余额（美元）	1 500	1 154	
活跃账户比（%）	70.0	58.1	
循环账户比（%）	50.0	40.2	
超过 60 天逾期账户比（%）	1.0	2.1	
年化 C/O 比（%）	2.0	2.0	
O/S 逾期超过 60 天比例（%）	2.0	3.2	
年化 O/S 占 C/O 比例（%）	4.0	11.9	
C/O 平均余额（美元）	2 100	3 979	
每个活跃账户总收入（美元）	21.25	16.35	
每个活跃账户利润（美元）	3.44	-4.92	
资产回报率（%）	2.8	-5.1	
	预期	实际	差别
开设账户数（个）	22 000	14 107	-7 893
活跃账户数（个）	15 400	8 196	-7 204
循环账户数（个）	11 000	5 671	-5 329
逾期数目（个）	220	240	20
核销数目（个）	37	24	-13
无逾期行为 活跃账户数（个）	15 180	7 956	-7 224

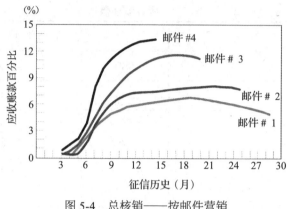

图 5-4　总核销——按邮件营销

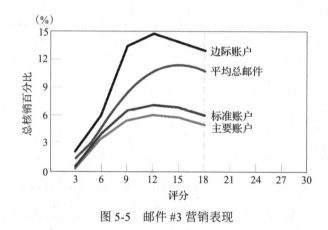

图 5-5　邮件 #3 营销表现

　　图 5-4 显示，持续营销的客户风险逐渐变高。图 5-5 是图 5-4 中第三次邮件营销的详细表现，结果显示，本次邮件营销活动仍有许多优质（低风险）客户；只有一部分是不应该继续营销的高风险客户。分段研究这些信息能够更好地分析问题所在。

　　这些简单的总结报告并没有给出问题的所有答案，但会暴露许多问题，与此同时也有助于你利用这些信息解决问题。找出问题的答案，提供拒绝方案是你需要做的。

总　　结

在使用邮件营销的方法获客时，严格的流程是以可接受的成本建立良好资产的关键。一旦新账户开设了，信贷机构就很难改变账户的质量。如果一开始就没有选择好合适的客户，那么这些账户可能永远不会带来利润。在下一章中，我们将探讨账户管理。

第 6 章

账户管理

对于金融机构来说，消费信贷管理中账户管理[○]的关键是维持优质客户并进一步增强其黏性，同时限制劣质客户，或者在必要时对劣质客户进行销户。账户管理的根本目标是提高盈利能力，这个目标可以通过以下几个方面的管控来实现：

- 日常交易管理。
- 满足客户服务性的需求（咨询、投诉等）。
- 交叉销售产品和服务。
- 账户表现管理。

账户管理的缺失会导致客户流失，对于有很多信贷产品可选择的优质客户来说这个问题更加突出。本书在简要介绍以上主题后将详细讨论与风险相关的账户管理内容。

○ 在本章，我们同时使用术语"资产组合管理"和"账户管理"，两个术语在业界都用于描述管理客户。

日常交易管理

为了有效地管理账户，必须将常规的客户服务和维护工作执行到位。这里的常规指的是业务运营过程中重复进行的无需专业技能但又必备的事务性操作。例如，金融机构必须做到：

- 支付资金。
- 发行信用卡、贷记卡、支票。
- 发送对账单。
- 交易记录。
- 处理支付。
- 处理查询。
- 处理纠纷。
- 更改地址。

在本书中，所谓常规指的是客户认为这些交易是常规的。这并不意味着这些工作是简单或无谓的；相反，它们像信贷周期中的任何步骤一样难以处理好。并且，虽然很难通过处理好这些交易而获得客户，但是在处理过程中产生太多的问题却很容易使金融机构失去客户。更重要的是，处理这些具体事务是你与大多数客户唯一的直接接触机会。要记住贷款客户可以很容易地选择其他金融机构办理车贷和房贷，优质的信用卡客户也有很多其他的选择。

成本管理

运营成本包括账户维护和催收成本，运营成本在典型的一抵房贷业务中约占平均余额的 10～20 个基点（0.1%～0.2%），在信用卡业务中可高达 5.0%～6.5%。巨大差异的成因主要是不同的平均余额（对于平均余额为 200 000 美元的房贷客户和平均余额为 1200 美元的信用卡客户而言，发送账单和提供日常客服服务的成本是相同的）；同时，每个产品需要管理的项目也是不同的。从实际来说，几乎没有金融机构因为运营成本过高而失败，但运营成本对企业的盈利能力有显著的影响。

　　如同流水线一样，账户管理的每一步都可清晰定义，可以进行精确的定量考核。需要对所有相关部门进行账户管理的考核。考核的标准应当是通过或不通过。实现目标的部门应奖励，未能实现目标的部门应进行彻查并分析不通过的原因。如果制定的目标是不合适的，则应修订目标；如果目标是正确的，那么需要找出未完成目标的根本原因并采取修正措施。

　　一个良好的运营体系需要解决很多问题，如：

- 客户在接通电话前等待了多长时间？拨通电话后"主动放弃"的客户有多少？听 Muzak（快节奏）音乐或广告会让客户很快厌烦。如果客户每次要等电话响十几次，听五分钟的 Muzak 音乐，经过烦琐的电话菜单之后才能跟客服通话，许多客户往往会立刻挂机并流失到竞争对手那儿。
- 客户经过多少步的电话菜单会变得不耐烦？
- 需要多少客服才能及时响应客户提出的书面查询或电子邮件，并解决问题？
- 客户的电话中有多少问题可以自动应答（"如果你想了解账户余额，请按 1"），或者必须由客服回答？
- 当客户在超市排队支付时，客服是否有权批准一个好客户的超限支付？为此，公司的业务规范必须明确规定每一职级可批准或拒绝的限额。

　　贷款机构必须能够迅速回答这类问题。公司高层应从高管开始制定此类业务决策准则并定期检查。我们建议，总经理或公司高层可定期匿名呼叫本公司客服，亲身体验一般客户的待遇。这样的体验可以为高管敲响警钟。

　　账户管理的工作效率取决于公司对业务发展的预期和对每个交易的处理能力，这需要所有部门之间不断沟通。市场部可能发起新的邮件营销活动，签约新的经销商或扩大其业务覆盖范围，上述任何一个活动都会对每个部门的业务量产生影响。准备好处理新业务，并做好相关准备，而不是被动应对，是一个机构良好运营的关键。在这里我们再次强调，在扩展或变更业务之前，我们需要对业务各方面可能产生的影响进行充分分析和预测。扩张或变更业务只能在确保有足够的资源或完善的计划后执行。

确定日常管理的方式：外包或自营

　　另一个需要决策的项目是，哪些日常管理工作需要在公司自主完成，哪些工作可外包到主营数据处理的外包公司。例如，First Data 和 Total System Services 之类的外包公司可以帮助小公司获得规模化处理的效益。公司是否自营这些日常管理工作必须根据自己的情况做出判断，而不是根据业务量来做死板的规定。这是一个需要不断分析、决策的问题。也没有任何规定要求所有的日常管理工作都必须全部外包或全部自己处理。例如，金融机构如果认为客户关系非常重要，就可以将此工作保留在公司内部处理以保证绝对的质量控制，但是新账户处理、账单支付和部分催收工作等可以外包。

账户管理

　　本章的引言总结了账户管理的首要目标：鼓励好客户使用自己的产品，并识别和限制坏客户带来的损失。本章的后续内容将介绍如图 6-1 所示账户管理的内容，完善的账户管理对金融机构的盈利能力有关键的影响。⊖ 同时，我们也会讨论如何通过行为评分来加强账户管理。

- ■ 交易授权
- ■ 余额管理
- ■ 客户流失挽回
- ■ 交叉销售
- ■ 催收
- ■ 反欺诈

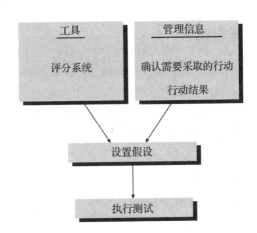

图 6-1　账户管理的内容

　　⊖　本章不讨论催收，由于其重要性和运营特殊性，我们将在第 7 章和第 8 章中讨论催收。

对分期贷款账户的管理始于资金发放，对循环额度账户的管理始于额度的建立或者信用卡的发放。完成这些，你就拥有了一个账户 / 客户。对于分期，如果金融机构已完成对申请人和抵押资产的正常审批，放款就是一项常规操作。

循环额度则非常不同，其根源在于客户在很大程度上控制何时 / 如何使用额度。客户有可能在拿到信用卡后立即放进钱包，再也不动它。这样，金融机构管理这个账户的成本将超过可能的收入。客户有可能在拿到信用卡后就在世界各地旅行，其因购买商品和服务而支付的金额可能远远超过金融机构最初发放的额度。为此，必须有一个流程来保证额度被正常使用，并消除欺诈或未授权的交易。

要了解信用卡和其他循环额度账户管理的关键（授权、余额控制等），你需要了解与申请评分相对应的行为评分，这款强大的工具如今已被广泛应用在账户管理中。

行为评分

第 3 章讨论了申请评分的开发。行为评分（表现评分）系统的开发与申请评分相同，需要经过规划、开发、验证、实施和监控这几个步骤。这里，我们回顾一下与行为评分系统相关的部分，我们假设你已经基本理解了这个流程。

在行为评分系统的开发过程中时，与所有评分系统开发一样，首先要确定的是评分系统的目标。通常，行为评分系统的目标根据重要性由高到低排序如下：

- 盈利能力。
- 信用。
- 交易。
- 流失倾向。
- 催收。
- 破产倾向。
- 欺诈。
- 交叉营销可能性。
- 借款的可能性。

申请评分和行为评分系统都使用历史表现来预测客户将来的行为。然而，两类评分系统存在些许差异：

- 行为评分系统的预测能力较强，主要原因是样本数据源于账户管理数据（如客户是否逾期、账户余额的变化等）。虽然行为评分同申请评分一样也使用征信局数据，但是账户管理数据比征信局的数据更有效。
- 行为评分系统可以应用于每个账户每时每刻的每笔交易。
- 与申请评分类似，贷款人可以不断测试和优化行为评分系统，并采取不同的策略以达到收益最大化的目标。

行为评分系统设计与开发

设计、开发行为评分系统的前提是有足够的样本数据，具体为至少 12 个月（18 个月会更好）的账户管理数据及保证模型在统计上合理的坏样本数量（可能少于开发申请评分所需的 1000 个）。在建立盈利模型时应考虑所有对盈利有影响的因素（如账户余额、还款额或使用方式等收入条目及催收费用和核销金额等成本条目）。同时，季节因素对存量账户的余额还款表现影响很大，因此要保证随机选择的样本在季节维度均匀分布，以避免模型预测的结果受季节因素的影响。

利润分布

如第 3 章所述，根据评分等级的不同，循环额度账户的利润分布如图 6-2 所示。

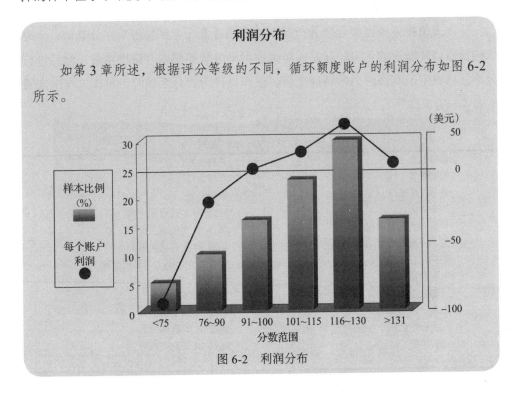

图 6-2　利润分布

图 6-2 表明，评分在中间的账户是最能盈利的，评分最低和最高的账户基本是无利或者微利的。风险最低的客户很少使用额度，因此从此类客群获得的收入很少以至于不能抵消运营成本。风险较高（较低评分）的客户尽管愿意使用更多的额度，获取的收入看似很高，但是其潜在的损失也很高，因此也会导致利润表现不佳。每个金融机构都应审查自身账户以衡量客户的利润分布是否遵循这种模式。评分的一个主要好处是能够获得账户管理数据，全面掌握整体资产组合的表现。

账户管理数据准备好了以后，下一步是选择谁来开发。与开发申请评分类似，自主或外包开发行为评分系统各有利弊。公司内部成员可以更好地研究内部数据，了解账户，因此可能会发现并使用外部公司无法发现的数据，而且内部人员还可以了解更多与账户相关的内容并将其应用于公司其他部门，从而做到一举多得。另外，由于外部公司了解多家公司的评分系统，可以借鉴已有经验解决类似问题，因此有些公司同时使用内部和外部资源来设计和开发评分系统以做到博采众长。

开发人员接下来需要选择分析样本并筛选变量。与开发申请评分类似，金融机构提供好坏账户的定义，开发人员选择用于分析的样本并筛选变量，然后进行分析，以确定最有预测力的特征变量。在开发行为评分系统时，可以选择的变量如表 6-1 所示。

表 6-1　行为评分：变量

还款趋势	当前逾期状态
购物趋势	当前逾期金额
评分（新账户）	逾期总额
开卡时间	超过 30 天的逾期金额
最后一次支付时间	超过 60 天的逾期金额
最后一次提额时间	超过 90 天的逾期金额
账户现在状态	超过 120 天以上的逾期金额
当前购物总量	历史最高余额
当前余额	历史最长逾期
当前还款总额	超过 30 天逾期次数
当前提现余额	超过 60 天逾期次数
当前额度	超过 90 天逾期次数
	超过 120 天以上逾期次数

开发人员应该对尽可能多的变量进行筛选，直到发现有强分辨力的变量。与申请评分相同，行为评分系统开发的最后一步是使用保留样本验证预测结果。在下一步，开发人员使用标准的统计技术完成如图 6-3 所示的评分卡。

特征	分类	分数
开卡时长	<6 个月	0
	7～12 个月	40
	13～24 个月	242
	>25 个月	384
近 12 个月最高逾期	0～30 天	0
	31～60 天	−65
	90 天以上	−134
当前余额与当前额度比	0～50%	0
	51%～80%	−96
	81%～100%	−130
	>100%	−137
当前提现余额	0 美元	89
	1～500 美元	0
	501～1 250 美元	−67
	>1 251 美元	−180
当前逾期月数	0 个月（未激活）	120
	1 个月	2
	2 个月	−80
	3 个月	−140
	>4 个月	−300

图 6-3　评分卡

通用评分

截至目前，我们主要介绍了使用自有数据开发行为评分系统。但不少意外事件会影响客户表现，如优质客户在经历离婚、失业及严重健康问题等意外后会变为高风险客户；高风险客户也会因孩子长大，配偶重新工作收入增加，或者获得晋升而成为优质客户。客户通常会在多家金融机构开设账户，这时使用基于征信局的 FICO 和 VantageScore 等通用评分有可能更好地预测客户的表现，具体为从征信报告中了解该客户与其他金融机构的关系：有多少额度；是否良好地履行了还款义务；最重要的是客户履约还款的变化趋势（是否留有更多的余额？是否轻微逾期？是否频繁逾期？）。所有这些信息都可以通过统计方法用于指导贷款人决策。由于时间和成本的原因，贷款人不可能每个月都调用征信局数据全面地分析每个账户的状态，通常每季度调用一次就足够了，但在为客户调整价格、延长服务、增加其他产品功能或准备减少甚至终止服务时需要调用征信局的通用评分。

通用评分在预测破产方面特别有效，只在一个金融机构评分很低的客户通常不会宣布破产。真正有破产风险的客户可能在多家金融机构的评分都很低，因此只用自有数据很难预测客户的破产风险，而当此类客户正式宣布破产时，你将蒙受重大损失。

警告：在根据征信局信用报告对客户采取如提前销户、降低额度、增加费用等不利措施前，需要关注此措施的法律后果。根据2009年美国信用卡法案，仅在有限条件下允许对现有余额加息，如促销结束，客户主动提出延期还款，或指数上涨才可以提高利率。该法案同时规定，禁止依据客户在其他发卡行的还款记录（"普遍违约"）提高利率。

最后，如何通知客户这些条款变更的原因呢？记住，仅仅说"你的破产评分太高"是不够的，与拒绝申请人授信类似，必须给出产生变更"不利措施"的具体原因（如有很多逾期30/60天的账户），如果需要的话还须给出出具征信报告的机构名称。

可以将通用评分与自有行为评分系统结合使用，以形成强有力的风险评估体系，在每月或每季度对不属于催收范围的所有活跃账户进行评估。此外，结合征信局对某客户在其他机构的借贷关系，可以对有流失倾向的客户做早期预警。内外部评分系统相结合产生的信息非常有用，特别是我们能发掘为什么内外部评分是冲突的。

行为评分系统开发完成后，就可以在交易授权、余额管理、流失挽回、交叉销售和反欺诈中应用该评分系统，行为评分系统的应用可贯穿于账户管理的全流程，下面我们将逐一讨论这些账户管理项目。

交易授权

目前，很多美国的金融机构可以对每张信用卡的每笔交易进行交易授权（批准或拒绝该交易），在世界范围实现此功能可能还需要一些时间。与过去只有商家最低限额（在额度范围内，低于最低限额的交易可无须审查，自动批准）而发卡行无法对所有交易进行评估相比，这是一个很大的改进。由于技术的进步，目前约 99% 的交易可以通过以下过程进行评估。

　　每一张 Visa 和 MasterCard 都有一个发卡行，每一个接受 Visa 和 MasterCard 的商家都有一个收单行，商家通过收单行收款。如图 6-4 左侧栏所示，为了获得交易授权，商家输入付款金额和日期后，客户在商家终端刷卡或通过电话连线输入卡号付费。该信息首先发送至商家的收单行，随后将该信息发送到 MasterCard 或 Visa 的处理系统，然后再转发到客户的发卡行进行审核。这就是传统的 Visa 和 MasterCard 体系。其中折扣收单费首先由收单行向商家收取，然后收单行、Visa 或 MasterCard 协会和发卡行进行分摊。分摊至发卡行的收单费称为刷卡手续费。

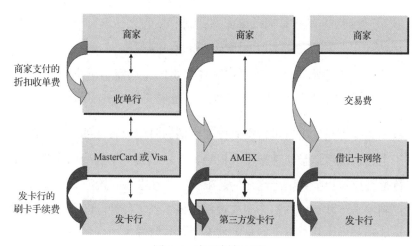

图 6-4　交易授权过程

　　图 6-4 的中间栏显示了美国运通和 Discover 在美国的传统封闭交易网络。这两家公司同时拥有交易双方的信息，即持卡人和商家都是客户；这些交易信息进入公司自有授权网络后，直接将审核决策反馈给商家。中间没有分摊刷卡手续费的过程，所有收入直接源于商家按一定比例交付的手续费（历史上曾高于银行卡收取的折扣）。美国运通卡现在也由银行发行，此类卡的交易信息与其他银行卡一样是通过第三方系统流转的。

　　要注意的是，许多其他第三方支付机构的出现使支付交易市场更具竞争力：PayPal、谷歌、移动运营商都想从支付市场获利，并试图切入银行和它们的客户。

图 6-4 右侧栏显示了与信用卡并存的基于 ATM 网络的传统借记卡网络。在美国，商家的借记卡交易费用很少，这是商家与银行就刷卡手续费长期争斗的结果。还有人声称要对信用卡交易的刷卡手续费进行限制，让支付网络更像公用事业，而不是自由竞争的市场。部分欧洲国家和澳大利亚已经在向这个方向发展。

交易请求反馈到发卡行后，风险管理部门可以有以下几个选择：

- 活跃账户，还款正常，未超过额度，则批准交易。
- 即使超过额度，也批准交易。
- 如果怀疑有欺诈行为，就发送"打电话给我"的消息。这要求客户立即联系发卡行，在交易被批准前对身份和 / 或交易进行验证。具体可用电话或如电子邮件等自动化程度较高的方式联系。
- 如果账户严重逾期或有欺诈嫌疑，要求商家没收信用卡。
- 在其他情况下拒绝交易（如高风险、超限交易、关闭账户）。

授权的关键点是发卡行进行交易授权审核的时间只有几秒钟。尽管大多数交易都属于上述情况可以被快速接受或拒绝，但是总会有一些难以处理的情况。例如，银行是否应该接受或拒绝客户的超限交易？在理想状况下，从商家到信用卡网络，再到发卡行并返回的整个授权过程应该不到 1 秒钟。客户会花多长时间在结账柜台或加油站等待批准？销售人员会花多长时间等待排长队的客户？不会很长！每个金融机构针对此类情况必须要有一个好的决策方法。评分在此决策过程中就是一个强有力的手段（例如，如果分数＞790，就批准超出额度 10% 以内的消费；如果分数＞820，批准超出额度 20% 以内的消费；等等）。

系统一旦做出决策，必须将此决策通过相同的信用卡网络路由返回商家和客户。有趣的是，通过这个方法有近 97% 的交易会被批准，只有 2.5%～3.0% 的交易会被拒绝，还有非常小的比例（＜1%）要提交手动审核（"打电话给我"）申请。客户在购买一生中唯一的订婚钻戒时收到"打电话给我"的请求，有可能会欣然接受。但在没有很好理由（如怀疑欺诈交易等）时，支付仅 37.20 美元的杂货交易就收到"打电话给我"的请求，则会引起客户的不满。

　　正如前面所说，99%的交易都能通过此电子审核流程完成，那么没有成功通过的 1% 呢？这些交易大多发生在系统停机维护或过载时，如傍晚、平安夜（当每位男性购物者都在最后一刻购买圣诞礼物时）或区域性故障发生时。在此类罕见情况下，如果无法联系到发卡行，Visa 和 MasterCard 有权使用各银行预先制定的一套规则来审核交易并做出批准或拒绝的决策。一些银行比较保守而不做授权；另外一些银行会通过概率管理对 Visa 和 MasterCard 提供宽松的授权。无论什么情况，都应该对其结果进行追踪和分析，如果分析显示规则太紧或太松，就应该改进规则。

　　交易授权主要是信用卡、借记卡、商务卡（T&E）需要重点考虑的问题。如果客户通过支票提款，决策就相对简单：如果在额度限额内且无严重逾期就批准放款，反之则不批准。

　　关于信用卡和所有循环额度贷款的最后一个问题是：资金应该什么时间入账，这是因为支票可能被退回（NSF 或资金不足）。如果资金入账过快，增加了可用额度，客户再进行交易，之后支票被退回，客户就有可能超过限额。因此需要规定一个明确的清算周期！

余额管理

　　余额管理是账户管理的重要组成部分。严格控制客户的额度及其超限请求意味着增加优质客户使用量的同时，缩减劣质客户的使用量。在第 4 章中，我们介绍了制定和实现适当损失水平目标的重要性——这意味着需要同时控制账户核销率和核销金额，以保证贷款损失的预算实现。基于损失账户数量的风险评分可以很好地管理坏账数量，但还需要制定适当的流程来管理账户余额以实现对损失金额的管理。

　　如前所述，循环授信账户的基本原理是核销的坏客户会把额度使用完，甚至略微超过额度，而好客户会保持一个远远低于其额度的余额。这可以从下面根据逾期程度分类的账户对比中看出。

　　如图 6-5 所示，逾期 30 天以上的账户核销余额比正常账户高出 40%，逾期

60 天以上和逾期 90 天以上的账户使用额度更高。如果你的核销余额比的目标值是 1.3，逾期 30 天以上的账户（其核销余额比为 1.4）已经超过了这个控制目标，逾期更严重的账户超出更多。这种情况在现实中并不罕见。金融机构经常以越来越高的额度作为营销手段来吸引客户，维持合理的核销余额比也变得越来越困难。此问题可以从两个角度解决：鼓励优质客户使用更多的额度，提前识别潜在的劣质客户并限制他们使用超过设定的额度。

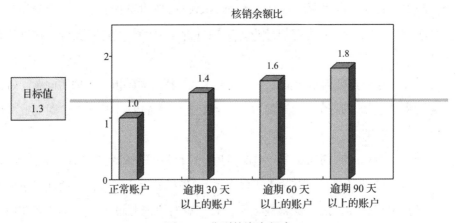

图 6-5　典型的资产组合

余额管理的首要对象是当前正常但余额高于平均的客户，我们需要判断他们是否陷入财务困境。这个判断进行得越早越好。余额管理的精髓在于不因为过早采取措施而骚扰优质客户，同时又能限制风险账户的余额增长。具体可先通过客户分群，识别余额快速增长并超过现有平均余额的客户，然后在发现苗头后采取措施。

运用专门的风险行为评分，结合良好的余额审查标准，我们能够确认可以继续使用账户并增加余额的客户。在余额管理的决策中，外部数据源（包括征信局报告及评分）是对内部行为评分的有益补充，即这个客户在本金融机构正常还款，外部数据可以提供该客户在其他金融机构是否发生了财务危机的信息。客户得分很低是客户可能存在财务困难的征兆，也是我们要采取措施的一个信号。如果账户的额度足够高并且潜在收益合适，你也可以通过客户获取征信局不能提供的信息（他是否有 401k 退休金账户，是否有股票基金）。此类信息对于只有 850 美元额度的信用卡客户来说没有价值，但对于大额贷款或长期的小企业客户来说是重要的。良好的余额管理措施对于账户的盈利性至关重要。

客户流失挽回

运营良好的金融机构都会从客户管理信息中分析优质客户是否有流失的倾向。如果你看到如下数据，那你的业务可能已陷入困境（见图 6-6 ）。

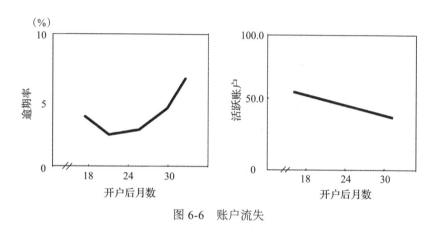

图 6-6　账户流失

多年来，发卡机构一直以极低的先期利率（甚至是 0%）来吸引新客户。许多收到促销邮件的客户只会在促销费率期间使用该产品，当费率恢复正常时，他们就会转移到其他机构。好客户即具有良好信用记录的客户，总是会转向竞争对手，无论有没有促销诱因；坏客户却会留下来，因为他们没有选择。为了应对突发的信用卡客户大量流失，业务经理必须分析挖掘优质客户流失的主要原因，并制定、执行全面的解决方案和措施以减缓流失。客户流失挽回要解决以下几个关键问题：

- 为什么客户使用本公司的产品，而不是竞争对手的？
- 你的定价是否过于僵化，以至于竞争对手只用小幅优惠就抢走了你的客户？
- 你的授信额度是否具有竞争力，是否控制太严格，致使竞争对手抢走了你最好的客户？
- 你对客户服务投诉的处理是否妥当？你是否有经费增加足够的资源，以便客户在呼叫时能在合理的等待时间内与受过训练且经验丰富的客服交谈？

- 你是否在产品中提供了有意义的附加增值功能，或者说你是否设置了过多的限制以至于客户根本无法使用这些附加增值功能，反而很厌烦？
- 你在客户销卡前是想办法让他们满意，还是等待客户办理销卡？
- 应该向哪些客户交叉销售产品？

对于一项业务，很少因为单一原因爆发大量客户流失，因此必须对客户的流失原因进行详细分析。有些金融机构会成立专门的部门来处理销户的客户，该部门除了通过给客户优惠来挽留客户，还会详细记录客户销户的原因，以便及时识别和纠正问题，防止后续流失更多的客户。另外，金融机构还应定期检查产品的条款和附加增值功能，并强化客户最喜欢的部分。

挽留优质客户的其他策略

除了上面的策略，还有一些其他方法可以用来挽留优质客户。

（1）奖励商旅客户。可以对有较多差旅支出、高消费的优质客户展开针对性的营销活动。具体可以通过较多酒店、航旅和租车等交易识别此类客户。如果客户在本公司的卡中很少或几乎没有此类交易记录，客户有可能是由于额度受限或奖励较少而使用竞争对手的产品支付此类费用。因此针对这类高端客群，可通过个性化推荐的邮件、电话促销或者提供特价和出行奖励等方式挽回。

（2）在监管允许的情况下，可为优质客户实时提额。当客户在拥挤的柜台结账时发现额度超限被拒付时，金融机构可通过预先设置的授权流程现场提额（现在在美国很难实施，但在许多其他国家都有可能实现），从而避免此类尴尬事件。具体做法是结合客户当前的评分，通过经过验证的自动审核流程，迅速做出实时提额授权决策，但是在一些临界情况下采取人工干预也是必要的。即使优质客户自己选择了支付超额费用，免除偶然或无意的超额费用也是可以有效地挽回客户并增加其黏性的方式。

（3）通过变更产品条款来挽回优质客户。越来越多的金融机构通过变更循环贷款产品的条款来奖励优质客户（低风险／高使用率）。惩罚具有不良表现行为的劣质客户。几乎没有客户会拒绝价格降低、延时还款或费用减免的奖励。令人意想不到的是，只要客户选择合理，并在恰当的时机给客户合理的提醒，客户也会极少反对提高定价、额外收费等不利措施。毕竟，这些人十分需要额度，一些人在生活发生临时变故后也需要时间重新开始。对于这些客户，价格不是问题，持续可用的额度才是关键。在申请／获客时的风险定价并不是什么新鲜事。对现有客户分层定价、制定差异化条款，即让风险账户为风险买单，同时避免优质客户仅仅因为价格转向竞争对手，是十分合理的。

交叉销售

正如前面提到的，金融机构有个不增加成本却可以提高利润的好机会，即鼓励存量客户在现有产品或新产品中增加使用率，延长使用期，或加深现有关系。例如，为你的优质客户在船贷、车贷或租赁汽车计划快到期的前6个月时间内，提供一笔新的额度，可有效地防止客户转向竞争对手。一些金融机构在对现有账户进行贷中审查（包括查询客户当前的征信局评分）之后，会向其发送预先授权的支票，以鼓励客户在任意授权经销商处购车或购船。不过令人惊讶的是，很少有机构在实际中利用这种形式交叉销售。交叉销售是市场营销领域的一片沃土，在可以区分好客户与坏客户的前提下，适当地联系客户没有坏处，一方面可以对其使用现有产品进行致谢，另一方面也可以提供新的信贷产品对其进行奖励。

账户维护涉及的另一个重要项目是反欺诈。

反欺诈

欺诈分子和贷款人之间的"战争"是持续不断的，金融机构有非常成熟的经验。两个主要的发卡协会和其他发卡机构（美国运通、Discover）会非常积极地识别欺诈行为并对欺诈防范做出建议、指导，以遏制信用卡行业中的欺诈。欺诈和坏账之间的界限并不总是那么清晰。（例如，恰好在破产之前产生的一系列新费用，是欺诈还是坏账？）欺诈通常被定义为故意使用产品购买商品或服务而无还款意向的行为。通常，欺诈是犯罪分子想方设法地使用各种手段窃取卡、伪造卡，使用虚假数据欺骗金融机构获得贷款。在美国，欺诈损失仍在缓慢增长。

以下是对主要欺诈类型的定义。

- **丢卡和盗卡**：一张有效卡在丢失或被盗后，被未经授权的人使用。
- **邮件拦截**：一张新卡在邮寄给授权客户时中途被盗。
- **伪造**：制造伪冒的卡。
- **账号盗窃**：在网络邮购或电话订购时由未经授权的人使用他人的账号。
- **身份盗窃**：通过使用另一个人的正确姓名、社会安全号码等信息和假的地址，申请到一张卡。

欺诈在信用卡行业中仍然普遍存在。根据 FICO 的研究，包括互联网购物、电子邮件购物和电话订单的无卡交易在美国持续高速增长，与此同时欺诈也以其一半的速率在增长，每个被盗用账户的平均损失金额较高。这与欧洲形成了鲜明对比，欧洲及英国主要通过使用芯片和 PIN 等技术将欺诈降低了 60%。使用基于 EMV（Europay、MasterCard、Visa）标准的芯片和 PIN 技术进行信用卡交易验证对全世界范围的反欺诈都有积极的影响。美国的一些银行已经开始发行芯片和 PIN 卡以解决在海外无法使用磁条卡进行交易的问题。

由于大多数在零售店发生的如丢卡、盗卡、被拦截而无授权的信用卡交易看起来是合法的，所以只要商家遵循适用的授权程序，就不能要求其退还交易的资金，损失最终只能由发卡的金融机构承担。但是，欺诈性的邮购订单、互联网订单、电话订单（无卡交易）的费用往往可以退回，至少在客户投诉的时候。尽管不是每个人都会详细地检查账单，合法持卡人可能不会马上注意到小额或偶然的欺诈性费用，但是商品毕竟需要快递至收件地址后欺诈分子才能收货，如果该地址与系统记录的合法客户地址不同，就有理由退款。因此退货费用变成了商家做生意的一个成本，它们检查地址是否正确的严格程度取决于它们在过去受到欺诈的严重程度。

过去，反欺诈往往由具有警务工作背景的专家来执行。他们与当地执法机构和联邦机构（如联邦调查局）配合，识别出职业性的欺诈，然后设计出遏制欺诈的方法并依此对欺诈进行遏制。个人欺诈通常是孤立且可控的，但团伙欺诈会导致大量的严重损失。随着技术的改进（例如，几乎每个交易都需要电子授权，使用全息激光图以防止假冒，磁条数据加密，以及芯片和 PIN 技术），欺诈分子的"聪明才智"也在进步。由于涉及金钱利益，这场"战争"将永远进行下去，但金融机构希望损失比过去低，让欺诈分子明白各方都在齐心协力地遏制欺诈，将迫使他们打消犯罪的念头。假如欺诈变得很容易，那将会有数以百万计的更多欺诈发生。

因为欺诈的行为表现在开始时与优质客户非常类似，反欺诈的任务通常被分配给风险管理部门，其目的是帮助基层管理人员制定既能避免因过度控制骚扰优质客户，又能快速识别欺诈行为的政策和程序。

反欺诈的三个关键是：①对发行卡和交易授权的每个阶段严格控制；②具备实时对全球范围内的交易数据进行分析和应对的能力；③持续引入新技术以阻止专业的犯罪分子。

反欺诈的艺术

一个朋友曾谈起一个令人印象深刻的关于反欺诈的例子。美国运通打电话问她最近是否有异地消费，她回答没有。虽然她仍然随身携带着这张被广泛用于差旅的商务卡，但是这张卡最近的使用记录却非常可疑。有人在短时间内盗刷了三笔加油费用。美国运通反欺诈系统检测到了这个异常使用模式。该客户几乎没有在一天内加三次油的消费记录。犯罪分子可能只是测试一下卡，但非常愚蠢地被发现了。当我的朋友否认了刷卡行为后，美国运通立即冻结了这张卡并给她寄送了一张新卡。

还有另一个朋友的例子，她正在异地购买一台电脑作为礼物，这是她第一次在这个地方使用这张信用卡。尽管交易已经被批准，但是她立即收到了一封注明交易明细（包括商店位置、商店类型和购买金额）且需要客户确认的电子邮件。朋友在点击"合法"按钮后，立即收到了一封自动回复的感谢信，并表示她的卡将在短时间内被允许用于异地交易。也就是说，直到交易的合法性被确认，这张卡才能再消费。

反欺诈的一个关键点是识别盗用卡越快，冻结卡和控制损失就越容易。以下是现有账户反欺诈的一些做法。[⊖]

- **丢卡和盗卡**：超出常规消费模式的交易——具体可从消费的商家、地点，消费的笔数、金额和类型等方面识别，这一点对新卡尤其重要。
- **伪造**：在数据库和卡的磁条上设置验证码，同时在卡上设置不同的验证码。在美国，未来几年内 CVV（卡验证数码或安全代码）功能将被芯片和 PIN 技术取代。
- **邮购订单/互联网购物**：仅授权可识别的卡的客户地址，商家在"无卡交易"规则下对欺诈负责。
- **全新/更新卡**：在每张全新/更新的卡上标注明确的有效期（开始/结束日期）。

通过试验组和对照组进行账户管理策略分析

任何客户流失挽回、交叉销售、额度提升或变更产品条款带来的价值都可以通过测试来量化并优化。如果金融机构制订一个营销计划，如为符合条件的账户提额，如何知道这个策略是不是最优的？可以改进吗？对满足条件的所有账户都给予相同的营销措施，金融机构将永远不知道这些问题的答案。针对客户设计策略、测试，然后根据结果进一步优化的过程能否实现取决于是否存在一个没有采取任何措施的对照组。只有这样，才能比较测试组和对照组的表现，以确保测试组中产生的任何表现变化都是测试策略的结果。

对照组必须从和测试组相同的群体中随机抽取，这里的关键是除采取的营销

⊖ 在开户时的反欺诈做法在第 4 章中讨论。

措施不同之外，其他可比较的所有关键指标（如余额、逾期等）与对照组应在统计上相同。

当实施测试时，设定一组关于预期的假设是非常有帮助的。下面是一个样例：

	测试组	对照组
平均余额	1 103 美元	1 083 美元
采取措施	增加 1 000 美元额度	无
预期假设	收入增加 20% 逾期增加 18% 核销增加 22% 利润增加 30%	无变化

我们必须仔细分析测试的结果。下面的分析研究表明，虽然测试获得了成功（平均资产收益率上升了 36%），但是测试组内表现差异很大（见图 6-7）。为了获得更多的信息，我们根据已有额度的使用率对测试组进行了划分。

				← 初始余额占信用额度的百分比 →					
				< 25%		25%～75%		> 75%	
	测试组	对照组	变化 (%)	测试组	变化 (%)	测试组	变化 (%)	测试组	变化 (%)
平均余额	1 431	1 097	30	275	175	1 750	35	1 950	15
平均净收入	139	119	17	19	90	165	20	207	9
运营成本									
——催收	13	10	30	2	300	15	30	20	21
——其他	75	75	0	75	0	75	0	75	0
核销	28	21	33	4	100	34	39	40	21
费用合计	116	106	9	81	5	124	12	135	8
每个账户利润	23	13	77	-62	8	41	52	72	10
平均资产收益率	2.14	1.58	36	-30.06	-67	3.12	15	4.92	-4

图 6-7　增加信用额度分析（9 个月后）

如图 6-7 所示，金融机构在那些需要增加一定额度的客户，即额度使用率在中间范围（25%～75%）的客户上获得了最多的利润提升。这意味着在这个人群中有足够多的好账户对提额做出了响应，其结果足以抵消预期中催收和核销成本的增加。但这一规律并不适用于原来的低额度使用率的账户，尽管低额度使用率的账户中有好账户对提额做出了响应，但是与完全使用新增额度的少数高风险账户产生的催收和核销成本相比，好账户产生的利润无法抵消损失。虽然高额度使用率的客户对增加额度活动积极回应（他们毕竟已经使用了＞75%的额度），但是这些客户增加额度对利润的影响是负面的。如果需要进一步推广这个提额计划，那根据获得的结果，应当仅仅对当前额度使用率在25%～75%的客户进行推广。如果有更详细的信息，我们就能够更精准地定位提额计划的目标客户。

几乎有无穷无尽的策略可以通过测试和控制的方式应用于账户管理。为此，所有金融机构都应当：

- 对进行试验的策略数量进行限制。
- 给每个策略足够的生效时间。
- 切实监控，分析结果。
- 确保对照组样本数量充足并且在统计上与测试组相似，以准确地对比结果，并根据结果在将来实施。

这样，当金融机构最终证明其策略是成功的时候，就不会对测试的公正、客观、彻底有任何怀疑。

在下一章中，我们将介绍如何应对开始变坏并需要主动处理的账户，我们称之为催收策略。

Managing a Consumer
Lending Business

第 7 章

催收策略

到目前为止，本书着重介绍了消费信贷业务管理中的产品规划、获客及账户管理等过程。如果在业务开展中对这几个环节管理运行得出色，就会有大量活跃账户按时还款，无论是每月全额还款，还是通过分期方式还款。然而，总有一些账户偶尔或经常产生轻微逾期，还有一些账户会严重逾期，有部分账户甚至会破产或形成坏账。催收是消费信贷管理的重要部分，每个金融机构都需要催收部门来处理这些问题账户。本章将为催收业务管理提供一些策略指导；下一章将介绍执行这些策略所需的日常管理技术。

假设基于成本考虑而不设立催收部门，虽然可以节省成本，但是需要非常仔细地选择那些信用评分较高甚至是最高的特优级客户。尽管坏账率降低，但是目标市场急剧萎缩，潜在客户量会大幅减少，最终导致利润下滑，甚至由于无法获得足够多的账户而不能真正开展业务。你是否愿意眼睁睁地看着竞争对手不断发展壮大，而自己却由于没有催收能力而陷入困境？

本章的核心是：**具有强大催收能力的金融机构可以通过经营高风险客户在战略上获得竞争优势；换句话说，强大的催收能力能够帮助金融机构在一个竞争激烈的市场环境中寻找更深层次的商业机会！**

新兴的，特别是那些正在扩张的金融机构，应该在战略上将催收视为远远超越竞争对手的突破口。事实上，想扩大贷款规模就得做好坏账增长的准备，会有更多的客户无法按时还款。这就意味着需要招聘催收人员，并对其进行专业培训；同时在营销活动正式开始前就必须准备好技术资源以处理新增业务量带来的催收工作量。开展新业务，特别是面向高风险市场的新业务，金融机构需要花费大量时间和精力做好相关的催收准备。

一般来说，逾期账户与正常账户相比具有以下特点：

- 正常账户管理很少需要人工干预，但在处理逾期账户时，人工干预却是常规手段，并会产生极高的费用；
- 逾期客户还款的可能性在很大程度上取决于金融机构在催收环节采取的行动；
- 催收环节在很大程度上依赖于"人"，优秀的领导和管理能力非常重要。

催收环节究竟有多重要？对于信用卡业务来说，逾期客户的催收成本和核销金额占运营成本的90%。因此，催收效果的细微变化都可能引起盈利能力的显著改善或恶化。鉴于催收对资产盈利水平影响如此巨大，催收能力是信贷业务的核心竞争力。

催收流程如图 7-1 所示。

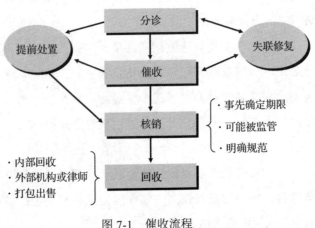

图 7-1　催收流程

首先，我们对催收环节和一些重要术语进行概述和定义。

早期催收环节对逾期账户的分类可借鉴医学分诊的定义。医生或急救员将自然灾害或在战争中受伤的患者分为三类：不需要任何急救措施也能活下来的轻度患者、无论采取什么措施都几乎不可能幸存的重度患者、立即采取医疗措施就能得到有效救治的中度患者。优秀的医疗处理操作规范规定要优先处理最后一类患者。

类似的概念可很好地应用于逾期早期阶段。由于逾期账户较多，因此可以将客户按风险由低到高排序并划分为高风险类客群和低风险类客群（后续章节将会详细介绍分类方法）。排序分类工作也可以在账户出现逾期之前进行。[⊖]具体需要识别三类客群：①无须采取行动也会主动还款的客户；②采取任何措施都无还款意向的客户；③只有采取催收措施才会还款的客户。下文描述的催收环节主要适用于第三类客群。

随着催收流程的推进，部分早期催收环节的账户将进入催收环节，我们希望能将此转化比例控制在 10% 以下。此部分客户是催收最难攻克的逾期客群，他们通常已逾期了 2～3 期，且无还款能力或还款意愿，至少会因为资金短缺而无法全额还款。因此，其中大部分（50%～60% 或更多）账户最终会被核销；按会计核算的要求，账户逾期 120～180 天后需要被核销。每个信贷产品都必须预先设定核销期限。在美国，银行对于账户的核销期限有严格的规定，以信用卡产品为例，核销期限通常不晚于到期日后的 180 天；对于其他产品而言，核销期限一般控制在 2～14 个月，最常见的是 120～150 天。

尽管如此，依然可能有部分清收款在账户被核销后的几个月或几年内收回。清收款可由公司催收部门、外部律师事务所或催收中介，以及购买坏账或不良资产的专业公司采取催收措施回收。"提前处置"是指让风险较高的账户提前进入后期催收环节，如对于风险非常高的账户，逾期 45 天之后就交由律师处理。最后，失联修复是寻找前期失去联系的客户。

以上内容几乎涵盖催收业务的全部工作流程，本书将在后面两章详细介绍每个环节。

⊖　部分金融机构会通过电话联系新客户以确认客户收到账单并且明白付款的条款。

催收策略的开发

催收策略通常由风控经理制定，由催收经理执行。催收行业的著名导师唐·格里芬（the Center for Business Solutions 公司的董事长）使用"瞄准"形容催收策略，使用"开火"形容催收战术。由于唐·格里芬在创建催收公司 Integratec 之前曾担任美国陆军上校，所以他沿用军事术语形容催收业务。

催收需要做很多策略决策，具体包括催收的联系人、联系时间、启动催收的时机（逾期 10 天还是 45 天后）、催收所用的联系方式（电话还是邮件）、识别低风险账户和高风险账户的方式。

催收决策如图 7-2 所示。

做什么	落地
策略决策 ● 如何排序催收账户? ● 催收流程? ● 如何支付? ● 如何在本机构分配工作? ● 机构组织架构? ● 战略目标是什么?	战术 ● 提高联系客户成功率 ● 提高付款账户数和金额

图 7-2　催收决策

如上所述，本章将介绍制定完善可行的催收策略步骤，下一章介绍管理催收团队所需的战术细节。

催收的联系人和联系时间

逾期账户中的大部分是可能由于失误逾期 1～2 期的早期逾期账户。该部分客群的数量尽管较多，但大部分不需要采取任何措施就会还款。所以早期的催收策略应该是：**集中在那些最不可能还款的账户上。**

集中于最有可能还款的账户上会带来以下负面影响：

● 浪费时间和金钱，因为大部分账户都会主动还款。
● 骚扰优质客户。

- 削弱催收效果，没有集中于应该注意的账户上。

另外，尽管逾期 60 天（逾期 3 期）或更久的账户数量较少，但大部分此类客群是无论采取任何催收措施都不能还款的。因此，后期催收必须集中在最有可能还款的账户上。再次重申，未执行以上策略会产生以下后果：

- 浪费时间和金钱在不能还款的账户上。
- 用不可能完成的任务使催收人员毫无绩效。
- 削弱催收效果，没集中在可通过催收使其还款的账户上。

集中在最不可能还款的早期逾期账户和最有可能还款的晚期逾期账户上是非常理智的，但是却不是传统催收机构的运作方式。图 7-3 介绍了当前催收机构的运作方式。

图 7-3 描述了典型的各逾期阶段的账户数量。首先简要介绍图中所用的术语。第一个柱体是逾期 1 期（即逾期 1～29 天）的账户数量。最后一个柱体是金融机构确认为坏账并核销的账户，被标记为坏账。催收效果是指在坏账核销前取得的还款，清收款是账户在被核销后收回的金额。

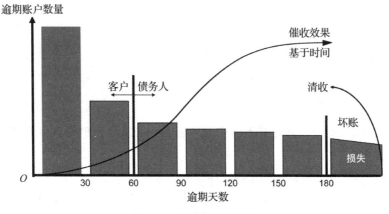

图 7-3　传统催收运营

如图 7-3 所示，逾期账户数量在初期呈快速下降趋势，在后期呈平缓下降趋势。在后期，逾期账户主要是真正无能力还款或无意愿还款的客户。在某些时候，通常在账户逾期 60 天后，金融机构就会将账户所有人视为债务人而不是客户。此时，金融机构应将催收标的从已逾期的额度改为该笔债务的全部余额。对于抵押贷款而言，金融机构此时可开始警告客户抵押的汽车可能会被收回，或者他们的房屋将面临抵押品止赎的风险。

图 7-3 中的曲线反映了大多数金融机构在不同逾期阶段的典型催收效果，也反映了不同阶段的催收措施对客户的影响。在早期，许多金融机构选用经验粗浅的催收人员和主管：每个催收人员只做有限的操作，且需要处理高达 1000～2000 个账户。然而，在账户快要面临坏账核销时，金融机构将选用经验最为丰富的催收人员和主管，每个催收人员被赋予很高的"交易权限"，且处理的账户数量也大大减少，通常被控制在 250～350 个。

表面上，如果从金融机构的角度考虑，以上策略似乎很合乎逻辑，但接下来我们谈一谈从客户的角度看这个问题。

客户陷入财务困境，通常会影响他们对多家机构所负债务的还款能力，因此会收到如房屋抵押贷款、汽车贷款、水电费、各种信用卡账单、医疗账单、助学贷款、分期付款甚至税收部门等多个债权人的催收电话。此外，当多重债务令客户陷入经济危机时，他们会下意识地决定债务的还款优先级顺序：先还什么，后还什么，不还什么。消费者在什么时候会做出还款或不还款的决定呢？由于账单通常按月产生，因此客户被迫需要在资金短缺的 30 天内做出决定。他们至少会在脑海里迅速地将这些账单归类为还款组或拒还组。对于催收人员来说，采取措施改变消费者已决定的还款顺序比在其未决定前更加困难。综上所述，可以总结出催收业务的两个重要原则：

第一，催收是一项非常具有竞争性的业务！必须让客户将本金融机构的账单纳入还款组中。

第二，你必须在客户做出决定前成为第一个打电话催收的人。

每个客户都有自己的还款优先顺序。根据以往的经验，通过对客户参加的研讨会了解到，几乎全部客户都第一优先偿还房屋抵押贷款。其后的选项会有所不同，但选择税单、汽车贷款和水电费的比例较高，医疗账单则被排在最后，助学贷款的优先级仅高于医疗账单。信用卡账单通常排在中间，但当客户拥有多张卡时（现在每个美国家庭平均拥有 4 张信用卡），其中 1 张卡的还款优先级通常较高，而其余的较低。客户都明白保证有 1 张可以使用的信用卡的重要性，这张信用卡将用于支付日常生活开销、旅游及其他特殊需要。

上述是较为典型的还款优先级顺序，但总是有例外。例如，在现在（2012 年）的经济环境下，信用卡账单的还款优先级与房屋抵押贷款同样高，但在经济环境变好时，又会恢复之前的顺序。居住在公共交通较为发达的大都市（如纽约或旧金山之类）的客户可能会将汽车贷款排在最后。而对于居住在公共交通不发达的城市（如杰克逊维尔或哥伦布之类）的客户来说，没有汽车将无法上下班及购买生活用品，此类地区的家庭通常会拥有两辆汽车（夫妻各 1 辆），因此在该区域汽车贷款的按期还款率会非常高。有些客户也会意识到，用于住房按揭的还款金额可用于支付很多其他账单，因此会将住房按揭排在后面。不同国家客户的还款优先级顺序也不相同。在哥伦比亚，税单被排在最后，而医疗账单排在最前。综上所述，很难用一个简单的答案解释这一现象。当陷入财务危机时，每个人都会对账单进行还款优先级排序，金融机构必须在非常短暂的时间里，通过催收措施让本金融机构的账单排在客户优先还款之列。

金融机构可以通过逾期长短和风险等级决定采用的催收策略。传统的催收策略是基于催收环节变化的，在 6 个月或更长的时间里随着逾期时间的变长而加大催收力度，并结合逾期账户的还款额决定下一步采取的措施。通常，传统的催收流程会在后期阶段采用最强的手段。

然而，在某一时刻，所有最终被核销的账户都在正常的第一组（除了破产和死亡）中，所以基于风险等级确定催收措施是更好的催收策略。

识别低风险账户和高风险账户

在基于风险等级的催收管理中，首先需要对逾期账户进行分诊，识别并筛选出高风险账户以进行提前处置。然后通过判断或评分的方式将账户分类为主动还款组和需要提示组。根据以下早期表现，金融机构可以可清晰地判断该账户是高风险账户：

- 评分或催收评分低（后文中将具体介绍催收评分）；
- 新账户，如账户存在时间短于 3～6 个月，有 1 期或更多逾期（特别是

　　首期逾期的账户）；

- 额度的使用超过或达到上限的账户；

- 7~10 天（包括晚上和周末）无法电话联系的客户；

- 一次或多次未兑现付款承诺，或根本不做付款承诺的客户；

- 邮件退回；

- 高额提现的客户，特别是新开设的账户。

　　高风险账户需要选用最有经验的催收人员处置。如果根据过去催收表现可以判定该客户具有高风险，可以在其逾期早期就送外包或律师事务所甚至采取法律措施。例如，如果客户出现侮辱性或敌对性的行为，就可明确地判定其不会还款，再多的催收电话也毫无意义。

　　在许多催收情况下，如果客户仅有上述一两个表现，依然可采取常规催收措施，在客户逾期时间延长时不断加强催收力度。但对高风险客户，金融机构不能被动地等待其逾期时间延长再加强催收力度，应尽早采取高强度的催收措施，不论其逾期几期。更多的关注可能让客户改变主意并还款。

催收评分

　　金融机构可以使用基于客户历史还款表现和人口统计开发的通用或定制评分系统来识别早期逾期客户中的高风险账户。在对将进入催收环节的账户进行催收评分时，除了考虑客户自有特性外，还需要考虑采取的催收措施及产生的催收效果，以评估客户的还款率。对催收措施进行量化评分较为复杂。投资组合管理协会（Novantas LLC 的一个部门）开发了一套催收评分系统，并将其成功地运用于包括严重不良的各类催收中。

　　现有的自动催收软件系统（运用自动拨号程序的软件，见第 8 章）是基于传统催收环节管理的理念开发的，不能有效地应用于催收评分。该类催收软件很难从既定的催收环节流程中筛选出高风险账户，并对其进行"提前处置"。针对这个问题，市面上出现了一些较为先进的催收评分系统，但对催收评分的使用还不是那么成熟。当前的催收评分主要应用于逾期 30 天内的账户分诊，以确定电话催收的时机，而对逾期超过 30 天的账户也只能采取相同的催收措施应对。

表 7-1 简要介绍了在早期逾期环节，如何使用催收评分对各风险级别客群采取不同催收措施，以提高催收效果的方法。

表 7-1　催收措施案例：测试组与控制组

预期风险组别	逾期			损失率（%）
	早期环节	中期环节	晚期环节	
高风险	电话催收	外访	外包	9
中等风险	等待 2 周	电话催收	外访	4
低风险	提示消息	暂缓催收	电话催收	2

注：1. 测试组损失为 5%。
　　2. 控制组损失为 6%。

下一章将介绍电话催收技巧。除此之外，催收网点布局（催收人员工作的地理位置）也是制定催收策略的重要一环，网点布局将影响组织结构。

催收网点布局

催收网点布局是对效益和成本有重大影响的战略决策，大型催收机构可对其催收网点的数量、规模和地理位置进行布局。有观点认为，催收网点应本地化，即选用与催收客群相同口音的本地催收人员实现的催收效果比选用口音不同的外地催收人员好。本书却认为类似因素的影响很小，且没有量化数据来验证。大多数大型催收机构采用遍布全国的催收网点，对无论是本地还是外地的客户进行电话催收都是相当成功的。

催收网点的数量也是在布局时需要考虑的重要问题。显然，统一集中的催收网点不仅能有效降低设备和人员的成本，对单一机构来说管理难度也更低。但是，布局多个催收网点也有以下优势：

- 可以比较不同催收网点的业绩（当然也可以将单一催收网点成员分成两个以上的小组，在各组处理类似的账户的前提下，对比其业绩）。
- 在某一催收网点出现故障时有备援。
- 避免增加当地就业市场的压力。人力资源在多数就业市场可提供约 300 人的催收团队，同时该数量也是催收经理可以合理管理控制的。
- 可以设置如破产管理部等具有特殊职能的部门，以减轻其他催收网点处理过多业务的压力。

- 如果催收网点可跨越多个时区，某一时区的催收人员就可以在正常的工作时间内呼叫时区较早或较晚的客户。以美国为例，在西海岸布局至少一个催收网点的优势是，该时区的催收人员在上班期间可以催收已处于傍晚的东海岸或中西部的客户（傍晚是催收的关键时段）。

确定催收网点位置还需要考虑以下问题：

- 应避免选择催收网点、电话营销网点或客服中心较多的区域，人员流失和薪酬竞争压力会非常大。
- 选择有军事基地和学校等可提供人才的地区，但也要防止高流失率。

海外外包

一些公司尝试将催收业务外包至海外以降低成本。目前尚未有数据充分证明其有效性，但有些公司发现，在一般情况下，尽管海外外包可以降低 15% 的催收成本，但每小时的工作效率比内部催收团队降低了至少 20%。不仅如此，海外外包还会面临如语言、文化、劳动力饱和，以及缺乏有效管理的问题。相比于人际沟通能力，海外外包机构在技术能力方面更具优势。因此，海外催收人员通常可有效地完成早期的电话催收工作，但是很难有效处理客户说"不"的复杂情况。

结果检验

催收策略规划阶段要考虑的一个关键是结果检验。如何预测逾期水平和核销率？如何评估催收运营的效果？

逾期和坏账预测

风险管理的最终衡量指标是计算过去、现在，更重要的是未来坏账占余额的比例。对未来的损失预测得越早，就越有机会影响结果。这一点尤为重要，特别是当预测的损失高于预期值时。预测资产组合表现和未来损失的有效工具是：监控每个逾期阶段直至核销时账户的流转情况，然后根据这些历史数据来预测未来。

这一过程被称为净流动预测或滚动率。表 7-2 说明了这个方法的工作原理。

表 7-2　净流动预测 （单位：千美元）

月份	逾期账户总额	逾期账户余额	30~59 天		60~89 天
1 月	720.6	498.9	34% → 171.1	9.6% →	18.4
2 月	742.1	515.6	29% → 169.6	8.7% →	16.4
3 月	755.2	541.6	31% → 150.4	9.8% →	14.7
4 月	772.1	547.5	→ 169.3	→	14.7
5 月	781.3	551.5			

滚动率。滚动率是指逾期账户余额（或账户数量）从一个催收环节流转到下一个催收环节的百分比。如表 7-2 所示，在 1~4 月中，从正常到逾期 30~59 天的平均滚动率约为 30%（1~2 月 34%，2~3 月 29%，3~4 月 31%）；从逾期 30~59 天到逾期 60~89 天的平均滚动率略超 9%。应用历史滚动率将有助于预测未来的逾期率。例如，基于 1~4 月的数据，假设 4 月将有 30% 的逾期账户余额滚动到 5 月，可以预测 5 月逾期 30~59 天的逾期账户余额约为 1.64（30% × 547.5 = 164.3）亿美元，逾期 60~89 天的逾期账户余额可能为 16.1（9.5% × 169.3 = 16.1）千美元。滚动率可通过借鉴历史表现，结合当前条件（如在美国的 4 月，纳税人可获得退税款，因此可以偿还更多的欠款）和已有经验进行综合评估。使用这种方式，基于滚动率可以对未来约 6 个月的总核销做出合理预测（净核销计算见下文）。

滚动率在衡量和预测方面也有若干局限性。显然，该方法通过历史结果的平均值，对未来的表现做"猜测"。它不能预测未来基本经济环境的变化，也无法预测破产的发生，更无法考虑到市场部几个月前改变目标市场的情况。以上问题可采用"同期账户"的分析方法来应对，即对使用相同信用审核标准，在相同的地区和时间里获得的账户进行预测。采用"同期账户"的分析方法可以判断产生的问题是否由业务导致，如分析春季邮件营销的高风险客户，而不是在秋季邮件营销的大学生。

逾期各阶段的转换报告。一个更具战略意义和分析价值的统计报表被称为转换报告，有时也被称为逾期矩阵或"历史报告"。该报告显示每个阶段中逾期账户余额（或账户数量）的来源，帮助管理者分析逾期资产真正发生的情况。例如，可以分析上月第三阶段（bucket 3）中的账户在本月所处的阶段。有几种可能的情况：

- 未还款——账户将转入第四阶段（坏）；
- 完成一次还款——账户保留在第三阶段（可以接受）；
- 完成多次还款——账户移回到较早的阶段（最好）。

这种详细的管理信息使管理者能够衡量催收机构的有效性。典型做法是比较不同的催收团队在处理类似资产组合时产生的效果。例如，某一催收部门是否获得了更高比例的多次还款？另一个催收部门的未还款账户是不是占了很大的比率？所有催收经理都应使用这种详细的分析方法（见表7-3）。

表 7-3　KWIK KASH（第一年总资产组合）

第一年	应收账款总额（千美元）	核销（千美元）				核销率（%）	
		总核销	破产	核销后清收	净核销	当期	滞后
1 月	250 660	215	137	64	288	1.38	1.40
2 月	237 618	210	138	58	290	1.46	1.58
3 月	255 950	222	135	57	299	1.40	1.39
4 月	296 006	203	130	60	272	1.10	1.21
5 月	319 334	204	178	68	314	1.18	1.30
6 月	354 200	228	167	73	322	1.09	1.86
7 月	385 194	216	238	64	391	1.22	1.87
8 月	416 739	218	223	57	385	1.11	1.94
9 月	459 268	265	227	63	429	1.12	2.01
10 月	482 850	494	235	70	659	1.64	2.67
11 月	514 065	438	350	70	719	1.68	2.70
12 月	552 311	595	363	78	881	1.91	2.98
第一年总计	377 016	3 508	2 521	782	5 249	1.39	1.91

第二年	应收账款总额（千美元）	核销（千美元）				核销率（%）	
		总核销	破产	核销后清收	净核销	当期	滞后
1 月	645 487	786	409	77	1 118	2.08	3.48
2 月	623 725	1 005	532	90	1 447	2.78	4.17
3 月	625 919	1 242	755	97	1 900	3.64	4.96
4 月	637 446	1 936	870	125	2 681	5.05	6.66
5 月	646 776	1 625	986	130	2 482	4.60	5.79
6 月	660 574	1 803	881	126	2 558	4.65	5.56
7 月	664 292	1 506	868	118	2 256	4.08	4.19
8 月	674 753	2 053	862	126	2 789	4.96	5.37
9 月	688 761	2 395	1 040	124	3 311	5.77	5.35
10 月	678 824	2 201	1 391	233	3 359	5.94	6.32
11 月	686 463	2 456	1 017	233	3 239	5.66	6.01
12 月	697 415	2 662	1 013	217	3 458	5.95	6.28
第二年总计	660 870	21 671	10 624	1 696	30 598	4.63	5.52

注：坏账率周期为 6 个月。

净核销。到目前为止，本书一直在谈论对总核销的预测，但标准管理报告（和会计账目）需要出具净核销，该指标为利润表的科目（通常是坏账准备金的一部分）。净核销在毛核销的基础上：①增加在未来 X 个月内预计破产的账户数量及金额（注意，在任何逾期阶段都可能发生破产$^{\ominus}$）；②扣除从已核销的账户中获得的清收款。表 7-3 展示了两年期净核销的完整预测。

本期和滞后报告

统计和预测损失率的一个至关重要的概念是本期与滞后报告。表 7-3 中的最后两列显示每月的两种核销率。例如，在第二年的 1 月，当期核销率为 2.08%，滞后核销率为 3.48%。这里的假定是账户的迅速增长（或剧烈下滑）将导致损失率的计算严重失真。首先，注意第一年末几个月和第二年初几个月，滞后和当期的核销率差异非常明显；还要注意到应收账款总额迅速增长：从第一年 1 月的 2.5 亿美元到 12 个月后的 5 亿多美元。如果只关注本期核销率，则该资产组合在第一年表现良好（本期核销率在 1%~2%）；但如果将结果"滞后"（注意第二年 3 月的结果），则潜在核销率将远远高于报表的数字。下面详细解释产生该现象的过程。

如果你的坏账核销政策是在逾期 180 天后核销该账户，则需要 6 个月的时间才能使账户达到核销（除非账户被提前核销）。通常核销率的计算方法是年化某月（某日）的净核销除以该月应收账款总额的值，具体计算案例如下所示。

使用上述公式对图 7-4 中的资产组合中 6 月核销的 825 000 美元，可计算出年化核销率为 4.2%（计算如下：825 000 美元 × 12 = 990 万美元，除以 6 月的全部应收账款 2.38 亿美元，为 4.2%）。由于该资产组合增长速度非常快。当前的核销来自 6 个月前的应收账款总额，为了更清楚地了解这种情况下的损失率，需要将本月的核销与 6 个月前的应收账款总额（在这个例子中，只有 8 200 万美元）进行比较，该值称为滞后核销率。在快速增长的资产组合中，滞后核销率与当期核销率的结果通常会显著不同，能更真实地反映逾期和损失现状。

$\ominus$　破产的预测是很难的，也没有统一的做法。我建议用以州或司法区分的历史数据来进行预测，并结合当前趋势做调整。

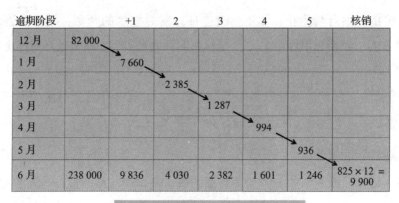

逾期阶段	+1	2	3	4	5	核销
12 月 82 000						
1 月	7 660					
2 月		2 385				
3 月			1 287			
4 月				994		
5 月					936	
6 月 238 000	9 836	4 030	2 382	1 601	1 246	825 × 12 = 9 900

■ 9.9 百万美元 ÷ 238 百万美元 = 4.2%
■ 9.9 百万美元 ÷ 82 百万美元 = 12%

图 7-4　资产组合

上述案例中，滞后年核销率实际上是 12%（82.5 × 12 ÷ 8200 = 12%），但如此高损失的现状被近几个月急剧增长的总收入掩盖了。许多急速增长的业务经常会投机取巧地使用未经滞后的计算方法掩盖真相。[○]但当增长停止时，游戏也就结束了。需要注意的是，如果未对正在萎缩的资产组合使用滞后核销，则本期的核销率将夸大核销。如果资产组合增长相对稳定，那么是否滞后对结果没有影响。

上述介绍了关于核销报表的管理。下一章将更详细地介绍衡量催收效果的量化评价指标体系。

下一个突破

催收是一项艰难、苛刻的工作。投机取巧的机构试图找到一个"黑盒"解决方案来迅速提高催收效果。几年前，黑盒解决方案可能是预测拨号系统，它能够让催收人员在持续不断地接通电话的同时掌握账户信息（见第 8 章）。拥有系统拨号程序的机构获得了竞争优势，但之后几乎所有大型催收机构都安装了该系统，这种优势也就没有了。催收评分的应用也类似：首先使用催收评分的公司获得了竞争优势，随着应用的公司不断增多，大家又回到了同一起跑线。互联网催收、家庭办

○　华尔街关注的重点是滞后核销率。

公式催收、及时呼叫软件或其他的方法也是同样的结果。

　　唉，复杂的催收工作并没有一个不需要催收人员，仅依靠黑箱就能解决的长期方案。催收效果的提升如果没有催收人员与客户的沟通技巧，只投资催收软件、系统拨号程序、催收评分和设备等仅仅是纸上谈兵。卓越的催收策略是将优秀的催收技巧与先进的科学技术相结合，从而在竞争对手中脱颖而出。本书下一章将具体讨论催收战术部分——对催收人员的管理。

面向风控经理的总结

　　最后，我想再次强调使用基于风险 / 行为理念而制定催收策略的重要性，即将催收工作的重点聚焦于通过恰当的催收措施就能获得收益的账户上。使用催收评分能够有效地筛选出这类账户。不建议使用传统的基于逾期阶段的催收管理过程。在恰当的时机选择合适的策略，成为第一个打电话的金融机构对客户选择优先偿还本机构的欠款是非常重要的。如前所述，客户会很早就做出还款或拒还的决定，因此需要在客户尚未决定前，比竞争对手更早一步与客户联系，从而取得先发优势。总之，需要利用以上理念设计催收策略。

第 8 章

催收战术

　　根据上一章催收策略中提到的思路，我们可以明确定义清晰的催收目标。我们对催收客户进行了分诊，确定了各类客群的催收措施及时机，建立了催收预测系统，规划并设置了催收网点并招聘了催收人员。现在，催收工作的目标是在不违反任何法律的前提下，高效低成本地向逾期客户收回尽可能多的欠款。本章首先介绍管理内部催收，随后介绍管理外包催收。

　　简明扼要地说，催收是劳动密集型工作，主要资源是催收人员的工作时间。人力成本是催收工作的主要成本。在聘用催收人员之后，催收工作的管理将集中在两方面：产出和转化。

　　产出的重点是管理催收工作的原材料，即与逾期客户的电话联系。产出管理的目标是让催收员在付费工作时间内与尽可能多的逾期客户联系。显然，与逾期客户联系的数量越多，客户还款的可能性就越大。具体通话量受到员工规模、每周工作天数、每天工作时长内的呼叫量、所用系统（包括拨号系统）及工作纪律的影响。这属于生产管理范畴，与汽车装配线的管理方式类似。具体的管理工作是由催收网点的高级管理人员完成的。

　　催收工作的第二部分：转化，即将联系到的客户转化为回款。能否将联系转化为回款是有专业技巧的，直接取决于催收人员的专业技能。进一步，催收人员的催收技能也直接取决于一线主管的管理能力及专业技能。具体来说，这取决于一线主管能否及时分析催收人员表现出的问题，并对催收人员进行指导，提升其能力。催收人员执行催收策略本质上与电话营销类似，一方面要获取催收回款，另一方面要将客户转化为可盈利的资产。催收工作包含许多组成部分——如何招聘员工，使用哪些技术，如何组织工作流程，如何管理薪酬等，将复杂工作归结为产出和转化两部分有助于将工作聚焦于真正重要的部分。

首先，产出和转化的划分可有效应用于员工分工协作管理。高级管理人员可以专注于提高电话联系的产出量，如预测拨号系统的设计。同时，一线主管可专注于其主要职责，即改善和维持催收人员的专业技能，使其与客户的每一次联系更加有效，能够获得尽可能多的回款。

显然，同时具有产出和转化两方面的能力，但不能对其协调平衡，也会影响催收效果。例如，给业务能力强的催收人员分配较少的客户不仅浪费员工的才能，也会降低运营的成本效益；此外，给业务能力弱的催收人员分配大量的客户意味着将有大量客户收到很差的服务！

著名的催收行业顾问罗杰·威尔斯提出了关于催收管理的量化分析方法——"金字塔理论"，该理论将催收过程从催收员工作时间到客户还款等几个关键步骤进行了定义和划分。唐·格里芬对该理论进行了完善，添加了一些细节步骤，最终形成如图 8-1 所示的金字塔。

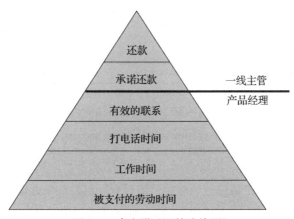

图 8-1　金字塔（还款路线图）

如何精准考核催收工作是业界永恒的主题，由于需要考核的指标太多（如催收员的数量、每月平均人力成本、呼叫量等），集中在关键点是非常困难的。总体来说，用一些简单的业务指标给出一个整体画像将会是非常有用的。正如本章开头指出，催收工作的核心是将付给催收人员的人力成本转换成客户的回款。所以，如图 8-1 所示的还款路线图是有效的考核工具。例如，一个催收网点每个催收人员每付费小时能够回收 500 美元的客户欠款，第二个催收网点在处理类似的客户时却只回收 400 美元的客户欠款，这样的指标非常重要。还款路线图能帮助管理层逐级分解剥离，找到造成差异的根本原因。例如，造成两个催收网点之间差异的是一个催收网点具有更好的产出能力（员工付费时间、有效工作时间、预测拨号系统和准确联络率等）和转化能力，即以承诺的还款金额和实收款金额反映的催收能力，这类管理信息是提高业绩的第一步。

对图 8-1 中金字塔的每步分解业绩目标是催收运营管理的良好开端。此外，也可以从不同维度计算这些目标和指标，如单个催收人员、催收团队或催收网点。例如，下表是使用预测拨号系统制定的针对低风险组和高风险组的周催收目标。

	低风险组	高风险组
报酬支付时间的实际生产率（%）	85	85
每小时联络触达案件数量（件）	10	5
承诺还款率（%）	85	75
承诺维持率（%）	65	50
平均支付金额（美元）	140	100
每小时酬劳的期望价值（美元）	657	159
计算过程举例：$85\% \times 10 \times 85\% \times 65\% \times 140 = 657$		

上述金字塔内的指标也可用于提升催收运营的效率。例如，如果某个催收人员的业绩低于平均值，也许需要提高该员工的谈判技巧；如果另一个催收人员得到的承诺还款率很低，也许是因为这个员工在遭到客户拒绝时就轻易放弃。一线主管和催收人员可一起应用这些管理信息进行有针对性的培训以提升技能。

接下来将介绍催收工作中需要使用的工具和具体的做法。

催收系统和预测拨号系统

上规模的催收机构需要通过催收系统来管理其业务，取决于业务量需要使用大型主机或 PC 设备。催收系统可以是信贷系统的模块，也可以是独立的软件。无论哪种形式，催收系统通常提供以下功能：

- 与信贷系统对接的接口。
- 逾期账户的基本信息。
- 催收记录。
- 管理报告，如滚动率和催收管理信息的输入参数。

大型催收机构普遍使用预测拨号系统，预测拨号系统有时也被称为自动拨号系统。预测拨号系统接收逾期账户列表后，基于已定义规则对需要呼叫的账户进行排序，然后使用算法优化呼叫顺序。该算法通过预测电话的拨号速率，保证每个催收座席都处于接通状态，同时还避免由于时机的问题导致客户等待或挂断。

最后的结果是，在客户刚刚拿起电话说"你好"的时候，催收人员将听到"哔"的接通铃声，同时催收人员的计算机屏幕上会显示该客户的信息。如果合理设置了特征识别程序，催收人员就不会浪费任何时间等待电话拨通、忙音及电话应答机。一旦催收人员处理完一个客户并将其账户释放，马上就会接入下一个客户。经验表明，催收人员面对如此高节奏的工作节奏不会筋疲力尽，当预测拨号系统正常运行时，催收人员会觉得时间过得非常快而且很充实。

下面是预测拨号系统的一些优势。数字上表现出的巨大优势说明预测拨号系统是大型催收机构的必备设施。

- 使用预测拨号系统的电话催收人员能够处理多达 1000～2000 个账户，而人工系统最多处理 300～350 个。
- 使用预测拨号系统的催收人员每小时可进行 100 多次呼叫，而使用人工系统每天最多呼叫 120 次。
- 提供多种账户排序方式来管理催收。
- 提供有价值的业绩表现指标。

- 通过管理不同时区等方式，在最佳时间联系客户（当客户在家时）。

预测拨号系统也存在一些限制：

- 催收人员失去了对账户的"所有权"。电话的接通是随机的，当客户再次打来电话时，系统会随机接通某个催收人员。
- 只适用于大型催收团队及大量的催收业务。一个 25 人的催收团队每天可以处理超过 16 000 个电话；当催收人员过少时，所能处理的账户数量也相应减少，预测拨号系统的预测也很难准确。

预测拨号系统应用的有效性高度依赖于管理人员的专业管理技能。由于需要匹配"接通"率与催收人员处理账户的数量，优秀管理人员能够通过分析详细的产出数量，提高每小时 / 每日客户联系量。这需要很高的技能来分析每天 / 每小时、每个地区需要联系的逾期客户数及通话时长，然后相应地调整拨号的速度，最大化催收人员的有效"催收"时间。

预测拨号系统具有混合模式，可为整个楼层或某个小组分配呼入和呼出电话。呼入和呼出电话在呼叫时间等方面存在显著差异，因此当处于混合模式时，算法将有显著不同，位于该楼层的催收人员处理速度将减慢。通常，催收人员可以使用呼出、呼入或混合模式登录系统。但较成功的管理人员将呼入仅分配到特定的小组，以最大化呼出效率。

催收人员更喜欢主动接呼入的电话，因为主动呼入电话的客户更有可能还款。但对滚动率的改善最有影响的还是催收人员的呼出电话，而且由于客户主动打给催收中心需要自付电话费，因此呼入电话是很少的。如果客户已经决定不还款，那么几乎不可能回复电话更不可能主动打电话给催收中心。因此应该尽量安排催收人员在呼出组，滚动到更久逾期阶段的客户基本上都在这一组。为了控制滚动率，金融机构必须成为第一个呼叫逾期客户的人。

缺乏完善的呼入⊖管理会导致整个催收中心不起作用，因为它不能够降低滚动率。这种现象在抵押贷款（如车贷）业务中能看到，催收人员被要求给逾期客户留言，让他们回电话。原来就有计划还款的客户会拨入，而不打算还款的客户当然

⊖ 应是呼出。——译者注

不会拨入，而后者才是需要催收的对象。

　　预测拨号系统也可以与手动拨号结合使用。例如，在某天的部分时间，催收团队在预测拨号系统上工作，充分利用高效拨打优势；在剩余时间，催收人员可对分配到的账户进行手动呼叫，此类账户通常被识别为较高风险。预测拨号系统中的预览模式也可以完成此项工作，但是由于处理高风险账户需要花费更多的时间，许多催收人员更喜欢使用手动拨号。

　　总之，由于预测拨号系统具有处理巨大业务量的优势，当前已是大型催收机构必须采购的设备，但必须配合相应的管理，才能使该优势得以发挥。催收主管必须有计划地控制分配算法，合理控制催收电话的时长，避免催收人员花费过多时间等待接通电话，或是客户由于无人应答而挂机。

电话催收

　　催收人员联系客户的最佳时间是客户的休息时间而不是工作时间。在工作时间给客户打电话往往是最后的手段，因为拨打给企业需要更多的时间（如通过接待员），某些雇主可能禁止上班时间进行私人通话。这使得催收工作成为非正常工作时间的业务。

　　下表显示了在美国《公平催收法案》允许的通话时间内，即客户所在地的上午 8：00～晚上 9：00，不同时段电话催收的典型成功率（本节后续将更多地介绍该催收法案）。

逾期客户当地时间		客户接通率（%）
周日	上午 8:00～晚上 9:00	14
周六	上午 8:00～晚上 9:00	12
工作日	下午 6:00～晚上 9:00	10
工作日	上午 8:00～10:00	8
工作日	上午 10:00～下午 6:00	<5

　　最佳的通话时间或"黄金时段"通常被认为是周末和工作日的下午 6：00 之后。这显然对招聘催收人员和一线主管工作提出了艰巨的要求，但许多大型催收机构人力成本的 70% 用于支付"黄金时段"。"黄金时段"呼叫的优势必须与吸引和保留优秀催收人员的数量相匹配。这是个十分重要的管理问题。

移动电话的普及为催收业务提供了更方便与客户取得联系的方式。除非客户正处于不便说话的场合或不愿意交谈，在通常情况下都可以顺畅地接通客户的移动电话。"黄金时段"的影响对于移动电话也是有效的，并且可以通过内部规则频繁地管理呼叫移动电话。

一旦通过合理的手段控制电话的接通率，即拨通电话且与客户取得有效沟通，那么此刻的关键就在于催收人员的电话营销能力。当前，电话营销已如此普遍，客户对匮乏经验的营销电话一听便知。因此成功营销既需要能力也需要诚意，而绝不是照稿子背诵，这一点对催收人员来说也尤为重要，绝不能让客户觉得是在听背诵或念稿。

图 8-2 介绍了七种基本的电话催收技巧。这个经过良好训练的催收模型正在广泛应用于美国及其他国家的催收人员。该催收模型有两个关键点：首先，催收人员必须学会有效地运用这个模型；其次，催收人员必须学会倾听，给予客户说话的时间，并聆听客户的真正意图。如果催收人员能够有效地倾听，就能从客户的表述中分析出后续每步催收工作所需的技巧。例如，如果客户由于财务危机，情绪听起来很沮丧，催收人员就必须表现出同情心，并适时将话题引导至催收的下一阶段；如果客户说他现在很忙，不方便说话，催收人员应想办法尽量不让客户挂断，争取通话时间；如果客户提出只能部分还款，催收人员必须与客户协商，确保客户以能够负担的最大额度还款。

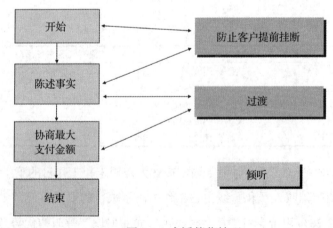

图 8-2　电话催收技巧

资料来源：Center for Business Solutions。

本书的目的不是传授催收技巧，而是提示催收人员应具备下列关键能力。

- 掌握高超的催收技能是能够从竞争对手中脱颖而出的关键。
- 最有效的提高催收技能的方法并不是在职培训，而是近距离地观察和学习优秀催收人员。
- 仅仅通过课堂教学传授，只能令新手在形式上频频点头却不能真正掌握技巧，只有通过实践，如模拟困难案件的处理，才能真正提升能力。
- 只有一线主管具备丰富的催收技能，分析问题、创新及管理能力，催收团队的催收技能才能得到整体提升。

在大多数公司中，催收培训通常只有 1~2 周的课程，培训的内容主要是介绍催收系统的使用方法，即观看操作演示，而不是有效地提高催收技能，更没有定期检测流程。大多数主管的训话仅仅是："你的业绩不好，必须努力！"主管认为自己并不是讲师，因此无须对团队的业务进行指导，该部分工作应该由专门的部门负责。然而，催收人员的转换能力是决定催收业务成功的两个关键维度之一（另一个是产出）。

催收人员需要专业的、角色扮演的模拟实践培训，使其能够游刃有余地处理所有的情况。如前所述，如果在初始培训之后使用如路线图（见图 8-1）之类的考核信息，主管可以发现催收人员在哪一阶段有瓶颈。如收到的还款金额太小，可能需要提高谈判技能；如得到的承诺还款率太低，或许是催收人员交流太仓促导致过早地挂断通话，或许是催收人员在没有充分表达出同情时就直接转至下一步，使客户感到愤怒。主管可以通过与催收人员进行角色扮演或监听通话记录发现具体的问题，然后与催收人员共同提高。

其他催收方式

目前为止，介绍的所有催收活动都使用电话。邮件通常用于向客户发送账单并通知账户当前的状态（包括逾期情况），但在美国和其他发达国家，电话是沟通账户问题的首选工具。而在其他地方，外访催收也是相当普遍的。在我负责的一个海外贷款项目中，催收人员每周一早上去数百英里之外的地区收取客户的汽车贷款，周五晚上汇总结果，统计未还款客户。此模式导致客户只等催收人员到访后才还款。而且由于访问的时间可能发生变化，当催收人员打电话时，客户有可能不在家，这就为那些不愿意还款的客户提供了一个方便的借口。这种催收方式的成本非常高昂，因此我不建议使用外访催收，除非是在很特殊的情况下，如要收回一辆汽车（后面会提到）。

当然，外访催收在许多美国以外的国家是一种合理的常见做法。而且通常会外包给第三方代理机构，至今仍有一些东欧国家会在当地雇用合适的人同时操作电话催收和外访催收。

在早期逾期阶段，过早人工介入可能会引起客户不满，使用电子消息（电子邮件、短信等）联系客户效果会比较好。

《华尔街日报》报道了一个不寻常的催收做法。这篇文章描述了一位委内瑞拉的催收人员，他用装有警报器和警灯的卡车来进行催收。当卡车停在债务人的住所前时，一个戴着魔鬼面具的男人，还有一个穿着红色超短裙的女人，一只 4 英尺[⊖]高的大丹犬和一个律师样子的人，大声喊道："你和魔鬼有一个约会。"这个"催收小分队"显然是非常有效的，但它只适用于那些已经严重逾期而且拒不配合的案件。我不建议这些方法，这里只是为大家介绍不同地区的催收做法。事实上，在美国，《公平债务催收法案》禁止对债务人的侮辱或骚扰。

特殊的催收业务

接下来，将介绍一些日常催收管理之外的特殊的催收业务。

失联修复

失联修复是为当前已无法通过电话号码和通信地址联系到的逾期客户，寻找新的联系方式。经验表明，超过 1/4 的坏账是由与客户超过 60 天无法取得联系的

⊖ 1 英尺 = 0.3048 米。

账户产生的。这说明失联是一个严重的问题。

预防失联是最好的解决方案。在设计贷款申请表时应让客户提供多个电话号码，在可能的情况下还应包括住址、家庭成员的信息，这也是有帮助的。客户服务电话也是确认客户当前电话号码和地址是否有效的方式。

最初，失联修复的一般做法是催收人员向其他债权人询问联系方式，有时也会使用征信机构的报告查找电话号码或地址。失联修复是一项耗时且成功率极低的工作。许多金融机构经过大量尝试努力后，发现重新定位已失联的客户非常困难，更何况即使找到了失联客户，还款的可能性也很小。

有效处理失联修复的方式包括以下步骤。

- 对于刚逾期的账户，可以持续一周左右使用预测拨号系统尝试与客户取得联系。
- 在系统内部查找该客户是否还有其他账户能提供更好的联系方式。
- 使用自动追踪服务（包括互联网搜索工具），在无需昂贵的人工干预情况下查找客户。
- 让基层人员在客户的申请材料中查找其他联系方式。统计表明，大约20% 的失联客户可以通过与另一个账户的关联或纠正数据输入错误等方式基于已有材料进行失联修复。
- 如果最终仍然无法联系上客户，可以委托给外部催收机构，不要等到账户快坏账核销时再委外。

如果催收人员花费 30%～50% 的时间用于账户的失联修复，那是非常糟糕的。这个情况可能反馈出需要重新审视产品的申请过程。此外，在逾期的后期，大量的失联会阻碍催收人员的推进工作，而且即使取得联系，还款的可能性也不大。好消息是，那些很容易联络上的借款人还款的比例是非常高的。早期使用这些简单而有效的方法能够以低成本取得高收益。

修改还款条款

如何赋予催收人员处理修改客户还款条款的谈判权限。例如，降低每月付款额；延迟付款；对于那些想要还款但没有还款能力的客户，是否可以减免部分金额从而一次性还清欠款。如果客户当前确实面临财务危机（客户虽然当前没有能力还款，但有合理的预期在几个月后有能力还款），就很难通过重复的电话催收获得还款。事实上，反复地拨打电话很有可能让那些有还款意愿只是暂时性缺乏还款能力的客户反感和愤怒。金融机构可以针对此类账户制定政策，重新协商原来的贷款条款。这样做的目的是留住那些暂时碰到困难但信用良好的客户。

所有的条款修改都必须遵守由公司制定的书面政策。该政策应支持各种情况下的条款修改类型，包括客户需要满足哪些条件才能申请修改条款，以及修改条款的监督管理和审批流程。另外，这项操作应该被严格控制以防滥用。

以下是几种修改条款的方式。

重写⊖。按照债务人当前的还款能力和借款到期日，通过降低每月还款金额，或延长还款期限等方式制定新的还款计划。

延期。对于分期付款业务，可以延迟一次或多次还款到原始合同期限之后。

部分还款。为了降低催收成本，可以减免部分还款，从而保持账户状态不再继续恶化，如在最低还款额的基础上打九折。这种做法可以有效避免那种欠款金额很少的逾期账户（甚至只有几分钱）占用催收资源。

豁免结清。每个信贷机构都应有这项政策，授权催收人员在获得制定政策的批准后，减免部分费用并结清该账户。该政策应规定可以被豁免的最大百分比和最早可使用的时间点，如至少逾期 150 天以后。

追踪

应该对修改条款的客户单独追踪，因为此类账户比其他常规账户的风险更大。如果不仔细跟踪和管控，此类客户会诱使催收人员过度使用修改条款的方法。高达 50% 的账户在修改条款 3～4 个月后会再次发生逾期。修改条款账户数量增加可能是为了降低催收成本而削弱催收力度。另外，它可能预示着催收部门的工作正在变得迟缓，包括为了满足短期目标而不核销坏账。后者只是延迟结算日，并不是修改条款的合理理由。

给催收管理的一个提示：将那些已经逾期几个月但近 2～3 个月（最好是 3 个

⊖ 即修改还款计划。

月）开始支付最低还款额的账户移出催收队列。许多催收系统会自动"重新计算"这些账户的账龄。也就是说，当系统识别出两次或三次连续还款时，账户会自动返回到正常状态。因为这些账户已经回到常规的还款模式，所以没有必要将它们保留在催收队列中，即使它们在实际上仍然处于逾期拖欠状态，逾期的部分依然会体现在未偿清余额，并在以后支付。逾期费用将不再计算。

针对依据滚动率管理的警告

在上一章中，我们描述了如何使用净流动预测（每月从一个阶段滚动到下一个阶段的账户余额百分比）帮助贷款人（债权人）理解和预测催收绩效和坏账水平。滚动率在衡量坏账方面有效，但在衡量实际运营效果时是不准确的。例如，如果催收中心或催收人员的业绩目标是降低滚动率水平，最简单的解决方案是只要求客户支付每月最低的还款额。此外，他们甚至可以提出接受部分还款。任何最低或部分金额的偿付都能使账户恢复正常状态，但这不会减少催收工作量，事实上还会增加未来的风险。这个例子说明，作为业务行为导向的业绩考核指标会产生对应的结果：如果只考核滚动率，那么催收人员就有可能告诉客户："不要全额还款，只支付最低还款额就好，剩余的资金可用于下一期还款。"

破　产

破产已经成为影响信贷业务发展的重要因素。20 世纪 80 年代初，一些信用卡的坏账中约有 15%～20% 是由破产引起的，当前，这一比例已上升至 40%～50%，而在一些大额无担保信贷产品中更高甚至超过 60%。破产一旦发生，账户几乎没有回收的机会。2011 年，美国大约 70% 的破产案件满足《破产法》第 7 条的要求，从而基本上免除了所欠债务。其余的案件根据《破产法》第 13 章的规定，债务人至少需要偿还一部分，但债权人真正能拿到的也是微乎其微。

破产法

接下来介绍美国目前的《破产法》。2005 年《防止滥用破产和消费者保护法》大纲规定了债权人和债务人的权益和义务。下面将介绍该法案中的第 7 章、第 11 章和第 13 章，分别适用于不同资产水平的个人。该法案规定，除非在紧急情况下或者在过去 180 天接受过信贷辅导，消费者不能申请破产。一些非营利的消费者信贷辅导机构免费或以很低的价格提供关于破产的咨询。它们可以帮助财务困难的消费者通过整合债务，控制个人消费和支付习惯等手段解决破产问题。

- **第 7 章**适用于资产规模很小甚至没有资产的人，如背负汽车贷款或巨额房屋抵押贷款的人。债务人在法律上会被免除债务，除了少数无法在破产中解除的债务（例如，在过去 3 年内应缴纳的大部分税款、儿童抚养费、赡养费和大多数学生贷款）。此类申请者可以保留某些基本资产，包括房产或汽车指定金额的产权，以及大部分养老金和其他退休储蓄。一些州严格限制可保留资产的金额，而另一些州（尤其是得克萨斯州和佛罗里达州）债务人甚至可以保留价值高昂的房屋或土地，剩余或未披露的资产将被拍卖以偿还债务。通常，当一个账户符合第 7 章破产特征时，债权人几乎无法收回资产。2005 年该法案要求进行"经济状况调查"，以确定债务人的收入是否超过某一数值。如果超额，个人必须根据第 13 章申请破产。
- **第 13 章**允许那些有稳定收入来源但过度消费的债务人制订还款计划。通常，债权人在 3～5 年支付债务的指定部分。无担保的债务通常只能被偿还很少一部分。该计划是在律师的帮助下制订的，受托人需要严格执行还款计划。适用于第 13 章的担保和无担保债务在额度上是有限制的，如果超额，第 11 章更适用。
- **第 11 章**适用于长期的企业借款，1991 年被批准可应用于个人。该章与第 13 章类似，债务人和债权人就还款计划达成一致。然而，第 11 章的申请费用非常昂贵，并且涉及更多的资产评估。很少有个人根据第 11 章申请破产（2011 年，全美国根据第 11 章申请破产的个人数量少于 1800 个）。

不同的破产率

破产已经不再像曾经那样被认为是耻辱的。它在社会上甚至变得被广为接受，特别是在某些地区，律师甚至公开宣传其在处理破产方面的专业能力。虽然破产在当前已经被公众接受，但是破产率因州、县和法院管辖范围不同而各异。图 8-3 是破产率最高和最低的 10 个州，其他 40 个州不在表中。虽然绝大多数（70%）的破产是根据第 7 章申请的，但是要注意到各州在债务人利用替代方案的方式上有所不同。

破产率（每 100 个家庭）					
破产率高的州	2011 年（个）	第 13 章（%）	破产率低的州	2011 年（个）	第 13 章（%）
内华达州	2.41	22	佛蒙特州	0.43	22
犹他州	2.07	34	得克萨斯州	0.57	56
佐治亚州	2.06	51	纽约州	0.65	15
田纳西州	1.87	53	康涅狄格州	0.67	10
亚拉巴马州	1.62	62	马萨诸塞州	0.78	25
联邦平均值：	1.19	30%			

图 8-3　10 个州破产率

许多研究都研究了为什么不同州之间有这样的差异。一般来说，失业率、债务负担比与破产比之间几乎没有相关性。另外，高破产率的州与低破产率的州相比具有以下特点：

- 更低的医疗保险覆盖率。
- 较高的离婚率。
- 较高的赌博率。
- 较低的汽车责任险要求。
- 更多的律师广告。

个人认为，虽然没有具体证据，但是以上发现毫无疑问解释了大部分的差异。而且产生破产率差异也有可能是由于当地法律程序（如法院对于破产的审理的难易程度）及当地对破产的接受程度。毕竟，看到已破产的邻居仍可以享受已有的房子、汽车和财产并有跟从前一样的生活方式，有可能会影响他人对破产的观点。但这只是猜测。

鉴于各地破产率和各类破产能收回的债权存在相当大的差异，金融机构在新地区开展业务时应该关注该地区以往的破产历史。

破产处理

债权人处理破产的方法有很多。有些债权人发誓永远不对曾经宣布破产的人放贷；有些则通过担保等方式进行限制。虽然人均破产率高的区域信用会受到影响，但是大多数金融机构很少采取减少破产的措施。这些公司会将部分破产损失调整为业务成本，并通过整体业务进行抵消，毕竟坏账早晚都要被核销，只是回款率过低会影响盈亏。

假定客户是在催收期间才有破产的念头的，债权人可以用多种方式处理潜在的破产。记住，高达40%～50%的破产者依然正常分期还款，他们选择破产作为解决问题的办法往往是贷款人没有预料到的。如果催收人员得知客户正在考虑选择宣告破产，可以采取以下处理方法。

- **将账户转给破产专家**。任何催收机构都应该有一个或多个接受过处理破产专门培训的催收人员。这些专业人员对催收法律有充分了解，熟悉当地法院程序，具有谈判能力并在当地有一定的权威。
- **向客户解释负面影响**。客户可能在没有全面了解破产影响时，就草率地宣布破产。催收人员应该详细解释破产的负面影响。例如，在未来至少7年或更长的时间里，将无法申请新的无担保信贷，并且现有所有的额度都可能被取消。
- **提出替代方案**。催收人员应提前为客户考虑可以替代破产的方法，如出售资产以支付当前所欠债务。债务人也许拥有两辆车，但只需要一辆；也许可以从家人或朋友处借钱；也许可以变卖家产。

如果债务人宣布破产，有几种方法可以减少损失。一种是重申债务，将资产从破产程序中移除。例如，如果客户需要开车去上班，他可以通过重申债务自愿取消汽车的破产，特别是在如果可以通过延长还款期或降低费率的情况下降低每月还款。或者，客户可能认识到拥有信用卡的重要性并重申债务，特别是如果债务人需要使用信用卡。重申需要向破产法院提出申请并获得批准才能生效。如果法院未批准并且债务人停止偿还，债权人再次与债务人联系，债权人就将违反《破产法》。金融机构如果不能遵守这一点的话，处罚是非常严厉的。

法律程序

如果审查破产者近期的信用记录发现有可疑活动（如大幅上涨的消费），或者发现破产者或许还有偿还能力（如居住在富人区域），就可以派代表参加债权人会议（又称 341 听证会）。该会议不仅使债权人有权审查债务人的整体信用记录并提出质疑，而且有机会亲自与客户争辩欺诈或不当行为。最有用的是，债权人的法务专家可以将原申请表上列出的资产与申请破产时实际确定的资产进行比较。债权人可以质询被严重低估的资产，债务人有可能需要偿付金额更大的款项。

由于宣布破产相当容易，因此它不断地被人滥用。参与破产法庭的经历是令人瞠目的。法官问几个敷衍的问题，原告或者原告的律师宣誓并做几个陈述，然后债务就被解除了。大多数法院在不到 1 小时内就处理了 20~30 个债务人。而这些竟然从未被质疑过。几乎很少有债权人代表出席听证会，哪怕是问几个最简单的问题。手续简直太容易了。只有当债权人集合起来，共同出资以阻止这些滥用行为时，破产才会得到控制。

应该积极抵制从事破产业务的"作坊"和那些大肆宣传以极低费用帮助客户申请破产的律师事务所。这些律师事务所不可能为任何特定的客户花费太多时间，如果债权人充分利用所有法律手段，选择某些有质疑的破产申请进行法律诉讼，反而可以使用法律武器来保护自己。

催收和清收

即使账户已经被核销或者通过公司的催收措施未能收回余额，也还可以采用一些其他的手段。清收（核销后）是指在账户被确认损失并核销后采取的催收措施。通常，核销的账户会以一定的收费标准被外包给催收机构。大额账户债权人也可以请专业律师来处理，因为这样的客户可能有其他资产。

当前，催收机构经历了大量的并购重组等整合后，只剩下不到 10 家非常大型的，每个机构约有 1000 多名催收人员，大概还有 30～50 家中型催收机构。还有一些不属于催收机构，只为大型催收机构提供部分服务。一般来说，在选择催收机构时，债权人应考虑以下标准。

- 声誉（可以咨询其他债权人）。
- 财务可靠性。
- 规模：它们能否处理你的业务？你会成为它们的重要客户吗？
- 完善的自动化设备。
- 以往监管处罚。
- 它们的价值观，注意你可能会因为不适当的行为被起诉。
- 其他客户，避免与其他大型债权人竞争最佳催收代理资源。在理想情况下，你应该成为催收机构最重要的客户。

需要仔细考虑使用催收机构的数量。只聘用一家机构并不好，竞争有利于业务良性发展。如果公司不是非常大的债权人，选择的催收机构不要超过三家。使用太多的催收机构会使管理工作变得复杂，并且可能导致每个催收机构接不到足够的工作量，而使公司不能成为它们的重要客户。还可以要求催收机构指定特定的催收人员和主管只处理公司的账户。但如果提供的业务太少，这种要求似乎就不太合理了。

在衡量催收机构的业绩时，很重要的一个指标是其在给定批次的账户后收回的还款额。这被称为批次追踪。以下这个例子说明了 1 个月内分派给催收机构的一批账户是如何被追踪的。

如图 8-4 所示，大部分回收款发生在分配给催收机构后的前 3～4 个月内。这种现象很普遍。在此例中，经过 12 个月的努力，催收机构收回大约 12% 的金额。回收率会因产品和账龄而异，早期账户更容易被催收。同时，非常高的回收率是很好的现象，特别是刚转交给催收机构不久后就产生大额回收款，这表明公司内部的催收工作还有提升的空间。

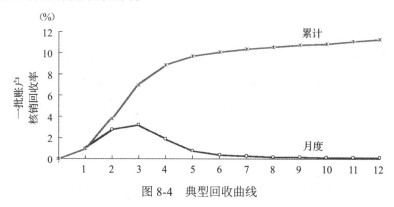

图 8-4　典型回收曲线

　　最后，鼓励各催收机构之间的良性竞争是很重要的。需要每个月比较催收机构之间处理相似批次账户的催收效果，并将更多的业务分配给表现好的催收机构。需要注意的是：应该确保分配给每个催收机构的所有账户都是从类似的资产组合中随机选择的，以便能真实地比较催收效果。以下这个示例是两个催收机构在同一时间点被交付同一批账户的清收效果比对。该方法也可以应用于公司内部催收部门间的绩效对比。

　　通常，批次跟踪结果可与催收机构共享以促进良性竞争。如图 8-5 所示，催收机构 1 在经过 4 个月的努力后表现最好。如果继续下去，它就将获得更多的账户作为激励。

效果评价——回收率（%）					
	10 月	11 月	12 月	1 月	2 月	累计
催收机构 1	1.2	2.3	2.2	1.6		7.3
催收机构 2	0.9	2.0	1.9	1.8		6.6
公司内部	1.5	2.4	1.5	1.0		6.4

图 8-5　催收效果对比

　　自 20 世纪 90 年代以来，账户被核销前就外包给催收机构的做法已经相当普遍。事实上，美国大多数主要的金融机构都会在某种程度上在"坏账前外包"。通常，此类工作是以服务为标准计费的，与按回收金额计费的模式不同，外包代理通常在委托人的催收系统上执行催收工作。这使得催收机构有点类似于公司的一个分支部门。此种方式可以有效地管理催收机构。具体的好处如下。

- 便于比较公司催收部门和外包团队的业绩和成本。
- 借助外包团队，在业务达到峰值或低谷时依然能够保持公司催收人员稳定的工作量。
- 能够将风险较高的账户尽早转交给催收机构，以便为催收机构提供更好的催收条件。
- 减少内部员工人数。
- 当催收网点发生自然灾害或停电时，可以有备份。

高度的竞争确实可以提高催收效果。还有一点要记住：在美国，第三方的外部催收活动是受《公平债务催收法案》（FDCPA）约束的。理论上，FDCPA 并不适用于债权人的催收工作，但实际上，基本上所有主要债权人都遵守 FDCPA 的规定，除了一条被称为"小米兰达"的条款。此条款规定，FDCPA 要求催收机构书面通知所有债务人，该机构正在试图催收债务，债务人有权对债务提出异议，如果对债务提出异议就需要停止催收活动，直到争议解决。

在美国，消费者投诉和 FDCPA 的合规性现在由《多德－弗兰克华尔街改革和消费者保护法案》（Dodd-Frank Wall Street Reform and Consumer Protection Act）建立的消费者金融保护委员会（CFPB）处理。CFPB 可以制定催收相关规章。

此外，还有一些二级或三级催收机构专门接手那些已经被其他催收机构处理但未成功的案件。催收机构往往喜欢接受新的案件，因为催收往往会随着时间的推移变得毫无进展；那些二级和三级催收机构可以给催收经理提供一些新的工具。由于催收难度大，这些机构会收取更高的费用，所以需要确定使用哪种催收方式对案件是最有效的。如果不满意已有机构的服务质量，不妨换一家机构试试。对别的机构已经过时的方法也许正适合你。

有些公司会花很少的钱购买坏账。该方式可以帮助清理账户，因此将坏账出售也是一种不错的回收管理策略。

总　　结

让我们来总结一下成功的催收方法都包含哪些步骤。

- 使用一个简单的 MIS 系统。往往一两页的报表就可以明确案件处理量和催收技能的缺陷。

- 激励电话催收产出。正确地使用催收数据和预测拨号系统，几周内就可以提升催收效果。

- 管理人员应关注每个催收人员的业务能力，并激励他们将催收效率维持在较高的水平。尽最大努力让客户选择本公司还款，当本公司的催收人员打电话给客户时，其他竞争对手的催收人员也在打电话。竞争对手高手如云，获得回款看似非常困难，要做的关键是提高催收人员的业务能力。

- 关注产出和转化，不要迷失在催收业务的众多因素中。最重要的是今天联系了多少客户，以及还款率。

- 制定合理的业绩考核指标，业绩考核指标是业务的导向，会产生相应的结果。催收是一项重在考核的业务，管理很容易迷失在大量的报告中。还款路线图（见图 8-1）中介绍的那些简单、正确的方法有助于实现更好的催收管理。

- 最后，催收需要强有力的领导和管理，需要所有人齐心协力。催收效果在很大程度上取决于流程管理，具体为提高客户联系率，不断提高催收人员的业务能力。在催收业务中，强有力的领导和管理是成功的关键，具体为行动能力、细节导向和坚持不懈的努力。

如果必须做出选择，在招聘催收经理时，应选择那些具有强大的领导力和管理技能的人，而不是有长时间催收经验的人。

整个信用贷款业务流程的介绍到此结束。在接下来的章节中，本书将有针对性地讨论担保型的贷款产品，重点是汽车贷款和房贷业务。

基于场景的消费信贷业务

基于场景的消费信贷业务与现金贷业务截然不同。在现金贷业务中，客户通过某个营业网点提出申请或通过邮件营销、交叉销售等方式获得贷款。而基于场景的消费信贷业务，顾名思义，客户在支付第三方货款（通常是汽车经销商、抵押贷款经纪人、百货公司或其他零售商）时发起贷款或信用卡申请，然后由第三方公司将客户的申请信息发送至金融机构——银行或者如 Ally Finance（通用汽车的主要融资来源）等的金融公司，或者福特、丰田等汽车金融公司。如果通过零售商提出申请，就会提交到该公司的信用卡发行商（如沃尔玛或沃尔玛发现卡的发行商是 GE Capital）。

基于场景的消费信贷业务为具有消费场景的公司提供了巨大的商业机会。仅美国 1 年新车的销售量就有约 1400 万辆（少于 2002 年的 2100 万辆），全球销售量约有 6000 万辆；其中大部分交易都用了汽车贷款。此外，每年有数以百万计的船只、卡车、房车、家用电器和零售商品都采用消费信贷的交易模式。基于场景的消费信贷业务不仅能够大幅提升场景公司的销售量，也为发行针对此类场景产品的金融机构开辟了新的销售渠道。而且相比于现金贷业务，此种模式的业务量可以规模化地迅速增长。现金贷款的业务随着时间的推移，业务量的增长会稳定，而在基于场景的消费信贷业务中，一旦有经纪人或经销商开始向特定信贷机构申请消费信贷，业务量就会呈几何指数增长，而且会间歇性地大量爆发。因此，为处理呈几何指数大量增长的业务量，需要合理规划人员配置和基础设施建设。

基于不同消费场景的信贷业务可能需要一些不同的技巧。例如，在与汽车经销商合作的场景中，金融机构需要提供与普通消费信贷业务截然不同的服务，除了现金贷款的业务技巧外，还包括财务状况分析、商业贷款技巧、库存控制和业务规划制定和执行，甚至可为高端市场的经销商负责人提供私人银行服务。

由于基于场景的消费信贷业务的特殊性，在组织管理运营等方面建议将其与现金贷款业务分开。本章目的主要是研究基于场景的消费信贷业务，特别是两个主要场景：汽车经销商和零售商／百货公司。

汽车贷款业务

除需要考虑更多关于融资商品的业务外，经营和管理汽车贷款业务所需的步骤和规划与其他消费信贷业务类似。具体规划过程包括确定融资商品的类型（如新车和二手车、移动拖车、房车、船只等），确定提供金融产品的合同条款（如定价、信用审核标准、贷款价值比、贷款期限），定位目标市场，拓展合作的汽车经销商。

产品选择

针对不同的融资产品开展的信贷业务的风险和收益关系有非常巨大的差异。

- **新车**。在美国，为新车提供融资服务的金融机构必须有非常强的价格竞争力，制造商有时会以优惠的价格（如 12 个月丰田汽车分期付的客户只须按 2% 的利率支付利息）甚至"零利息"的方式促销。良好的客户体验和快速的风险审批能力对在任何市场成功开展业务都至关重要。此类风险会因融资产品，如运动型多用途车辆（SUV），有时被称为"油老虎"，或低油耗油电混合动力车）和制造商（如奔驰或现代汽车）的差异而显著不同。

- **二手车**。近期，美国二手车销量每年 3500 万～4000 万辆。由于二手车贷款业务具有较高的风险，所以利息会高于新车贷款业务。金融机构应慎重设计针对高风险，车龄高达 10～12 年的二手车的融资产品，并对此类车的性能和可靠性进行全面评估，以确保该车可在合同期间正常使用，尤其需要判断该车是否需要进行大量维修，如果车发生大量故障，借款人可能不会履行贷款合同。

- **移动房屋**。这是一个高度专业化的业务。移动房屋通常属于低端小众产品，交易双方一般是一些较小的经销商和低价买家。仅有如 Vanderbilt Financing 或 JCF Lending Group 等特定金融机构提供此类服务，许多传统的金融机构并不提供此服务。

- **房车**。房车是高端奢侈品，业务相对稳固，但房车贷款具有高度的竞争性和高度专业性。（你知道哪个品牌一般，哪个是奢侈品吗？）

- **船只**。高端的船只消费信贷业务更接近于私人银行业务，特别是当考虑购买价值 1000 万美元的游艇时。低端的船只贷款领域与汽车贷款领域同样竞争激烈。

也就是说，在此类业务中确定融资产品的类型是最根本的。确定了融资产品的类型就基本可以分析出该产品可能带来的利润，以及提高成功率所须采取的措施。还有一些比上面提到的更专业的产品，如经营出租车或重型卡车的贷款业务需要对应领域的独特知识，本书不再赘述。

参考目标市场的历史放贷记录，将有助于分析确定在基于场景的消费信贷业务中具体融资产品的选择（如佛罗里达州雪地车交易或曼哈顿房车交易的数量就很少）。在没有仔细规划和制定长期目标的前提下就进入某行业，成功的可能性很低。经营消费信贷业务应该各司所长，仅针对熟悉的产品进行，剩余的可由其他竞争者选择。

本节以汽车消费信贷业务为例，介绍该行业业务规划、实施和监控的具体原则与方法。船只或移动房屋等业务与此类似，在评估抵押品、审核制造商和经销商等方面与其他任何消费信贷业务一样严格。

在汽车消费信贷业务中，提前规划并确定成为经销商的主要还是辅助融资渠道是非常重要的。

主要或辅助融资渠道

典型的汽车经销商需要大量的资金，除了用于每辆车的零售或租赁贷款外，还需要有库存贷款（汽车经销商需要从制造商处提前采购车辆以补充库存）、流动资金贷款、设施租赁，甚至可能为汽车经销商旗下的租车公司或租赁公司提供融资。如果计划成为汽车经销商的主要融资方，就必须能够为汽车经销商及其相关产业提供这些服务，以及为汽车经销商及其家人提供一些私人银行服务。这样，你才有机会获得资质最优的新车和二手车的贷款申请人。

刚刚进入汽车金融市场的金融机构很难成为汽车经销商的主要融资渠道，除非愿意接受小的或有瑕疵的汽车经销商（其他金融机构都不愿意与它们合作）。当前，该业务已被某些行业寡头或大型制造商系的金融机构占领。例如，Ally（前身为 GMAC）、福特信贷、丰田金融、道明汽车金融（其在 2011 年购买了克莱斯勒金融）等金融机构是大部分汽车经销商的库存、零售和租赁业务的主要融资渠道。

这些金融机构凭借其自身优势占领了大部分的库存融资市场，但并没能完全控制零售融资业务。它们在某些方面有可能不能提供最好的价格和服务。由于汽车经销商都是独立加盟商，而分期购车的营业额约占总销售额的 70%～80%，因此可靠的零售融资渠道对其业务的健康发展至关重要。在已有金融机构未发生重大问题或新的金融机构未能带来巨大利益时，汽车经销商不会频繁更换融资渠道。因此，金融机构必须逐个拓展经销商。拓展的最佳时机是汽车经销商现有的金融机构缩减业务而不能为其提供足够的资金，或者新金融机构能提供更好的服务或更低的价格时。

辅助融资渠道通常只为汽车经销商提供部分零售融资服务，而不提供库存融资、流动资金融资等业务。虽然该部分业务只能接触到风险较高的申请者（主要融资渠道拒贷者），但是实际上大多数汽车经销商会与 3～4 家辅助融资渠道合作，将申请信息同时发送至这些金融机构，具有最佳产品条款和能最快审批能力的金融机构将获得该业务。通常，汽车经销商在选择辅助融资渠道时，会对它们的服务能力（放贷周期）、批准率、价格和费用等方面进行比较。可能需要几年的销售工作才能获得某些汽车（或房车）经销商的消费信贷业务，特别是争取那些长期、资金充足、信誉良好的汽车经销商，要相信坚持不懈总会有回报！

无论是做汽车经销商的主要融资渠道还是辅助融资渠道，都要对服务的汽车经销商及其销售的产品进行充分的调查与分析。选择目标市场是业务开展的第一步。

按制造商／汽车经销商选择目标市场

虽然目标市场是汽车经销商，但是产品的口碑和汽车经销商网点的声誉会影响信贷业务的风险。金融机构选择服务的制造商品牌的标准应该有：

- 制造商的稳定性。
- 产品的市场接受度。
- 服务和保修政策。

制造商的稳定性和品牌尤为重要，因为低端产品的买主偿还能力低，而较差的制造商可能无法保证产品的性能或满足客户需求。如果消费者由于购买"次品"又不能向汽车经销商或制造商追索补偿，就有可能将风险转嫁至金融机构，不履行其汽车贷款合同。尽管上次制造商倒闭且退市的事件发生在很久以前，而且也很久没有像 Yugo⊖这样的汽车在美国出售，但是金融机构应充分认识到产品质量对风险的重要性。

最后，选择稳定的加盟店和声誉良好的汽车经销商是绝对必要的。即使与目标汽车经销商并不开展库存融资业务，但为了判断其是否可以长期合作，仍须详细了解汽车经销商的特点和经济实力。

随着业务的整合，汽车经销商的数量一直在下降（从 1990 年的 24 825 个下降到 2012 年的 17 540 个），但像 AutoNation 和 Car Max 等代理多家新车和二手车品牌的连锁店超市数量却在增加。这些连锁店仅在美国就拥有数百家店，并且可以提供非常有竞争力的汽车贷款服务。因此，在目标市场定位时需要决定是仅局限

⊖ Yugo 在东欧生产，1985～1991 年在美国销售，*Car Talk* 杂志认为 Yugo 是有史以来最差的汽车。

于传统的家庭式汽车经销商（"个体店"），还是制造商或连锁店式的汽车经销商。

如果目标是成为汽车经销商的主要融资渠道，即提供库存融资、流动资金贷款等，就需要为每一位汽车经销商提供其自营经费5～10倍的资金。当汽车经销商陷入财务困境甚至遭遇破产时，金融机构可能要面临重大损失。因此需要在合作时签署正式法律文件，明确地规定双方的权利和责任。本章后续将介绍如何监控汽车经销商关系。

选择目标市场——次级贷款

在基于汽车场景的消费信贷业务中，通过对制造商、抵押商品、汽车经销商的分析与筛选，实际上也定位了目标客群。在格林尼治、康涅狄格州等地区购买雷克萨斯新车的买家与在芝加哥市中心购买福特二手车的买家在风险水平、消费行为习惯等方面不同，因此可以从中挖掘高风险、高收益的次级贷款客群。

20世纪中期，某汽车融资公司冲入汽车金融市场。与此同时，被华尔街热捧的Mercury Finance, Jayhawk, Arcadia Financial等公司也纷纷向投资者鼓吹它们如何向信用不良或无信用的客户提供金融服务以满足其交通需求。显然，这类客群需要金融服务，而且金融机构也准备为此类客户提供服务并且获得盈利。

当大型金融机构进入该市场，竞争加剧后，已有的宽松标准被再度降低，采用低首付和延长还款期限等方式吸引低质量客户，导致大量次级贷款遭受严重损失，并出现股票暴跌。事实上，推迟前期盈利的回收时间（推迟了回收环节的核销时间）对最终的盈利并没有帮助。投资者或会计师被倒卖二手车以及再融资的庞氏骗局所愚弄。通过一遍又一遍的延迟核销，最终只能由放贷者收拾残局，与此同时也在很大程度上误导了投资者。常言道："滚动的贷款不会亏损。"

有专业经验的金融机构适合经营次级贷款市场。但需要合理分析与评估此类客群的风险水平及特征，制定合适的信用审批标准和价格，并且最重要的是需要具有强有力的催收和回收部门，当然也需要合理的财务会计政策，而不是盲目地追求业务量。

　　有趣的是：汽车金融市场在最近的经济衰退期间（2008～2009年）避免了房贷遭遇的困难。2008年，车贷的坏账率高达1.7%，而正常的坏账范围在0.6%～0.7%，与房贷相比，增长的比例并不算大。在近期（2012年4月）VantageScore的报告中提到：客户担心拖欠车贷还款会影响自己的工作能力，因此大量客户在房贷之前优先偿还车贷。这对于汽车金融市场来说是好消息。

建立标准的合同条款

　　与任何金融产品一样，基于汽车场景的消费贷款产品也必须设置核心条款及具体的标准条款。经营的总体目标是赚取利润，因此必须考虑不良贷款率（多少客户违约）和总体损失额及严重性（违约客户造成多少损失）。评分的作用和如何控制损失率将在稍后讨论。

　　在客户无法还款时，以下几项产品条款会影响总体的损失，具体如下。

- 最长/最短期限。
- 最大/最小贷款金额。
- 贷款价值比率和首付要求。
- 定价。
- 保险。

最长/最短期限

　　多长期限的贷款应该被批准？汽车贷款通常从36个月到最多84个月（或更高），平均长度约62个月。期限非常短（小于24个月）的贷款可能风险较低，但可能不会有利可图，因为放款所需的资金和运营成本可能会超过从短期贷款业务中收取的利息。较长期限的贷款可能风险较大。在所有其他条件相同的情况下，期限较长意味着客户净值建立的时间更长，这可能意味着金融机构止赎后损失更高，如图9-1所示。

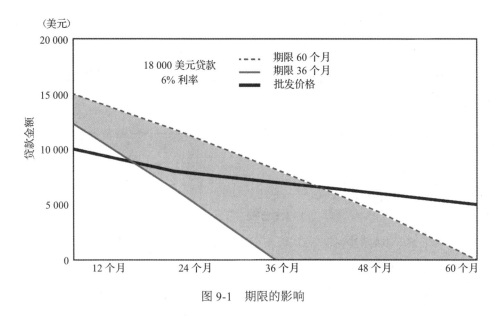

图 9-1　期限的影响

　　较长的期限也意味着客户有更长的时间可能出现问题（失业、医疗问题、破产等）。近年来，主流汽车金融机构已将其期限延长（从 48 个月延长至平均 62 个月），以减少月供。例如，60 个月贷款的月供约为 36 个月贷款月供的 2/3（假定利率相同），制造商和汽车经销商以此为营销点大肆宣传吸引客户。

　　此外，随着时间的推移，各类汽车保值的能力也有不同（如奔驰和起亚），因此你必须了解分期付款的车辆的保值能力。企业能否承受延长的期限内汽车贬值带来的额外风险？只有当更长期限带来的差价可以补偿延长期限风险时才是合理的，但这在竞争激烈的市场环境中不一定可行。

最大 / 最小贷款金额

　　一般来说，由于营销获客成本较高，提供小金额（如低于 5000 美元）的分期贷款对银行来说是没有利润空间的。金融机构无法在小额分期贷款上赚取利润。相反，如果为 10 万美元的保时捷提供贷款就可能盈利，但是你不一定对高价值汽车市场有了解。因此需要合理设置并坚持贷款金额限制。

贷款价值比率和首付要求

　　以前所用规则是：通常需要支付约 20% 的首付，不提供零首付的全额车辆贷款。

多年来，这条规则基本被忽略，这样做的风险是显而易见的。例如，每笔贷款可盈利400～500美元，而每笔坏账损失接近8000～10 000美元（可能由低首付导致）。你需要20笔好的贷款来抵消一笔坏账，同时还必须考虑贷款金额中包括的签约和其他费用，如保险、税、许可证和所有权费等，如图9-2所示。

基本交易	总额（美元）
— 成交价格	23 000
— 减去：首付20%	−4 600
净贷款金额	18 400
其他贷款项目——可选	
— 保险	1 200
— 经销商安装设施	1 070
— 税	1 925
总贷款金额	22 595
备注：预计第一年车辆批发价格为11 000美元。	

图9-2　汽车贷款样本

高首付可以有效地限制每次止赎的损失。同时要记住，低风险的客户可以承担高首付，高风险客户则会尽可能降低首付。如前所述，新产品的价值在购车后的前几个月会急剧下降。此外，在上述示例中贷款金额中的其他费用是没有转让价值的（尽管在止赎的情况下保险可以被取消）。因此限制贷款价格（批发或零售）可以有效控制止赎的损失。

审慎的金融机构至少会对比贷款金额和抵押车辆的批发价格。仅仅接受书面宣称的首付比例是不够的。为销售车辆，汽车经销商总是试图为一些高风险的消费者降低首付，但这样的做法会让消费者承担超过其还款能力的贷款。这是通过渠道放贷的一个风险。

定价

汽车消费信贷业务的定价方式是独一无二的，同一个汽车经销商可能有几种不同的定价方式。对贷款定价时，必须考虑与汽车经销商的总体关系。

作为主要融资渠道，金融机构需要考虑批发和零售、新车和二手车、现金贷款或融资租赁等业务，在与汽车经销商共赢的基础上确定具体的价格；作为辅助融资渠道，则仅需要考虑对零售合约进行定价。

请记住，汽车贷款的净收入通常低于直接贷款业务。金融机构本质上是"租用"汽车经销商的分销网络，而不是建立自己的销售队伍，这意味着金融机构有较低的运营成本。

汽车贷款的价格竞争非常激烈，汽车经销商常常具有足够的影响力而在同一交易上获得多个报价。保持有竞争力的价格和定价策略对金融机构开展基于任何场景的消费信贷业务来说都是至关重要的。

决定汽车贷款定价的两个重要因素是佣金和风险保证。

佣金。汽车经销商一般会收到部分汽车贷款费用作为推荐业务的报酬。付款方式和金额通常由市场决定。通常，汽车经销商赚取消费者支付的贷款费用与金融机构收取的批发贷款费用的差价。例如，如果对某笔交易，金融机构向汽车经销商收取 6.5% 的费用，而经销商向客户收取了 8.5% 的费用，经销商就赚取了其中 2.0% 的差价。金融机构需要对汽车经销商可以收取的费用设置上限，以防止变相形成高利贷。

向汽车经销商支付佣金应尽量在汽车贷款合同期限内按还款的时间进行。如果提前预付佣金，在贷款合同提前终止时就需要向汽车经销商收回未获取的佣金，这是比较困难的。大量的汽车贷款会在合同期满前提前还款：标准的 62 个月汽车贷款可能平均有 48 个月就提前还款了。有些客户甚至因为获得了更低的利率而在三四个月后就全额还款。因此，合同的平均实际期限是金融机构应监控的重要指标。

风险保证。当前，汽车经销商一般不承担分期付款车辆的资金风险和回收处置工作。因此，在市场竞争和当地条件允许的情况下，也可以让汽车经销商对高风险交易（汽车经销商会获取的更大利润）承担部分或全部损失。

保险

车辆在无碰撞险或保险额度不足时出险是汽车贷款止赎的主要原因。因此，金融机构倾向于要求客户购买最低额的碰撞险。各州强制购买的责任保险类型通常不包含碰撞险，所以金融机构一般会规定强制客户购买最低额的碰撞险及免赔额。⊖谨慎的金融机构一般会拒绝无足够碰撞险的汽车贷款申请。

　　在车辆成交时要求购买碰撞险是相对容易的，但大多数保险单的服务期限只有 6 个月至 1 年。问题是在贷款合同期限的后续几年内金融机构能否投入足够的时间和经费对车主购买保险的情况进行监督。有些金融机构建立了庞大的系统，坚持不懈地跟踪检测每个客户的保险情况，但其真正的性价比是不明确的。优质客户一般会主动办理后续保险，因此金融机构没有跟进的必要。对于风险非常高的客户，可能在第一年后监督其购买保险是必要的，但是需要分析具体的成本 - 收益比。

　　到目前为止，金融机构完成了设计汽车贷款的具体条款，后续需要制定完整的审查和批准流程。为此金融机构必须详细了解车辆的出售方式和融资情况。

个人贷款审批

　　在一般的车辆购置过程中，客户会在经销商营业点销售员的帮助下选择某款汽车，试车及协商后确定车辆成交价格，支付首付（现金或客户旧车的折旧价值）。此时客户会被问及："你打算如何支付余额？"

　　如果客户表示他需要申请汽车贷款来支付余额，销售人员会将客户介绍给汽车经销商的贷款和保险部门（F&I 部门）。F&I 人员将帮助客户完成贷款申请。在此过程中，他们将对客户的风险 / 收益做出评估。例如，他是否信用良好？他每月可以还多少钱？他的工作稳定性如何？他有自己的房产吗？根据经验，贷款和保险部门将给客户提供几家金融机构。如果客户同意，F&I 人员会通过网络将申请发送给与汽车经销商合作的多家金融机构。

　　金融机构收到申请信息后，通常会在几分钟内迅速做出审批决策，并将结果返回客户。正如我们稍后将讨论的，这一过程中至关重要的是对客户的申请信息和征信局信用数据进行评分。

⊖　保险一般只偿付车辆批发价格，如发生全损，贷款人依然有可能受损。这种风险对新车尤其严重，审慎的贷款人需要要求借款人购买更多的保险。

　　获得客户的金融机构一般在价格、灵活性、资金来源及与 F&I 部门之间整体关系上具备优势。它们往往能提供最快、最具竞争力的报价。速度较慢的金融机构甚至可能得不到获客机会，除非其他金融机构拒绝了贷款申请。业务经营更好的金融机构甚至可以及时处理客户（汽车经销商）在周末、假日或夜晚提出的申请。如果在休息时段处理业务的市场竞争不激烈，汽车经销商的辅助融资渠道可以通过提供特殊时间段服务获得竞争优势。

　　F&I 人员和金融机构可能需要就某些贷款产品的条例进行协商，特别是在客户信用记录不是很好的情况下。由于信用记录不良或较差的客户议价能力弱，因此汽车经销商会在处理该类客群时获得较高的净回报。记住，经营的目标是盈利，因此金融机构必须明确放贷标准。

　　深入分析贷款申请的通过率是管理汽车消费信贷业务的关键，即特定汽车经销商推荐的贷款申请量与贷款审批系统审批通过量的百分比（审批通过率）。虽然该审批过程可以高度自动化，但是其中仍有部分工作需要花费时间和费用，如对每个申请进行复审，与 F&I 部门协商，并将最终审批结果传回汽车经销商。如果只有很少部分的贷款申请成功，那么获客成本将会过高。一般规则是如果审批通过率低于 25%，业务就很难运转；如果超过 50%，就经营得相当好。这些具体的审批通过率数值将是判断与某些汽车经销商终止或扩大合作的重要参考指标。

　　因此，金融机构必须密切地监控审批过程，而且每一个贷款申请都要通过准确和可预测的方式得到处理。接下来讨论如何使用评分控制违约件数。

评分

　　无论是做汽车经销商的主要融资渠道还是辅助融资渠道，都需要有效的汽车贷款评分系统。良好的评分系统能够使金融机构准确地评估每个贷款申请的风险，以及最终从每个汽车经销商处获得的合同的质量。以下报告（应按照经销商、地区、产品等分列）是评估业务质量的有效工具（见图 9-3）。

　　除了基于评分系统评估违约件数之外，本报告还根据评分档次来监测好 / 坏贷款的余额比。通常，分数较低客户（C 和 D）的核销金额要高于高评分客户（A 和 B），这可能表明 C 和 D 贷款的贷款价值比更高。

购买概率				
	拖欠件数比（%）①	余额比例（%）②	损失率（%）	目标资产
A+ 交易	1.7	0.40	0.66	30
A 交易	2.0	0.50	1.00	50
B 交易	3.3	0.60	2.00	15
C 交易	5.0	0.75	3.75	4
D 交易	10.0	0.80	8.00	$\frac{1}{100\%}$

图 9-3　评分：场景消费信贷目标客户组

①频率。
②严重性。

任何汽车贷款评分系统通常都会考虑每笔交易的特点（如贷款价值比、首付、期限，甚至可能包括汽车的型号），以及申请信息和从征信局获得的申请人历史信用记录。次级客户或首次买家模型对那些信用记录有限或没有信用记录的申请人有帮助，而区域模型可以进一步优化分布在该区域的业务处理流程。通用的评分系统适用于新进入市场的金融机构。

记住，金融机构审批满足条件的客户群的同时接受一些坏客户。每一笔销售，特别是对一个较高风险的客户来说，汽车经销商、销售人员、信贷经理、零件销售、二次营销等都很重要。与任何贷款业务一样，你的目标是获得足够多的良好客户，并将好坏账户比控制在可接受的范围内。金融机构可以接受适当水平的次级客户是因为汽车经销商推荐了足够数量的优质客户，你必须监控这些指标。

可以弥补边际交易利润的方式有：增加首付金额，降低车辆的质量和价格（如从新车到二手车），要求第二贷款担保人或汽车经销商提供保证金。金融机构显然还必须紧密跟踪竞争对手的情况。汽车经销商生活在一个竞争激烈的市场，如果其融资渠道比竞争对手有更高的利率或更严苛的条款，那么将会失去很多交易机会。在传统的直接贷款业务中拒绝贷款申请意味着失去一个客户，而拒绝汽车贷款业务中的关键贷款可能意味着金融机构失去大量的业务来源。

接下来，我们将讨论应该如何处理那些变成坏账的小部分（最好是）贷款。

止　赎

随着时间的推移，一些客户将不能履行其还款义务。金融机构必须准备好在逾期一定时间之后收回违约客户的资产（止赎）。通常，止赎程序在逾期 60～90 天后开始，但具体可能根据相关的法律有所不同。金融机构必须详细规划好何时应该收回财产，由谁收回，以及管理及处置回收财产的方式。客户主动交回是最好的情况，金融机构应该鼓励借款人这么做。例如，如果汽车对借款人上班很重要，那么没有什么比在前一天晚上被收回更糟的了。如果金融机构已经事先与客户打好招呼，客户就可以提前做出替代安排，并将车辆自动交还给金融机构。

良好的收回和处置过程是有效控制损失的重要环节。许多金融机构雇用从事这一行业的外部专业收回公司——需要牢记的是，任何代表债权人的收回公司都必须遵守关于收回车辆的所有法律限制。通常不建议让本机构的员工处置非自愿收回车辆，特别是在一个不太和谐的社区内，一般的金融机构员工根本没有能力处理这种情况。为了更好地理解收回过程中的阴暗面，请观看影片《重生男人》。

如何管理和出售收回车辆也很重要。出售方式包括拍卖，通过经销商渠道销售，或通过新的分销渠道销售，如互联网。车辆在被滞留期间必须受到保护，防止被破坏、盗窃和天气的损害；同时也必须保持清洁和良好的状态以便转售。草率的收回程序是造成欺诈的重要因素（通常是内部员工作案），也可能导致一些不必要的损失。

一个基本规则是：长期持有一台车辆是昂贵的。要保持低库存并持续售出。记住，损失得越早则损失得越少。

监控汽车经销商的关系

无论你作为汽车经销商的主要融资渠道还是辅助融资渠道，都必须清楚知道汽车经销商使用资金的方向和方式。对于主要融资渠道，正如前面提到的，你可能为新车和二手车库存（库存贷款）、流动资金贷款、融资租赁贷款和私人融资需求提供资金。主要和辅助融资渠道还必须知道，汽车经销商可能会在销售额上欺骗金融机构。我们先来看看库存贷款。

汽车行业的运营方式是，首先汽车经销商从制造商（福特、丰田等）处批量购买车辆。因为汽车经销商必须拥有大量库存汽车来向客户做展示，所以这些汽车在售出之前将有很长一段时间占据汽车经销商的库存。大多数汽车经销商仓库中都有数百辆车，总价值超过百万美元。而且，很少有汽车经销商有足够的资金直接购买这些车辆，它们必须贷款购买库存的车辆。库存贷款的规则是，每辆贷款购买的车辆在售出时，汽车经销商必须付清这辆车贷款的余额。如果一个财务或道德有问题的汽车经销商决定在车辆售出时不偿还余额给金融机构，可能会对金融机构造成重大问题。一家 Citicorp 汽车贷款子公司前总裁奥比·金尼在消费信贷业务方面拥有近 30 年的经验，他利用以下故事来说明一个存在金融或管理方面问题的汽车经销商可能会采取的用以摆脱困境的措施。

> 这是一个星期五的下午。会计师找到他的老板，Metro Motors 的创始人和总裁。他说："老板，我们的现金只够给员工开工资，或者支付给银行我们今天早上出售的车辆的库存贷款余额。你认为我们应该怎么办？"

对汽车经销商来说，答案似乎很明显。继续营业，希望在周末可以有更多的销售，并开始"敷衍金融"机构。一旦用了这些借口，就很难停止。

即使是专业的金融机构，如 GMAC 和福特信贷也有一些合作的汽车经销商没有支付价值数百万美元的库存贷款。欺骗提供库存贷款的金融机构的方法有很多。其中一个著名的例子是一个长达 11 年的庞氏骗局：从在纽约长岛的通用汽车经销商贷款购置非通用品牌的货车在海外销售。汽车经销商从未实际购买（或出售）任何货车，最终通用汽车在这个非常复杂的库存贷款中损失了超过 6.5 亿美元。事实上，GMAC（现在的 Ally）写了一本关于如何控制汽车经销商贷款的书，它在这一行业经营了 75 年，所有金融机构都可以向它们学习。

如果你是汽车经销商的主要融资渠道，那么没有任何一种单一的方法可以防止欺诈。然而，管理良好的金融机构可以采取一系列步骤来尽量减少这些损失。基本要求是，无论规模的大小，金融机构需要管理和监控每一个汽车经销商。贷款发放的质量、客户向 BBB 投诉的数量等为情况的恶化提供了有用的线索。此外，以下步骤也是有必要的。

抵押品验证。验证每个抵押品（通常是库存车辆）的能力至关重要。如今的扫描仪可以快速地验证车辆的真实性。应在随机选择的日期进行系统化的库存检查，以确保一切正常。在这些审计中，需要跟踪金融机构拥有扣押权的每一辆车，包括里程表的抽样检查（在新车的里程表上应该只有很少的里程）。

分支机构。汽车贷款的业务的地域范围可能非常广泛，要求金融机构有相应的分支机构，有内部工作人员定期访问所有汽车经销商。非正式、频繁的现场检查对于监测汽车经销商的财务状况是非常重要的。生活方式有变化吗？经常去拉斯维加斯或大西洋城赌博吗？这些都是有用的线索。

监测销售情况。每天售出 4 辆、5 辆或 10 辆汽车的汽车经销商突然没有销售业绩了，这是由于业务萧条，还是无法偿还已有库存贷款？

当汽车经销商的财务状况明显出现问题时，金融机构必须能够迅速做出反应，并且必须尽早和果断地采取正式步骤，以保护自身利益。当出现经济恶化迹象的汽车经销商有库存贷款或其他未偿贷款时，金融机构应该有能够发现和监控这一潜在问题的预警机制。一种快速并有效的工具是整理一张与汽车经销商有关的所有业务的详细列表。这包括停止所有新的贷款交易，检查所有最近的贷款销售，跟踪检查所有库存车辆等，以及检查所有法律表格。因为大多数汽车经销商出现问题会很突然，所以贷款人必须迅速行动以保护自身利益，而这个工具是有用的保障。

还有一点：库存贷款的处置应考虑是否有制造商的回购协议。根据回购协议，如果汽车经销商破产，制造商将回购所有库存贷款的车辆。制造商更容易处理汽车经销商库存内未售出的当前型号汽车（制造商只会接受这些）。

汽车经销商也可以在销售业绩方面欺骗主要或辅助融资渠道。这里是一些不道德的汽车经销商使用的方法：

- 创建虚假销售记录，将金融机构的钱用在并不存在的汽车"销售"中。
- 相比于真实成交价格，申请 2～3 倍的贷款金额。
- 伪造客户数据，以提高贷款审批率。
- 假交易条款（如首付或旧车回购金额）。

再次强调，没有任何单一的方法可以防止汽车经销商欺诈，但是有效手段是对零售客户定期进行抽样复查，以确定：①客户真实存在；②购买汽车的交易行为真实；③贷款严格按照合同进行。为防止标准程序中出现任何误差，所有贷款都应该进行审计。对于一个声誉良好的汽车经销商，审计可以只在一小部分（如10%）交易中进行，除非发现一些差异（在这种情况下，审计比例应大幅增加）。对于新的或可疑的汽车经销商，应对每笔贷款进行检查。

管理信息

在消费信贷业务中，对每个个体经销商，无论规模多小，都应该单独管理和监控。无论是主要还是辅助融资渠道，都应收集足够的信息，以供管理层审查和分析。分析的因素如下所示。

对于主要和辅助融资渠道：

- 车辆销售数量和类型（新车、二手车和租赁车辆的申请数量）。
- 申请数量和通过申请数量的比例（非常重要）。
- 评分（按照每个月的销售额）。
- 客户投诉（投诉的数量和严重性）。
- 零售审计（客户存在，交易是否与文档一致）。
- 拖欠、收回和核销。
- 收回的频率和损失严重程度。

仅对于主要融资渠道：

- 设置额度及限制那些经常超限额的经销商。
- 批发审核（经销商售出但未按时付清的库存贷款的报告）。
- 库存车辆的时间和数量。
- 付款记录（逾期付款，退款支票）。
- 经济实力（财务报表分析）。

审查这些关键指标，并对每个经销商的风险进行评级是有帮助的。低于标准的评级提醒金融机构应该根据风险来调整贷款条款。当有大量汽车经销商的详细财务数据时，你应该使用这些数据建立一个经销商评分系统。美国制造商可以用自己的财务公司做到这一点，因为美国有一个标准的财务报告系统。然而，大多数经销商的财务数据，特别是对于市场较小的船只或房车经销商，都不够明确，从而无法使用。

经销商的财务报表往往不可靠。那些报表并不总是经过审计的，即使在一个小型的当地会计师事务所进行审计，它们可能仍然是不可靠的。因此，财务分析必须考虑现金流或报表数字之外的信息。正如我们已经指出的，基本信息（如销售人员裁员，库存增加／减少，店面减少，名声恶劣，或者太频繁前往拉斯维加斯赌博）可能提供更好的预警。

车辆租赁

汽车金融行业的另一市场是车辆租赁。你可以选择仅为新车和二手汽车零售提供贷款，或为车辆租赁提供贷款。虽然车辆租赁占美国所有车辆销售的25%～30%，但其在 2010 年下降到 20% 左右（一直维持到 2012 年），而且可能会有更大的下降幅度。美国国内主要汽车公司（通用、福特和克莱斯勒）宣布它们正在缩减或退出车辆租赁业务。尽管银行可能继续提供租赁贷款，但由于油价上涨，二手车价格的急剧下跌，特别是油老虎 SUV 的价格大幅下跌，严重影响了此业务。考虑到车辆租赁业务量可能会回升，并且有可能在未来某个时期成为主要业务，所以有必要介绍该业务的一些基本特点。

车辆租赁业务的运行方式为：客户不拥有车辆的所有权；租赁公司（如福特信贷）、经销商租赁公司或独立租赁公司拥有车辆的所有权，并在规定的时间内租给客户。出租人（金融机构）和承租人（客户）商定初始"销售"价格（车辆的价值）、租赁期限、利息和本金摊销的月付款、里程限制、维护和保险要求，以及最重要的是在租赁结束时的回购价格（残值）……残值评估是此行业的关键。它的运作方式是这样的：

> 租赁的车辆不需要还清全额本息。残值是租赁期结束时汽车剩余的使用价值；租车时的车辆价格和使用后的残值之间的差额是分期偿还

的金额。因此，每月租赁费用低于全额贷款购买的月供。这是汽车租赁带给客户的最大好处。残值越高，要支付的金额就越少，也意味着月供越低。

合理的残值评估是至关重要的。通常，承租人可以优先按预定的残值回购汽车。如果在合同结束时汽车的价值超过其预设的残值，承租人可以直接购买汽车并以较高的价格转售。如果实际使用价值少于预设的残值，承租人可以一走了之。此外，如果残值设置得太低，每月支付的月供可能太高而不具有竞争力；如果设置得太高，每月月供就降低，但是汽车的价值可能小于在租赁结束时估计的残值，从而使出租人承担损失。

大多数车辆租赁都以低额月租的形式出售，因此租赁公司面临巨大的压力，希望保持尽可能高的残值。报纸上刊登的广告包括"以每月 269 美元的价格租赁一辆丰田"或"以每月 312 美元的价格租赁一辆福特塔罗斯"。今天甚至奔驰的宣传广告也是"每月仅须支付 400 美元或 500 美元"。客户必须详细阅读租赁条款以了解预付款和任何隐藏费用，但这就是汽车租赁业务的业务模式。

租赁要求金融机构必须尽可能准确地估计汽车的未来价值。然而，许多租赁公司，特别是制造商旗下的租赁公司以车辆在租赁一定时间（两年、三年或四年）后还能保持较高的残值作为盈利点，用较低的月供来吸引消费者。记住，预计的残值越高，每月月供就越低。以下案例介绍了某辆车按不同折旧水平评估残值产生的影响。

例子：价值 30 000 美元的一辆车。

如果在合同结束时车辆的实际转售价值为 12 000 美元，如下残值设置的利润、损失为：

原价的 40%（12 000 美元）— 0

原价的 45%（13 500 美元）— （1500 美元）

原价的 50%（15 000 美元）— （3000 美元）

租赁公司在设置残值方面做得更好，它们在 2008 年 12 月达到 21% 的损失峰值后，在 2009 年中期就能盈利。很难相信租赁贷款交易能有足够的利润抵消 21% 的损失。租赁公司必须认识到，在每一辆汽车的销售中，制造商能够赚取利润（可能是几千美元），而外部贷款人并不能。⊖谨记：从事租赁行业的金融机构的业务核心是二手车估价和处理。虽然转售价格保险是可能的，但是很昂贵，并且需要确保在二手车价格崩溃时保险公司有足够的财务实力来理赔。

理论上，残值评估可以基于特定车型的历史贬值率来设定。过去，许多车型的贬值率都可以预测，如凯迪拉克或福特 3 年后的价值约为现值 50%，奔驰 58%，日产或本田 45%。这些价格受制造商在车辆安装时的标准配备（发动机尺寸、安全套装、GPS 系统等）和汽车经销商配备（皮革座椅等）的影响。然而，还存在一些非常不可预测的因素（如汽油的价格对 SUV 的影响）、出乎意外的质量问题（如制造商大量召回有机械问题的汽车）和变化的造型及公众偏好。这些都可能造成巨大的变化。

在提供租赁贷款之前，金融机构需要决定是专注在信贷业务还是二手车业务上。如专注于 4 年、5 年甚至 6 年的二手车业务，需要大量的勇气和专业知识。金融机构很少有这种专业知识，只有那些拥有足够能力或可以雇用相关服务的企业可以进入此行业。

在从事车辆租赁业务之前还需要考虑一点：你将如何重新销售承租人返还给你的车辆？通常，大约 50% 的车辆直接返还，另外 50% 由承租人购买或重新租赁，但如果二手车价格下降，返还的比率可以达到 80%、90% 或更高。你能处理如此大量的二手车吗？如果你不能，你不应该考虑进入此行业。

随着市场的竞争越来越激烈，金融机构倾向于放宽条款以满足市场需求，但有时它们做得并不够谨慎。任何进入车辆租赁行业的金融机构都应该非常小心谨慎。

接下来我们将介绍基于另一种场景的消费信贷业务，即基于百货公司和零售商场景的消费信贷业务。此类业务与基于车辆场景的业务有一些相似之处，但也存在一些显著区别。

零售业中的消费信贷业务

传统意义上，零售商认为消费信贷业务是它们业务中非常重要的一部分（与汽车经销商、船只经销商或其他零售商一样）。因此零售商必须首先明确：是自己经营消费信贷业务还是外包至专业机构。原来的零售巨头，如 Sears，J.C. Penney

---

⊖ 独立租赁公司具备同样的税务优势，它们的费用可以抵税。

和早期的 Montgomery Ward，从开业的第一天起就开始了信用卡业务。基本可以假设拥有自有品牌信用卡的客户会是零售商的忠诚客户。据估计，持有零售商联名（自有品牌）信用卡的客户与一般客户相比，每年将多购买 3～5 倍的商品，但这个数字现在已经有所下降，因为现在几乎所有的零售商都拥有并签发了自己的Visa、MasterCard、Discover 卡、美国运通卡等信用卡。许多零售商（如沃尔玛、Target 和 CostCo）为客户提供只能在其商店中使用的信用卡或可在任何地方使用的 Visa、MasterCard。然而，不出意外地，零售商仍然坚信它们的持卡客户具有非常大的价值，因为这些客户有更多的消费，并且当有特殊销售和促销时容易通知。与正常的信用卡相比，零售商始终坚信自有品牌信用卡对它们更有价值，零售商也竭尽全力地保护和发展可盈利的业务来源。

以下是汽车消费信贷业务和自有品牌信用卡之间的一些主要差异的比较。

汽车消费信贷业务	自有品牌信用卡
分期付款产品	循环产品
70%～80% 的销售额来自信贷购买	20%～30% 的销售额在自有品牌信用卡上；其余使用 Visa、MasterCard、Amex 等
贷款金额较大（±20 000 美元）	贷款金额较小（每次 20～500 美元）；电子产品、电器或家具稍高
经销商获得佣金	零售商可能需要为每个贷款账户的开设支付费用
经常有其他贷款（库存贷款、资金贷款等）	不提供其他贷款方式
每笔交易都单独协商；金融机构可能要求更高的首付或通过担保来批准风险较高的交易	申请和授权使用评分，总体通过水平与零售商协商
定价非常有竞争力	贷款客户需要支付更高价格

如果零售商自营信用卡业务，就需要优秀的管理和良好的系统来管理大量小额贷款账户。此外，还需要有专门的资源和资金来为客户提供服务。分析并预测数千、数十万或数百万个账户的风险和利润并不容易（本书的读者很快就会发现这一点）。这对于小型或中型零售商更为困难，但即使是一些龙头企业也不是总能够精确地管理它们的贷款账户。

当一些零售商运营不盈利或缺少资金时，它们将面临现金流问题。这种困难可能迫使其将所有应收账款及应收账款的管理权出售给金融机构。幸运的是还有另外一种方法，因为像花旗零售服务、GE Capital、汇丰银行等第三方金融机构建立了专门管理零售商贷款账户的业务。这项业务的出现是因为金融机构相信它们能够通过严格管控、可预测和可盈利的信用卡业务运营来增加贷款余额以满足零售商的需求。把消费信贷业务外包给其他金融机构使得零售商能把精力集中在商品和服务等主要业务上。零售商最初并不愿意放弃自营消费信贷业务，因为它们担心这些金融机构只注重贷款的收益，而忽视零售商的营销需求和客户的服务需求。

理论上，如果零售商能够通过销售更多的商品来获得足够利润，零售商就可以承担其自营消费信贷业务的损失。第三方金融机构必须明白每笔销售对零售商都很重要，当然金融机构还必须保持适当的核销率，以赚取利润。因此，零售商和金融机构需要对以下关键问题有共识。

新账户准入政策。金融机构应完全控制新客户的审批，但是由于每笔销售对零售商都很重要，因此需要将审批条款、评分系统等信息与零售商实时共享。此外，零售商应该时刻关注可能影响预期批准率的任何政策变化（如新的评分系统或批准分数阈值的变化）。像新卡客户批准率这么重要的指标不应该出现意外情况。

个人交易授权。个人交易授权应该是自动处理的，几乎不能谈判。但是，双方应当就批准过程达成一致意见，包括应使用何种评分或判断标准，以及在什么情况下允许超额使用（如果有的话）。拒绝超过额度的交易可以控制损失，但是必须有足够的额度以满足正常零售商的销售需求。个人交易授权应该提前设定并记录在案。

定价。应设定循环额度的基础价格和 / 或风险调整定价、宽限期、逾期罚金、超额费用等。

贷后催收和客户服务。零售商必须了解金融机构的总体催收策略，如何时和如何联系客户，何时将账户冻结，如何使用行为评分等。由于零售商希望维持它们与老客户的关系，且它们也可能出现轻微拖欠行为，因此许多零售商喜欢使用比专业金融机构更宽松的催收政策。这个政策应该提前设置并记录在案。

所有这些细节必须事先与零售商一起仔细地确认，并做书面记录。零售商都有其单独的销售产品和客户群。为此，自有品牌信用卡通常是针对特定零售商定制的产品。

债权转移管理

某些时候，零售商会决定将整体债权转移到新的金融机构来处理。这不仅仅只是写一张支票，因为现在整个消费信贷业务都转移给了第三方。这一步对零售商和金融机构都非常重要。一旦这种转移发生，零售商很少会重新获得此流程的控制权。市场上并没有太多贷款运营服务商，重建自己的体系是非常昂贵和耗时的。因此，大多数服务合同为期 4 年或 5 年，并且所有可能终止合同的机制都要被非常详细地说明。此外，如何妥善处理现有的贷款账户也是非常重要的。

典型的债权转移可以允许逾期超过 90 天的贷款留在零售商账户上 9 个月至 1 年，在此期间零售商可以尝试催收或核销。了解贷款账户的详细信息，以及确保收购方能良好运行需要一段时间。应在接管期之后，控制贷款审批的一方通常承担财务责任（如清算和回收成本），然而一些合同可能规定零售商将承担超过 90 天账户的财务责任。如果是这样，对这种情况应该仔细定义和定价。

金融机构应从始至终保持与法律部门的沟通，了解转移的债权是否已经用于抵押或担保。无论合同条款如何，贷款人是以债权为抵押贷款还是直接购买都需要这么做。鉴定所有权有多种方式，实际上，直到破产法院做出裁决之前，贷款人都可能不会真正知道其是否拥有这些债权。

总　　结

无论出发点有多好，从一个体系转移到另一个体系都充满了危险。随着时间的推移，金融机构学到的经验总结如下。

- 债权转移总是很困难的。不要操之过急。要花费足够时间确保还款流程正常运行、了解还款流程、培训催收人员、设置授权流程。在绝对确定自己的系统能正常运作之前，贷款不应该从现有零售商的系统转换到自己的系统。
- 在零售商销售高峰之前切勿转换。许多零售商在圣诞节前后完成 30% 或更多的年度销售额，在这个时候甚至 90 天前的任何改变都会造成灾难。

- 缓慢地引入变化。如果要引入评分系统，更改审批或授权程序，需要小心并征得零售商同意。
- 客户经常在零售商的门店还款。在转换零售商的系统之前应该计划好如何处理这些事情。

在早期一本为花旗银行写的书[⊖]中，我建议如下。

> 没有什么比这更尴尬了：面对一个愤怒的零售商，跟它解释说此次转移办砸了。零售商会通过销售业绩、客户，以及它们的利润表现立刻知道这一点。自有品牌消费信贷业务良好运营的一个关键是，合理地规划与零售商公开公正的关系，以及彻底洞悉零售商的客户，毕竟客户才是零售商的衣食父母。

当我写下上述文字时，花旗银行正在接管一个主要零售商客户的消费信贷业务。接管的计划被提交到董事会并获得批准。从来没有一个消费信贷业务的交易达到如此高的层级，从来也没有发生过如此教科书般的灾难。一切可能出错的地方都出错了。学无止境。

⊖ *Risk and Reward: The Craft of Consumer Lending* (New York: Citicorp, 1984).

第 10 章

房贷业务

本书前面的章节中介绍了日常业务量较大的信用卡，循环额度、联名信用卡、抵押车贷等（汽车贷款）消费信贷产品。本章将介绍房贷（一抵或二抵，分期或循环）。房贷（以及车贷）是最早出现的消费信贷产品。借助房贷和车贷，消费者可以提前享受住房和开车的便利，提高现在的生活水平，把需要支付的大额费用在后续多年逐月偿还。对大多数人来说，住房是他们最大的资产，房贷是他们最大的债务。通过房贷购置第一套住房，往往是人一生中难以忘记的经历。

由于房贷的市场规模大，政府监管严格，而且对借款人要求很高，因此在信用审核及运营管理上都极其特殊。房贷除了需要关注借款人的信用、还款能力和抵押品的价值等与其他贷款业务相同的因素外，还需要注重对借款人信息的披露，公平合理的条款及催收方式。更重要的是，金融机构要关注由房贷业务带来的声誉风险，聘用专业人才管理声誉风险是房贷管理中非常重要的环节。在美国，独栋房、度假屋，以及公寓房的贷款是银行的最大业务，规模达 10 万亿美元。相比于其他贷款业务，尽管房贷的进件量较少，但单笔贷款金额较大。因此，金融机构对每笔业务的审核和管理必须非常谨慎。对客户而言，房贷的违约成本也有特殊性，如信用卡产生坏账，其违约成本是不能再享受信用卡服务；房贷的违约成本却是失去自己的住宅。因此无论是金融机构还是客户，房贷止赎都是非常痛苦且需要付出非常昂贵代价的。在美国，21 世纪初期的房产泡沫引发的大规模止赎潮和"房贷抵押倒置"（房屋价值低于房贷余额）导致了严重的社会问题，借款人的权利和义务更成为争议的焦点。在很长一段时间内，尤其是在 2006~2007 年之前，房贷风险较低，伴随着不断增长的房价，房贷审批和管控是非常有规律的。一抵或二抵（房屋净值贷款）的核销率一直被控制在不到 1%。当然，有部分地区（如加州、佛州、得州）和部分金融机构在 20 世纪 80 年代和 20 世纪 90 年代也出现了房贷问题，但就美国全国来说，房贷利息和服务费为银行提供了大量的利润。跟信用卡相比，房贷的风险较低，相应的收益率也比较低。21 世纪前 10 年，一些非常激进的银行（如 Country Wide）陆续挤入房贷市场，由于畸形竞争，市场环境发生了翻天覆地的变化。具体为这些银行给不能提供收入资产证明的次级或亚优级借款人发放了大量无抵押或低抵押的房贷，并且这些贷款往往初始月付很低，以至于本金不会减少甚至增多。更为严重的是，这些贷款大多被打包出售到华尔街，将问题进一步扩大了。

为了更好地理解这个问题，我们先从美国传统的房贷入手讨论（见图 10-1）。

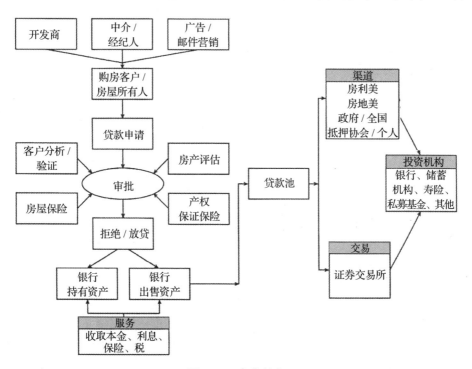

图 10-1　房贷总览

产生房贷需求的原因有：①购置房产；②在房产增值且利息降低时通过再贷款获取收益。当消费者有这些需求时，一般会通过房贷中介、银行或房贷网站来申请房贷。首先要填写房贷申请表。在美国，联邦政府制定了标准的房贷申请表，需要填写收入、存款和征信历史等信息。同时，房贷有一套严格的审批流程：信息审核，信息分析，个人征信 / 评分查询及房产价值评估。尽管大部分房贷审批流程是自动处理的，但是整个过程依然需要几个星期。当然，流程完善的银行能很快出具口头结果。当审批通过后，一般有一个正式的签约仪式签订合同、放款和移交钥匙等。本章后续会详细介绍该流程。

由于房贷的复杂及涉及资产金额巨大，包括美国在内的许多国家都要求金融机构在整个贷款过程中对房贷的条款和价格有全面的披露。

银行放款之后可以选择长期持有房贷资产或打包出售。由于房贷资产金额巨大，即使是大银行通常也不会长期持有所有的房贷资产。打包出售后，银行可以利用所得资金发展新的房贷客户。出售房贷资产也有利于管理长期利率风险（美国房贷一般是固定利率）和预付款风险（30 年合同期限的房贷经常一两年就会以再贷款的方式清偿）。

房贷有三种业务模式：

- 发放并管理房贷。
- 发放房贷，然后将资产在二级市场出售。
- 为自己或其他机构发放的房贷提供管理服务。

以上每一种业务模式都各有利弊。

发放并管理房贷。房贷一般是 15 年或 30 年的固定利率。发放并自己管理房贷需要占用大量的资金，除资金、资产利率匹配外，在利率上升时期，资金匮乏问题更为严重。尤其像 20 世纪 80 年代的储贷危机，当时储贷机构和其他金融机构以极低的拆借利率从市场上获得短期资金，然后以年息 7%～8% 的价格发放长期房贷。在当时看来，7%～8% 的年利率是非常高的，可短期利率很快涨到了 20% 以上，极其致命地影响了这些机构。只有在保证资金的利率期限结构与资产相匹配的情况下，才可以持有长期固定利率资产。

　　发放房贷，然后将资产在二级市场出售。在美国，主要有两类机构收购房贷：①收购合规房贷的政府资助企业——房利美和房地美；②收购非合规房贷的自由市场。房贷资产转卖对客户是透明的。在一般情况下，客户还款的贷款服务商并无变化，只是贷款服务商在收到还款后，再把资金转给房贷当时的所有者。在这个业务模式下，借款人所付费用往往比实际的成本要低，金融机构的利润主要源于房贷资产转卖。同时，房贷签约和转卖的利率差对收益也有影响。

　　提供房贷管理服务。房贷管理服务指的是发放账单及收取还款。房贷管理是一项专业性很强的业务，需要有强大的自动化数据处理能力和精准的文档管理机制。在当前高逾期、高损失的环境下，对这种专业性的要求更加突出。在房贷利率下降时，借款人往往会再贷款以获得低利率，这导致房贷的实际期限与合同期限不一致。在房贷利率低时，一个机构处理的房贷业务量会出现非常大的波动。一方面，再贷款可能导致业务量大大降低；另一方面，大量的再贷款也是扩张业务的好机会。

　　房贷实际期限对业务至关重要，我们下面将讨论影响实际期限。

房贷实际期限和合同期限

　　房贷一般有 15 年期和 30 年期，这些期限只具有指导意义。一个 15 年期的房贷可能会实际借款 10 年或 12 年，一个 30 年期的房贷可能只会借款 2～3 年。贷款人不能确认单个贷款的实际期限，只能根据经验对房贷资产组合进行整体预测。影响房贷实际期限的两个主要因素如下。

搬家

　　由于经济危机，当前搬家的频率处于较低的时期。回顾过去，美国人平均4～5 年搬一次家。人们毕业、离开父母、工作、结婚、生育、离婚、换工作及死亡都有可能搬家。有人因在本地换工作而需要搬家，有人为了职业发展搬到全国甚至全球其他地方。所有这些都可能导致房产交易，从而引起房贷变化。

利率

　　利率是影响房贷的最主要因素之一。利率包括两个方面：客户的房贷利率和金融机构资金拆借的利率。在经济发展期，联邦储备银行往往升息来控制通货膨胀；相应地，当经济衰退时，联邦储备银行往往降息（通常是"事后诸葛"）。在利率高时，人们偏向于选择浮动利率房贷，浮动利率房贷初始利率一般比同期固定利率房贷要低。在利率上涨期，人们往往保留现有的固定利率房贷；在利率下降期，人们往往放弃现有利率较高的房贷，通过再贷款以获得较低的利率。例如，2001～2003 年及 2009～2011 年，由于利率下降，出现了两次再贷款和预赔款高峰，如图 10-2 所示。

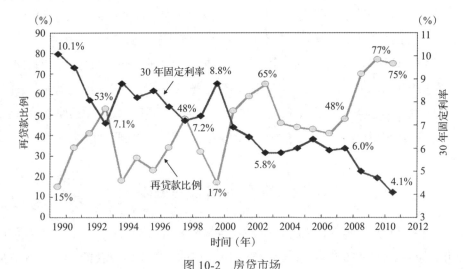

图 10-2　房贷市场

资料来源：FreddieMac。

利率下降对消费者是有利的，他们只需要支付更低的月供。当然，他们必须通过漫长而痛苦的再贷款申请流程。从 2007 年房价跌落开始，不少消费者的再贷款申请不能获批与原贷款同样额度的贷款，尤其是在房价跌落严重的地区。

提前还款

提前还款罚金是金融机构在客户提前偿还贷款时收取的罚金。提前还款罚金是防止再贷款的一个手段。但是，传统的合规房贷基本上不收取提前还款罚金。21 世纪初期，次级房贷大多要收取提前还款罚金。根据《华尔街日报》在 2001 年 8 月引述的标准普尔调查报告，在 2000 年大约 80%

的次级房贷有提前还款罚金。当利率下降时，传统合规房贷的客户可以通过再贷款来减少几百美元月供。不论出于什么原因，次级贷款的客户如果要在贷款初始三五年还清房贷的话，他们往往需要支付几千美元的提前还款罚金。提前还款罚金可能高达贷款金额的 5%。

在美国，通过联邦政府兜底的房贷通常不能收取提前还款罚金。一些金融机构，如联邦信用社，也不能收取提前还款罚金。同时，部分州也规定禁止收取提前还款罚金。

基于前面讨论的个人及经济原因，房贷的合同期限只有一个指导意义。下表展示了在不同经济环境下的实际房贷合同期限。

（单位：年）

合同期限	平均实际期限		
	利率不变	利率上涨	利率下降
15 年	4.5	5.8	3.2
30 年	10.4	12.5	3.0

最后，通胀/通缩（经济周期）对房贷有什么样的影响？一般的假设是通胀带来工资增长及房价增长，这样通胀可能让初次购房更加困难（高首付、高月供）。如果房贷发生坏账，在房价高涨的时候出售房产就可以使金融机构更容易收回资金。在经济停滞或通缩的时候，房价趋于稳定或下降，失业率相应提高，工资停止增长，房贷会出现大量提前还款。经济衰退会导致更高的房贷坏账率，以及需要更长的周期来处置抵押的房产。

金融机构需要掌控不同经济周期阶段对房贷的影响。下面，我们来研究一下美国过去 100 多年通胀调整后的房价（见图 10-3）。这些房价数据源于耶鲁大学的罗伯特·希勒教授。

图 10-3 显示，房价在 19 世纪 90 年代～20 世纪 40 年代呈现下降趋势，房产投资收益非常糟糕，尤其是第一次世界大战后及大萧条时期（1929 年及 20 世纪 30 年代）。尽管大家希望成为房主以获得安全感，但是并不会通过投资房产来获得盈利。同时，直到第二次世界大战以后，获得房贷是十分困难的，而且首付要求很高且期限最多只有 10 年，因此月供相当高。在 20 世纪 50 年代后，趋势发生了巨大的改

变，美国政府在第二次世界大战后设立了机构以帮助人们成为房主。首付有所下降，房贷期限增加到 30 年，总体上人们更容易负担得起房贷，进而促进了房地产行业的发展。这引起了房价增长，速度甚至超过了通货膨胀率，历史上人们首次在享受房主权益的同时还能在房产投资中获得盈利。房价在 20 世纪 70 年代和 20 世纪 80年代急剧增长，但是跟 20 世纪 90 年代后期到 2007 年的增长相比是小巫见大巫了。

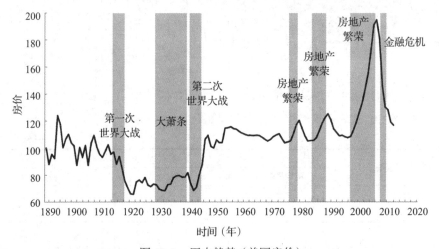

图 10-3 历史趋势（美国房价）

注：房价基于通货膨胀做了调整。

资料来源：Robert Shiller。

不难看出，上一次房价的飞涨导致了当时的房价远远高于正常水平，但是在房价崩溃前，这一现象主要是由许多房贷机构推波助澜形成的，而且也有一些机构在该次上涨中获取了盈利。在第 1 章中我们提到，金融机构需要合适的管理信息，并且要评估这些管理信息，更重要的是必须依据这些管理信息来采取相应的对策。如果你在股票市场上观察到类似图 10-3 的股价波动，你会在什么时候出售股票？希勒房价指数是可以公开获得的数据。通过内部调研和希勒房价指数，从业人员都清楚地观察到了这个房价波动，但是许多金融机构的管理者忽略了房价的波动，导致他们无限制地发放更多房贷，进一步促使房价上涨。

产品规划

房贷的基本规划与其他贷款产品的规划类似：确定目标市场和目标客群，确定产品条款。当然，房贷也有其特殊性。房贷的规划包括评估房屋估值人、律师和产权公司，以及处理止赎抵押品。

房贷规划的第一步是确定目标市场。

目标市场：地域及人群

地域及人群是确定目标市场最重要的两个因素。许多储蓄贷款机构因为扩张到它们不熟悉的市场而陷入困境，如不了解实际风险之前在异乎寻常的地区给度假屋放贷。一般来说，贷款人在自己熟悉的地域和人群中放贷是合理的选择。

给高风险的人群放贷也导致一些贷款人陷入困境，如给次优和次级人群放贷。关于次级人群，我们在 2002 本书第 1 版中提到：

> 我们已经提过，部分贷款人在次级车贷中遭受了巨额损失，同样的情况目前在房贷中还未出现，由于贷款人总是希望在新的市场中获取利润，所以这种可能性确实存在。2000 年底，接近 3% 的次级房贷逾期超过了 90 天，这是传统房贷逾期率的 10 倍。

上述观点非常有预见性，但是我们没有想到那只是次贷危机的开端。

房贷可以分为以下三类。

- 自住房。借款人自己居住的独栋屋或公寓。
- 度假屋。借款人的第二套房产，用于周末、暑假或年假。这类房产多位于海边或山区；这类贷款一般金额小于第一类房贷。房主一般不通过度假屋收取房租，他们应有足够的收入负担两笔房贷——自住房及度假屋。
- 投资房。用于投资，尤其是用于住宅的独栋屋和公寓，房主将房屋用于出租或倒房牟利。

每类房贷都有其不同风险，自住房房贷的风险最小。度假屋或投资房房贷的逾期不会影响房主的住房。尽管逾期会登记在征信报告上，但是不会导致房主无家可归。贷款人应当限制度假屋或投资房房贷的比例。

如果房贷是针对商业或合伙人企业的，贷款人应当要求个人担保。个人担保是房产净值之上的增信，是正常的商业手段。

目标客群

传统上，房贷源于银行分支机构及现有客户推荐。当前房屋中介、律师、会计师、房产商，以及房贷中介等渠道提供了大约一半的客户。由于执照和披露的要求，以及手续费上限的规定对中介利润的影响，美国这个渠道是快速萎缩的。

房贷与有渠道的车贷非常类似。车贷贷款人需要对汽车经销商有严密的管控；房贷贷款人也必须对房贷中介有严密的管控。同车贷一样，对房贷中介的历史表现必须有严格的评估。要强调的是，必须培育可靠的渠道。

在增量的同时，贷款人必须杜绝不可靠的渠道。总会有不可靠的房贷中介使出一切手段来让它们推荐的客户通过审批。有些房贷中介甚至会伪造申请资料来包装客户。基于上述情况，美国房贷中介执照和披露的要求越来越严格，同时收取的费用也受到更严格的限制。

产品条款

房贷产品条款取决于以下两个主要因素：

- 借款人需求。
- 投资人需求（由于房贷的额度高，金融机构一般都会把房贷资产出售）。

这两组需求是有矛盾的。借款人希望低利率，在利率下降时可以再贷款；投资人希望在贷款周期内有可预期的、有保障的收益。

房贷市场上曾经只有一个单一产品（30年期、固定利率、分期摊还的房贷），现在贷款人开发了众多的一抵、二抵以满足客户的需求。房贷主要通过以下三个维度分类：

- 固定、浮动利率。
- 贷款期限。
- 固定、浮动月供。

下面是一些常见的房贷。

- 可浮动利率房贷，利率可按月、半年、年为单位浮动，月供会有相应变动，期限固定。

- 组合方式，利率固定一定期限（如 1 年或 5 年），然后在预先确定的周期可变（如每年）。

- 利率和期限可变，但月供固定，如利率上涨但期限不变，就有可能出现负值摊还（贷款余额增加）。由于投资人对此类资产不感兴趣，即此类资产在二级市场销售困难，因此多数银行不再发放此类贷款。同时，美国的贷款人必须对客户披露负值摊还。

- 累进还款式房贷，利率和期限固定，月供逐月增加。此类房贷更容易负担，适用于初次购房或年轻人购房。年轻人是一个非常有潜力的客群。根据 2010 年美国人口普查，房主在 25～34 岁年龄段的人群中的比例是42%，相比之下，在 35～44 岁年龄段的比例是 62%，在 55～64 岁年龄段的比例是 77%。

可浮动利率房贷提高了客户和金融机构处理的复杂性。此种复杂性还影响房贷的披露和审批，并且在一般情况下会降低二级市场中投资人的购买意愿，从而降低盈利性。

如图 10-4 所示，客户在低利率时期较多选择固定利率房贷。因为可浮动利率房贷比固定利率房贷的利率低一些，客户在利率较高的时期会选择可浮动利率房贷。当房贷利率有所下降时，客户会选择再贷款以获得较低的利率。对客户来说这是双赢的情况，而金融机构必须在资金上做好充足准备以应对可能的风险。

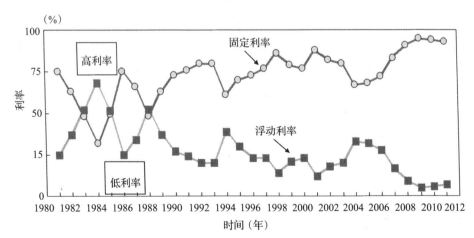

图 10-4　房贷中固定和浮动利率比例

资料来源：FreddieMac。

在设计房贷时需要考虑以下因素。

	风险	收益
期限	• 资金风险 • 客户生活事件，如工作调动、生活变化等风险 • 房产净值增长缓慢	• 收益有规律 • 低月供，对客户有吸引力 • 分期还款即收回本金的周期长
固定利率	• 资金风险	• 月供固定，对客户有吸引力
最小本金、无本金/只付利息	• 无房产净值增长	• 低月供，对客户有吸引力
根据利率指数，高频可变动利率	• 客户在高利率时期受损	• 低资金成本
利率上限	• 部分资金风险	• 建立客户关系

利率可根据市场的供需关系调整。在整个贷款周期中根据利率上限要求，一般仅允许在初始利率的基础上增加5～6个百分点，且每年的涨幅不能超过1～3个百分点。具体需要根据利率指数的变化情况做调整，如指数变化快可能需要每月调整；在指数稳定或变化慢时可能每半年甚至每年调整。金融机构可根据本机构对资金风险的管控能力及是否愿意承担部分资金风险的政策确定是否进行利率调整及调整的幅度。在通胀的时期，缓慢的利率调整对客户有利，频繁的利率调整对金融机构有利。

审批流程

在美国，房贷的审批标准和规则由政府资助机构（现为政府所有机构）——房利美（美国联邦国民抵押贷款协会）和房地美（联邦住房抵押贷款公司）制定。当然，这些规则在金融危机的时候并没有被很好地执行。这些规则包括：

- 最大房贷金额
- 信用要求（包括评分）
- 负债及资产分析
- 信息审核流程
- 房产抵押价值比率
- 房贷和产权保险

如果计划长期持有房贷资产，不在二级市场销售，就可以不遵守以上任何规则，制定自己的规则。但如果计划将房贷资产在二级市场销售，遵守上述规则就对房贷审批有决定性的影响。下面我们依次分析这些规则的细节。

房贷金额和贷款用途

按现行（2012 年）规定，房利美和房地美在二级市场购买房贷有金额上限（限额）。对单一家庭独立房产而言，此限额在大部分地区为 417 000 美元，在纽约、芝加哥等高房价地区为 625 000 美元。此限额随着时间的推移而增长，预计将来还会提高。房价中位数在旧金山为 662 000 美元，而在中西部农村为 100 000 美元，可以想见对房贷金额的需求在各地是非常不一致的。在堪萨斯城，350 000 美元是大额房贷；在旧金山，350 000 美元可能只能购买一居室的平房。

当有足够资源且房价合理时，大额房贷（金额超出房利美和房地美上限）也会有市场需求。大额房贷有较高风险，但相应的回报也是可观的（管理成本与小额房贷一样，每个账户利润较高）。以审慎的态度并合理应用我们描述的审批原则是成功经营大额房贷业务的基础。采用任何统计模型评估一位 29 岁的互联网富商初次购买一栋三四百万美元别墅的个案风险几乎都是不可能的。准确评估这类个案需要本书内容之外的专业技能和判断能力。

消费者一抵一般限于自住房、度假屋及小规模投资房（1～4 套房产）。小规模房产投资人往往自己居住其中的一套，把其余几套出租。大规模房产投资人需要的房贷是另一类有别于消费者房贷的专业房贷。

房贷申请

我们在讲授消费金融管理课程的时候经常向参与者提问："你愿意填写房贷申请表还是愿意在没有麻醉的时候做根管治疗？"答案往往是根管治疗。房贷申请经常是冗长、痛苦且无隐私可言的。我上次做再贷款的时候，需要在 39 张表上签 78 个名字，整个文档有 51 页，超过 3 磅⊖重。当然，这种情况正在好转。几年前，有房贷贷款人估计获客成本超过 1000 美元，这个贷款人需要花费大约 2600 美元

⊖　1 磅＝0.4536 千克。

进行审核，同时借款人需要支付大约 1500 美元的申请费用（无论申请通过、被拒绝还是借款人主动撤销申请都需要交纳）。金融机构的房贷审批费用一般是按固定额度或贷款金额的百分点收取（如 1%～2% 贷款金额的费用）；费用和提点往往在促销时被豁免。收取房贷审批费用和提点也引起了消费者保护局的关注。现在，通过自动审批，房贷的审批被大大加速，与风险相对应的获客成本也大为降低。

当消费者在金融机构的分支机构、中介或互联网完成填写申请表并提交后，审批流程就正式开始了。金融机构（或中介，如果贷款通过中介）的专家会对申请人进行面审来确定其是否符合最低贷款条件，在线申请也会有相关人员进行审核。审核聚焦于以下几个方面：

- 贷款是否符合现行业务范围？
- 房产的价值是否足够抵押？
- 借款人过去的借款表现是否良好？
- 借款人是否有能力负担月供？

如果贷款符合现行业务范围并且借款人符合最低借款条件，借款人会被要求填写完整的申请表。有经验的审核人员可以很快筛选出不符合最低贷款条件的借款人，即显然不符合条件的申请人，并且会优先处理最具备资质的申请人。多数人不会马上被拒绝或优先处理。这个过程可以节约时间和资源，并且使最好的客户满意。

在美国，联邦政府对房贷申请和审批流程有严格监管。所有符合最低要求的借款人都要被评估，金融机构不可以限制任何人申请房贷。

自动申请和审批

申请完成后，正式审批就开始了。审批方式既可以采用传统的人工密集流程，也可以考虑到成本或统计可靠性等因素，采用自动审批。大多数金融机构使用自动审批，而且该方式也是本书关注的重点。房利美和房地美在二级市场的推动是审批自动化、快速化的主要驱动力量。房利美的桌面审批可以知道如何根据个人风险水平做出相应房贷风险的判断；房地美的贷款指引也有类似功能。这些自动审批依据对风险的评估，包括房产类型、房贷金额、用途、贷款价值比、收入负债比、资产、申请人信用历史及工作状况，来确定房贷申请需要的资料及流程。应用房地美的自动审批，可以将申请流程缩短 20～30 天，同时也有助于对非传统申请人的审批。

基于提交的申请资料，自动审批指导金融机构完成整个申请流程，包括何时使用何种表格，对房产估值；是否需要房贷保险，以及什么时候可以放松对房产价值比率的要求。如果房利美和房地美认可客户资质，并且申请流程严格执行它们的要求，自动审批就可使用评分在几分钟内给出初审结果。

下面是房贷审批的步骤。

房产基本信息和价值评估

金融机构首先需要从申请人那里获得足够信息来评估新购房产或再贷款房产的价值、房贷金额、首付来源，以及房产的基本信息。申请流程一开始应当了解房产类型——新房还是二手房，独栋房或度假屋，还是公寓；产权性质；是否为投资房等。一个机构的业务范围不一定覆盖所有房贷类型，如果申请的房贷在业务范围之外，可以引导客户到其他机构。

房利美、房地美和第三方机构通过自动估值模型提供类似房产交易价格的初步估计。当然，自动估值模型无法了解某一房产的具体状况及其独有的特点，但它们能够提供相关的价格信息。本章后续将详细讨论自动估值模型。房产估值是与评估申请人赔付能力同样重要的因素，因为如果借款人不偿还贷款的话，房贷抵押的房产可以用于赔付（当然，这个过程是非常困难的）。确定了房产基本信息和价值后，下一步是确定房贷金额。

贷款价值比

下面，我们需要确定房贷金额。行业对主要房产类型（自住房、度假屋、投资房等）的房贷有贷款价值比的规范，对某个房贷，需要确定贷款金额是否符合该规范，如超过规范，则需要决策是否要例外处理。前面提过，合规房贷的最高贷款金额是 625 000 美元；非合规房贷市场可以根据本机构的政策接受更高额度的房贷。合规房贷的贷款价值比一般是 70%～80%，下面是计算公式。

一抵高贷		
房产价值[①]（美元）	350 000	350 000
贷款价值比（%）	80	75
最高房贷金额（美元）	280 000	262 500

①根据房产交易价格和评估价值，取两者中的较小值。

在经济危机前的放贷潮中，许多机构在投资人的纵容下把贷款价值比放宽到90%～95%。理论上，只能对资质非常好或持有私有房贷保险（PMI，见下文）的借款人放宽房产价值比例。然而，当时各机构疯狂热捧房贷失去理智，已完全忽略了正常70%～80%的贷款价值比。

对无法负担首付的借款人，可采用以下措施。

（1）借款人可以购买私有房贷保险来补充首付。每年PMI的成本一般是贷款余额的0.5%～1.0%，直到房产价值比降到合规范围。

（2）部分机构提供"80/10/10"房贷，这类房贷只要求10%首付，剩下的10%由另一个高利率的贷款或二抵来补充。这类产品对借贷双方都是有利的。

- 对借款人：高出的利息可能比PMI价格低。
- 对贷款人：高风险、高收益。

对自住房贷款，由于风险较低，高一些的贷款价值比是合适的。参考历史数据可以发现房主自住的第二套房产或度假屋房贷风险较低，但其风险在近期内有所上升。用于房产投机的贷款，尤其是在繁荣地区的高层公寓，往往有更高的风险。需要限制一个房产投资人的贷款总额并降低贷款价值比到60%～80%，尤其是对高价格房产的贷款。

还有，如果某些地区房价持续高涨，就可能潜伏着下跌的风险。因此需要限制这些区域的贷款（如21世纪前10年的佛罗里达）。房价如果出现不同寻常的上涨（每月上涨2%～3%），可能是问题暴露的警示。（还记得希勒报告吗？）同时，除非估值是极端保守的，在萧条的市场贷款价值比应该低一些，如21世纪初的底特律。对一些非常规的房产，如房屋情况非常糟糕，且处于缺乏交易的农村市场，决定贷款价值比更要慎重。需要注意，基于市场惯例或按美国的法律要求，需要对类似的借款人一视同仁。例如，你对农村的房产有特定的规则，这个规则必须适用于所有农村的房产。

在确定贷款金额和贷款价值比（起码在纸面上确定，下文将会讨论具体如何验证）后，下一步是确定借款人信用风险。

借款人信用风险

申请人的评分通过自动审批生成，是后续步骤的重要参考指标。评分在房贷申请流程里是必需的。最近几年，评分的作用在二级房贷资本市场上得到了充分应用。现在，经营房贷业务的机构都要求使用 FICO、VantageScore 或其他有效的评分来对申请人排序。如果申请人没有评分，房贷的审批就只能通过通常的自动审批之外的人工密集流程。金融机构和投资人必须有明确的征信局征信信息和评分使用规范。例如，你同时使用美国三个征信局的三个评分，而三个评分通常都不会相同，那将如何处理？如何处理借款人和共同借款人非常不一样的评分？

收入和收入负债比

房贷审批过程需要考虑的一个重要因素是收入，包括每一个申请人的收入和收入来源，如果是联合申请，还要考虑家庭收入。同时，还要考虑申请人的资产状况。金融机构要了解借款人的还款能力及首付来源。需要验证明显不合理的资产、收入信息，如伐木工的年收入是 75 万美元，海运文员的年收入是 20 万美元。同时，需要验证申请人是否有足够的首付，在失业或有困难的时候是否有足够的资金（退休金账户、个人退休金，以及股票和证券）来维持几个月。金融机构需要有严格的流程来复核收入和资产。要注意佣金和奖金要另外处理。尽管资产可能缩水（当然，收入也可能在任何时候发生变化），但是拥有资产本身就是个人理财有方的一个标志。申请人拥有的资产也可以帮助申请人度过困难时期。在现今的借贷环境下，贷款人和投资人也可能会要求借款人有足够现金来支付两三个月的贷款月供，月供包括本金、利息、房产税和保险。这些资产应当是稳定的，如 60 天以上的存款。当收入和收入来源确定以后，贷款人要做收入负债比分析，即分析月收入与借债后月供的关系。月供包括贷款本金、利息、保险（如果房产位于洪水区的话，要包括洪水保险）、房产税、房贷保险（如果需要）及物业费。此外，包括信用卡、车贷、助学贷款的其他负债也必须计入收入负债比的计算。要注意，借款人可能在任何时候获得新的循环额度或分期贷款，负债比有可能发生本质的变化。在前面的章节中，我们讨论了确认收入负债比的难点及获得完整、准确数据的困难。虽然收入负债比分析难以做出统计推断，但是收入负债比分析对房贷这样大金额的贷款是必要的，尤其是当房贷需要在二级市场上出售，而二级市场的投资人对收入负债比有要求时。具体取决于借款人的信用和贷款价值比，收入负债比应该在 36%～45%。

房贷审批规范样例如表 10-1 所示。

表 10-1　房贷审批规范样例[⊖]

贷款用途	最高贷款价值比	最高收入负债比——36%		最高收入负债比——45%	
		评分 / 贷款价值比	现金资产储备	评分 / 贷款价值比	现金资产储备
自住房	固定利率——95%	680 如果 >75%	0	680 如果 >75%	0
	变动利率——90%	660 如果 ≤ 75%	2 个月	640 如果 ≤ 75%	2 个月
度假屋	固定利率——90%	680 如果 >75%	2 个月	700 如果 >75%	2 个月
	变动利率——80%	640 如果 ≤ 75%	2 个月	640 如果 ≤ 75%	12 个月
投资房	固定利率——85%	680 如果 >75%	2 个月	620 如果 >75%	6 个月
	变动利率——75%	640 如果 ≤ 75%	6 个月	640 如果 ≤ 75%	12 个月

以上规则确定如何通过（房贷）审批的过程来确定贷款条款及是否放贷。收入负债比、评分、房产价值比及现金资产储备对房贷审批都有影响。要注意，过分依赖审批规则会对业务的发展有影响。例如，需要考虑高房价地区的房价影响。同时，在大城市，房贷的负担会占年轻人收入的大部分，这样，如果是有前途的年轻人申请房贷，贷款人可以考虑接受收入负债比达到 50% 的首次购房者。

初审

申请提交以后，自动审批（房利美的桌面审批、房地美的贷款指引或本机构的审批系统）会给出以下结果，核实流程后续步骤。

- 通过：贷款符合风险及准入条件。
- 有条件通过：贷款不完全符合风险及准入条件，需要更多的资料做判断。
- 拒绝：拒绝，但申请人在条件改善的情况下可以重新申请。

⊖ 译者对阈值略作修改以保持一致。——译者注

在获取自动审批的结果后，贷款人必须决定是否批准贷款，或者获取更多的信息。同时，贷款人要决定是否批准金额超过规则的大额贷款，如果批准，贷款人可能需要用自己的资金放贷。

后续步骤

如果申请被自动审批批准，自动审批会给出后续步骤：验证申请人的信息及房产价值评估。

资产、收入验证

取决于审批流程确认的风险，可能需要验证申请人的资产和收入。有些验证是很简单的，正常工资收入可以从税单中获得。个体经营、兼职、加班费、奖金、佣金等收入是比较难以验证的，往往需要提交最近两年的税单以证明这些收入。税单也常用于证明其他收入，如利息、红利、投资收益、基金、赡养费、房租等。对个体经营者而言，收入验证过程需要更加严格，至少需要由资深的审批人员审查一两年的税单。因为个体经营者的税务相当复杂，涉及多种变动因素，审批人员需要理解这些细节，以判断税务数据的稳定性和可靠性。

房贷二级市场手册（如房利美的桌面审批手册）对非工资收入的界定有详细的指引（对审批的每一环节都有详细的指引），自动流程能帮助审批人员判断收入是否需要进一步验证。这些手册是使用自动审批系统的补充，可以利用手册来处理例外的情形。

收入欺诈在房贷审批中越来越普遍。工资单可以轻易伪造，税单也可能是假的。在贷款时，需要锻炼防欺诈的能力。

房产价值评估

房产价值评估是房贷审批的关键。房产价值评估的目的是通过既有数据评估房产的价值。评估的依据包括：最近类似房产的交易价格、房产税记录和房屋重建价格。自动估价模型可以简化估价过程，我们将在后文详细讨论。由于交易频繁，小区独栋房和公寓比较容易评估。独特的、设计师设计的、豪华的或在农村的房产由于缺乏可比交易，价值不易评估。此外，房产价值评估基于历史数据，如果房价大幅上涨或低落，评估就是不准确的。美国有规定，所有金额超过 25 万美元的房贷必须做房产价值评估。

评估师由行业、州，以及联邦政府监管，同时必须有执照。贷款人要对选择的评估师的资质负责。每个评估师的水平和评估结果都会有不同，对评估师的工作要有管理。尽管贷款人对评估的过程和结果承担责任，但是评估一般是外包的。选择合适的评估师有决定性的影响。

评估师的职责是对房产做一个全面、准确的评估以确定房产的价值。具体取决于房贷金额、贷款价值比、申请人评分、房产的固有风险。房产评估可以采用下列手段：①通过售楼清单、房产税及税务评估、历史评估做自动评估；②仅仅通过房产外观来评估；③完整的现场评估。

对部分贷款，房利美和房地美的自动审批提供的自动估价模型可以提供一个低成本而专业的价值评估。自动估价模型通过可比销售、房屋特征、房产税及房价趋势来建立统计模型以评估指定房产的价值。自动估价模型的历史不长，特别是不能评估豪华房产，从而难以在一抵中取代传统的标准评估，但是，自动估价模型对购房、二抵、房屋净值贷款/额度是非常有帮助的。

完整的现场评估需要评估师亲自到现场检查房产以确定房产的年代、大小（占地及房屋）、建筑结构、位置，以及房产的状况和邻居。每个房间都需要丈量。评估师需要确定影响房产价值的特征，包括后加的车库、露台、游泳池、热水浴池等。

自动估价的成本不到 100 美元，完整现场评估的成本会有几百美元。选择何种评估方式取决于风险水平和监管要求。有效的自动估价模型可以降低成本并加速流程。

保险、业主保险、产权保险及房贷保险

在房贷签约前，借款人需要购买灾害及责任保险。灾害及责任保险覆盖标准的火灾、伤亡、房屋责任。保险需要以贷款人为留置权人。产权保险也是必需的

保险。产权保险覆盖产权引发的风险，如在东北的某些房产由 1632 年交易的产权登记不正确而引发的产权纠纷。对在联邦政府确定的涝原区的房产来说，洪灾保险也是必需的。同样，地震易发区也有相应的保险要求。

我们在前文简要地提到了私有房贷保险，其目的在于覆盖低首付造成的风险。在房价上涨时，对信用优异的客户要求 10% 的首付是合理的。在房产止赎或出售的情况下私有房贷保险负担 10%～30% 的房贷损失。这类保险的成本大约是每年 1% 的贷款金额。与其他保险一样，贷款人需要对保险公司的偿付能力有所评估。评估的关键是确认保险公司在发生类似于 21 世纪前 10 年的金融危机时有能力偿付。注意，贷款人应该有流程以在房产净值满足合规条件的时候免除私有房贷保险的要求。在美国，法律规定在资产净值达到要求的时候禁止收取私有房贷保险。

签约和法律手续

贷款申请批准后，贷款人在放款、开户前需要完成法律相关手续和审计。签约必须在完成所有文档和审核后才能进行。例如，必须保证没有房产税和抵押的遗留问题。原房主因水费等细节没有处理而欠下大笔水费账单，会让新房主非常不愉快。

在签约时，买主须支付的各种费用要提前告知。该告知不但是合理的，而且也是法律要求的。除上述讨论过的保险以外，涉及的费用还可能包括房贷登记、房产估价、律师费用，以及几个不常见的转移费用和联邦、州、地方政府的税费（部分县/市会收取大约 1% 的转移费用用于购买湿地或空地等环保支出）。这些费用会让首次买主感到意外。房贷贷款人要负责在签约前为买主解释清楚这些费用。除非房屋价格很低，这些费用通常有几千美元。老话所谓"带支票本去签约"可能会永远成立。

房产净值贷款/二抵

二抵在 21 世纪前 10 年金融危机发生前非常流行，金融危机的爆发让大多数房主的房产净资产损失殆尽。现在，我们又可以看到相关产品的广告了。毫无疑问，这类产品会一直存在。总结一下，二抵指向已有一般一抵的房主发放的贷款；当贷款出现逾期或坏账等问题时，资产余额优先偿还一抵，剩余再偿还二抵。在美国，房贷利息抵税只适用于一抵或二抵，⊖同时二抵的利率较低，所有这些都让二抵成为正常的借款方式。传统上，贷款人通过邮件电视广告，特别是电视广告寻找二抵。它们的目标客户是高额高息信用卡负债的人群。

二抵的用途有多种多样，可用于偿还信用卡债务和其他短期债务、家庭装修、购买度假屋、偿还助学贷及其他任何支出。二抵可以是固定利率，也可以是浮动利率，通常二抵有两种基础产品。

- 固定金额分期。
- 房产净值额度（HELOC）。

两种产品都可能有本金摊还或有一段时间无本金摊还（通常前 5 年只支付利息），然后在固定期限内偿还。很少有二抵超过 20 年，当然总会有例外的情况。

对贷款人来说，尽管二抵的抵押质量比一抵差，但总要比无抵押好一些。二抵的抵押行为本身就是对违约的威慑。当然，如果房产净值不存在了（更糟糕的是当一抵超过房屋价值时），房主可能会选择不再偿还二抵。很多房主在 2007 年次贷危机时就这么做了。现在，尽管有抵押，但是不少贷款人会选择按非抵押贷款的流程来审批二抵。除非一抵贷款人已经开始房产抵押止赎，二抵的贷款人通常选择不做房产抵押止赎。止赎获得的资金要首先偿还一抵，有剩余的话才会偿还二抵。前面的章节讨论了破产增多对贷款市场的影响及非抵押贷款在破产时遭受的损失。与非抵押贷款不同，抵押贷款是不容易消除的。

二抵的利率通常高于一抵，原因是不同的风险及较小金额导致相对高昂的运营成本。传统上，二抵房贷的损失（30~40 基点）要高于一抵房贷（10~20 基点）。21 世纪前 10 年，二抵的损失曾高达 50%。当时，贷款人设计了多种风险越来越大的产品来开发二抵市场。次级客户贷款和高贷款价值比（如 125%）的贷款

⊖　当前，对于二抵，利息可用于抵税的最大限额为 10 万美元。

都是那个时候的产品。由于这些情况，在现在的美国，贷款价值比超过 90% 的房贷有更加严格的资本要求，只有提高价格才能使这类产品盈利。

我了解的风险最高的做法是鼓励借款人利用二抵投资股票。借款人被引导做当日交易，以至于交易额竟超过百万美元。该种商业模式只有股票市场一直上涨才能盈利，但股市总有跌落的时候，像 2000 年和 2001 年的科技股崩盘及 2008 年股票市场全面下跌就是血的教训。从事这类高风险业务的贷款人往往不能盈利，声誉受损，并有可能被监管处罚。

二抵审批

稳健的金融机构会按照与一抵一致的方式来审批二抵，但必须考虑时间和成本的因素。二抵一般金额较小（平均 2.5 万～4 万美元），因此必须控制获客成本。同时，借款人一般不愿意支付高额的签约费用。我们建议在全自动化的高频审批（如信用卡审批，大部分取决于评分，基本不做收入负债分析和信息验证）和一抵的审批（除了使用评分之外还有房产评估和人工流程）之间找一个平衡点来进行二抵审批。换句话说，二抵的审批可能只需要相对简单的申请单，使用评分、简单负债和房产抵押价值比分析，以及简单的房产评估。把二抵作为非抵押贷款来处理应该是比较合理的，除非总体的房产抵押价值比很低。对于金额很小的二抵房贷，自动评估房产价值或通过外观来评估价值应该满足要求。尤其是一抵才发放不久（3～4 年），一抵的评估还会有效。如果房产位于房价下跌的地区，就应该更仔细地评估。

一些关于房贷的常识

（1）二抵一般用于偿付已有债务，有机构要求客户提供偿付已有债务的证据，它们甚至要求把信用卡剪碎。但是，我们没有办法阻止客户在申请房贷后获取新的贷款。使用贷款来偿还旧债可能导致更多的借债。对借款人来说，最大的风险就是如果因为生老病死或失业而坏账的话，他可能失去住房。

（2）假设 80% 的贷款价值比，下面两个二抵哪一个更可取？

	贷款 1	贷款 2
房产价值（美元）	500 000	500 000
减：一抵（美元）	−350 000	−250 000
已有房产净值（美元）	150 000	250 000
最高二抵（美元）	50 000	150 000
贷款价值比（%）	80	80

因为金额较低，有人会认为 50 000 美元的贷款 1 更保守；其实贷款 2 风险更低，因为房主只要偿付 250 000 美元的一抵就能有 250 000 美元房产净值。此外，贷款人可以在 150 000 美元余额基础上收取更多的利息。

（3）二抵的贷款机构需要了解一抵和其他房产抵押的条款。例如，如果一抵是浮动利率，贷款人应该更保守。两个浮动利率会加剧利率上涨带来的影响，导致坏账出现的可能性更大。浮动利率的一抵在一定时期内可能有非常低或负的摊还，这样净资产可能就不能保证二抵的要求。因此，有部分机构对具有浮动利率的一抵客户不发放二抵。金融机构应该对如何处理浮动利率的一抵和二抵有明确规定。

（4）需要关注在高风险和次级客户中的掠夺性定价。掠夺性定价指的是通过高利率、高费用、高罚金及其他手段来获取超常规收益。用掠夺性定价来补偿次级房贷的风险是不合适的。新闻曝光、监管及社区的压力会很快让这样贪婪的贷款人破产。这些做法在美国都会受到监管。

（5）最后要提的是在金融危机前的房贷高峰期，不少机构放松了对流程质量的管控。它们放松了对贷款价值比和收入负债比的要求；接受了很多中介（甚至是有问题的中介）推送的申请；大大降低了对贷款资料的要求（"少资料"贷款）。在这三个因素的影响下，美国房贷核销率在 2010 年达到了 2.5%，是正常的 20 倍。这就是放松审批流程要求的惨痛教训。

至此，对房贷审批的讨论告一段落。不管你如何小心，总有一些房贷会出现问题，因此必须准备好做催收和止赎。

催　收

要设计合理的催收和止赎流程，需要先了解借款人对偿付各类贷款的优先级排序。用自住房抵押的借款人和购买公寓进行交易盈利的投资人的还款优先级会截然不同。度假屋和第二套住宅比自住房贷款的还款意愿会低一些。2006～2007年房市泡沫后，偿还的优先级和之前有所不同。通常，相比其他贷款，房贷月供的还款优先级是最高的，但借款人可能会按照金额和需求安排还款的顺序——需要开车上班，需要至少一张信用卡来应付日常消费。止赎可能需要很长的时间来完成（在佛罗里达可能需要两年时间），借款人可能会选择停止支付房贷而支付其他迫切的账单。这样，在止赎完成前，他们可以继续在自己的房屋内居住而不用支付任何"房租"。不论房价和房市怎样发展，这种变化可能都是永久的。

首先，我们讨论自住房贷款。

自住房贷款。自住房贷款催收的关键是区分是否有意愿还款的和少数没有能力或不愿还款的客户。具体可通过房贷的金额、止赎的成本及房产对个人的重要性进行判断，自住房相比于投资房和出租房更容易判断。止赎对自住房房主是非常有威慑力的。关键是能够尽早发现有问题的客户，并及时采取行动。对这些客户采取定制化的催收措施是合理的。当客户的经济情况恶化严重到影响房贷时，贷款人应该深入了解该客户的情况。贷款人需要与客户合作，寻找让客户正常偿付并避免房产止赎的方法。前面讨论过的通用催收措施对房贷也适用，个人建议设立单独的房贷催收部门。该部门催收人员应当花费更多的时间来理解客户的情况，而不是发送很多简单的还款提醒甚至应用行为评分进行房产催收。因此无须在该类工作中投入过多的精力。所有的房贷逾期都是严重的。在房产泡沫后，美国对房贷催收的规范和流程有严格的规定。所有房贷逾期的客户都可以申请联邦政府对自住房房贷的资助，贷款人不能阻挠客户获取政府资助。同时，房贷服务商要求同一个催收外包商提供从头到尾的完整的催收服务以确保客户获得最佳体验。

度假屋、投资房或第二套住房。该类贷款的催收流程可以比自住房的严格一些。尤其是投资房，催收通常只能强调对信用的损害。当然，如果投资是通过合伙公司借款的话，个人信用不会有太大的损害。所以，合伙公司的借款需要有个人的担保。如果发生逾期就可以由担保人偿付。对度假屋和第二套住宅，客户偿付的意愿会比投资房高，尤其是当客户及家人已经习惯于有度假屋的生活方式时。

止　赎

不管催收如何有效，总会有逾期的房贷因不能正常偿付而需要止赎。每个贷款人都应制定明确的止赎流程。止赎在全球都有政府的严格监管。政府和公众都非常关注金融机构把客户从住房中赶出去造成的影响。贷款人忽视此影响将非常危险。可以通过观看经典电影《罗杰和我》来了解止赎的影响。该片记录了在20世纪80年代的密歇根，由于汽车工业衰退而出现了大量房产止赎，一个止赎工作人员是如何把客户从他们的自己家驱逐出去的。还有，止赎的成本是非常高昂的，所以应当尽量避免。幸运的是，大部分止赎房产不用拍卖，房主通常自己销售房产，用所得资金偿还银行贷款。当然，在2007年后房价大幅下降时是不可行的。如果客户的困难是暂时的，贷款人应当尝试通过减少利息偿付来降低月供帮助客户渡过难关。如果客户可以负担低一些的月供，让其居住在自己房子里会比止赎好得多。在2008年金融危机里，修改房贷条款是贷款人、房利美和房地美等政府机构更愿意选择的方式。大幅下跌的房价使房主不太愿意花费巨大代价来持有住房，而且也没人愿意被赶出自己的家。贷款人应该灵活处理。

最后，如果借款人多次不能还款，别无选择之下，我们只有选择止赎。各国、各州止赎的法律规定都有所不同，止赎花费的时间也不同。对于止赎这种谁都不喜欢的困难事，更需要严格的流程；通过走法律程序，获取产权及处置房产。在此过程中，贷款人应该保养好房产，以便在处置时能获得合理的价格。贷款人需要雇用工人来做这些工作。不规整的草坪、损坏的窗户和脏乱的外表会让人失去购买的意愿。贷款人要估计此类工作的费用。出售房产可能要几个星期或几个月。贷款人在持有房产期间的存置费用包括税费、维护、水电气及委托中介出售的费用。此外，还有律师费等一次性的费用。表10-2可用于对这些费用的估算。

表 10-2 止赎费用表

费用	一次性	每月	4 个月	8 个月	12 个月
			期末总计		
一抵					
二抵					
维护 & 修理					
保安					
水电气					
税					
保险					
评估					
签约和律师费用					
中介费用					
总计					

	当前	4 个月末	8 个月末	12 个月末
贷款余额 + 存置费用	____	____	____	____
出售价格	____	____	____	____
预期收益 / 损失	____	____	____	____

　　同车贷的汽车处置一样，一个合理的做法是损失越早，损失越小：对手头的报价做一个分析，比较一下损失和费用。可以考虑用低于成本的利率来吸引客户购买止赎房产。虽然这是一个合理的方法，但是必须严格监控此类贷款的发放。同时要保证遵循会计原则记账，业务经理操作的止赎房产降库存在短期看似无损失，但是却为后期埋下了真正损失的隐患。

　　我们以此结束房贷的讨论。做得好，房贷是金融机构非常重要的盈利来源；做不好，房贷会是一个灾难。

第 11 章

消费信贷产品的利润分析

一个基本概念是：经营企业的目的是获得合理的、可接受的利润。因此，每个企业都必须充分了解利润是如何产生的。通过分析利润的组成，管理层可以更好地控制经营的每个阶段，通过优化来增加利润。换句话说，有了准确的信息，你可以做出更好的决策。那么要问的问题就是：

- 利润水平是否与每种产品的内在风险相匹配？
- 要扩张哪些产品，限制或淘汰哪些产品？
- 价差（向客户收取的价格与资金成本之间的差额）是否足以覆盖运营费用和核销损失？
- 哪些产品的费用较高，在何处降低成本可以达到目标利润水平？
- 什么时候应该采用竞争性降价，什么时候不应该？
- 如果一个产品不盈利或者很少盈利，什么时候提价以终止不良竞争（即使是以损失客流量为代价）？

这些都是难以回答但非常实际的问题。理解盈利能力不是纸上谈兵，而是企业运营的核心。并不是每个产品在任何时段都必须盈利，有时候要有某个产品作为"牺牲品",实现企业的总体目标。例如,由于较低的初始余额和较高的获客成本,新的信用卡账户可能在两年甚至更长的时间内不能盈利;企业必须准备好承担初始的投入,因为随着时间的推移这些账户可能会有可观的利润。但是,所有产品合计应该产生足够的利润以达成公司的业务目标。只有详细理解利润的组成,金融机构才具备生存必需的能力。

本章概述了分析和理解典型消费信贷业务盈利的方法。本书描述的详细程度满足不了大多数会计人员,如我们不会介绍怎么通过资产收益率、股本回报率、股东增加值、利润贡献、基于风险的资本回报率或金融专家使用的任何其他指标来衡量利润。事实上,我们甚至跳过了一些细节,包括何时 / 如何分配固定支出、现值计算及业务的其他细微差别。我们把介绍这些问题的任务留给其他专家。

我们所做的是概述消费信贷业务中关于利润分析的基本概念,并给你相关的工具,让你至少能理解如何按产品计算利润。另外,我们会回顾一下融资——第 10 章已经涉及过相关内容。融资是一个专门的课题,对消费信贷业务的盈利能力至关重要。我们只是概述了优秀业务管理的一些基本原则,其余的内容留给你的财务专家。

首先,我们讲一个基本概念——利润必须以产品的生命周期来计算,具体取决于特定的产品,有些的生命周期可能长达数年。

基于单一产品生命周期的利润分析

理解消费信贷业务盈利的关键是确定每个产品在其整个生命周期内的收入和支出流量(其盈利能力)。让我们回顾一下我们对产品的定义(在第 1 章中曾简要介绍过),以及如何确定生命周期。

按产品计算利润

分析消费贷款利润的目标是确定每组贷款的利润,这些贷款组是使用相同的标准条款和条件获得的。这也意味着这些贷款组具有几乎相同的收益、风险和运营成本。在本书中,我们将这些贷款组称为产品或子产品,包括一抵、二抵、标准信用卡、高端信用卡、学生信用卡、新车贷款、二手车贷款等。[一]因为关注每笔贷款的利润是没有意义的，所以我们将类似的账户划分到相应的产品或子产品中，并对其进行分析。一个产品的利润也可能因为处在不同时期而大不相同，我们将在第 12 章中更详细地介绍与时期相关的问题。[二]

产品的生命周期

下一个目标是为每个产品建立正常的生命周期。不同产品生命周期因产品不同会有显著差别。我们从两种主要的产品开始：分期贷款和循环授信。

分期贷款

计算分期贷款的生命周期是通过确定借款人所选的固定期限开始的。例如，对于汽车来说，标准贷款期限通常是 5～6 年，而出租汽车倾向于较短的贷款期限，如 2～3 年。另外，一抵的期限通常是 15～30 年。但是这些产品的提前还款行为可能非常多，这一点我们已经在第 9 章和第 10 章关于有抵押产品的部分讨论过了。在所有汽车贷款中，多达 20%～30% 是提前还款的（通常发生在最初的几个月），因为借款人往往能从另一个金融机构（如他们的信用合作社）获得更低的利率，或者汽车发生事故、被强制收回等。因此，贷款机构必须对分期贷款的提前还款行为进行一定的限制，尤其要注意申请审核和放贷过程的成本。

房贷会发生有规律的重新贷款，因为客户出售房屋、换工作、家庭规模变化、搬到更好的社区，或者利率下降；相反，如果利率上升，他们会坚持既有的房贷。在撰写本书时（2012 年），利率正处于历史低点，因此金融机构可以预期，当利率上升时很多借款人会尽可能长久地持有当前的房贷。

一笔房贷在你的账面保持的时间，会影响你如何投资和管理房贷，以及如何分配申请审核和放贷的成本。

循环授信

对于循环授信类产品，你应该对每种产品未来几年的收入和成本做出最佳估

[一] 我们将在本章后一阶段讨论贷款客户和支付客户。

[二] 同期账户指的是依照相同的产品条款和营销、审批条件在同一时期获得的一批账户。（**同期账户是个人信贷业务中最重要的概念，对同期账户的分析是一切个人消费信贷业务决策的基础**。——译者注）

计，并据此来构建模型。对客户未来多年的卡使用率、余额组成、资金成本等进行预测是比较困难的。基于这些假设，对于信用卡产品，我通常使用未来 4 年或 5 年的收入成本估计来建模。这并不是最好的方案，但它是一个合理的开始。1 年或 2 年生命周期的模型可能会提供误导性的信息，而 10 年生命周期模型的时间跨度太长了。（事情变化太快了！）首先，让我们看看如果只看 1 年内的结果会发生什么。图 11-1 显示了一个简化的利润模型可能包含的给定年份的信息——假设这类产品的详细信息在不复杂的业务中实际上是能够得到的。

（百万美元）	产品 A	产品 B	产品 C	合计
收入科目				
收入	100.0	180.0	200.0	480.0
收费	—	20.0	—	20.0
资金成本	−46.0	−100.0	−94.0	−240.0
净收入	54.0	100.0	106.0	260.0
支出科目				
获客	10.0	2.0	40.0	52.0
邮件	12.0	6.0	4.0	22.0
维护	16.0	8.0	8.0	32.0
催收	26.0	4.0	24.0	54.0
核销	20.0	0.0	20.0	40.0
整体支出	84.0	20.0	96.0	200.0
净利润	−30.0	80.0	10.0	60.0

图 11-1　传统的利润模型

显然，图 11-1 中有会计记录、年度报告、税务报表、高级管理报告等各类报表所需的重要数据。然而，该模型没有提供真正了解一个账户的表现所必需的细节。仅看总体结果，会错过以下几个重要内容。

- 营销和获客花费超过预期收入。
- 某些账户从未贷款，但仍会产生获客过程的所有成本，包括初始调查费用。
- 收入确认方法因产品而异。
- 随着时间的推移，分期付款产品的净客户利息收入减少，而信用卡产品的净客户利息收入增加。

- 催收成本和核销在账户生命周期的不同阶段有所不同：循环贷款在开始
  阶段只产生很少成本，更多的成本会随着时间的推移、使用程度和余额
  的增长而逐步形成。分期付款贷款在早期就会产生这些费用，通常在车
  贷的第一年和房贷的第一年之后。
- 催收追回的款项可能在客户账户核销之后几个月甚至几年内入账。

会计惯例可以缓和这些影响（如分期摊销获客成本），但单靠改进会计方法不
能完全解决信息误导的问题。简而言之，在查看产品的利润时，尤其是快速增长
或快速衰退的业务，有许多因素需要考虑。解决的方案是基于产品的整个生命周
期来核算每个产品（和重要的子产品）。

一旦确定了循环授信或分期贷款的生命周期，金融机构就应该估算一个典型
的贷款在其整个生命周期中将发生什么。这可以通过尽可能仔细地估计一个典型
的账户每个月（或每个季度）的正常收入、成本和利润（如平均余额、利息、费用
收入、资金成本、获客成本、处理成本、催收成本）来实现。⊖这种单笔贷款的预
测可用于预测类似账户组合的表现。

以下是一个循环额度信用卡客户逐步产生贷款余额的例子。如图 11-2 所示，
在客户开始使用信用卡并产生贷款余额之前，信用卡可能有 1 年左右的时间没有
利润。到第三四年，该模型表明这款产品的盈利能力非常可观——你想要永远保
持的那种盈利能力。但这只是一个样例。如果客户是通过余额代偿获得的，通常
客户会获得较低的促销价格，利润模型就会非常不同。在这种情况下，余额和大
部分费用都将从高水平开始，但是由于初始价格低，利润可能很低或不存在。此
外，余额代偿的客户可能有较高的流失率，留下来的数量会减少。

正如我们指出的，这些模型只是预测一个典型账户整个贷款生命周期的利润，
在这个例子中用的是信用卡账户。对于分期的类似预测将有非常不同的收入和成
本模式，如在贷款开始时利润通常很高，因为余额高；在结束时利润很少或不存
在，因为主要的贷款已经清偿。

⊖ 以月为粒度更加准确，但以季度为粒度对部分产品就足够了。

（美元）	第一年	第二年	第三年	第四年	第五年
平均余额	1 200	1 500	1 800	1 950	2 100
每个账户的收入					
收入	119	282	338	367	395
资金成本	−66	−83	−99	−107	−116
净收入	53	199	239	260	279
每个账户的支出					
市场营销	60	25	15	15	15
维护	35	40	45	45	44
催收	10	25	30	34	34
核销	15	61	80	103	100
合计	120	151	170	197	193
每个账户的净利润	−67	48	61	64	69

图 11-2　每个信用卡账户的利润模型

　　利润分析的下一步是估计在产品生命周期的各个阶段你分别有多少账户——循环授信和分期贷款都需要做这一步。图 11-3 是一个不断成长的信用卡业务（在此示例中，每年增加 20 万个账户）的年度测算，该示例显示了 5 年中每年的年利润。

	第一年	第二年	第三年	第四年	第五年	
						5 年平均 1 710 美元
平均余额（美元）	1 200	1 500	1 800	1 950	2 100	
新增账户（千美元）	200.0	200.0	200.0	200.0	200.0	
1 年期		180.0	180.0	180.0	180.0	
2 年期			160.0	160.0	160.0	
3 年期				150.0	150.0	
4 年期					140.0	
信用卡总量	200.0	380.0	540.0	690.0	830.0	
5 年内每个账户每年 的利润或损失（美元）	67	48	61	64	69	35 美元/ 卡
新增账户的损失	−13.4	−13.4	−13.4	−13.4	−13.4	
（百万美元）		8.6	8.6	8.6	8.6	
1 年期			9.7	9.7	9.7	
2 年期				9.6	9.6	
3 年期					9.7	
4 年期						
每年贡献	−13.4	−4.8	4.9	14.5	24.2	5.1 百万 美元

5 年总计 25.4 百万美元

图 11-3　信用卡业务的年度测算

上述模型显示，整个信用卡业务第一年亏损 1340 万美元，第二年亏损 480 万美元，第三年略有盈利，然后随着老账户的盈利能力远远超过新账户的损失，整个业务真正开始盈利。

这个模型说明了有关信用卡利润的几点。

- 新业务需要时间才能盈利。
- 由于流失和坏账，第一年获得的客户数开始减少。
- 金融机构建立业务的速度越快，获得利润所需的时间就越长——至少以现金流为基础来看是这样的（尽管会计规则可以改变这一点，如将新账户的成本按时间分摊）。为简单起见，我们只展示了随时间推移的利润的现金流分析。

上述标准美国信用卡的利润模型显示了理解产品生命周期利润的重要性。它使你能够了解业务的动态，并向高级管理层解释随着时间的推移会发生什么。例如，进入信用卡市场的金融机构可能在头两年不能盈利，你愿意告诉你的管理层吗？让管理层知道第一年获客的信用卡客户在第二年才能开始盈利，在第三年会有更多盈利，这样会让他们消除疑虑吗？如果一个金融机构不能用这种方式理解其客户，那它不应该从事这个业务。

这样，利润模型能确保金融机构在进入新市场或开发新产品时不会出现意外，即使头几年亏损，也能实现长期盈利。管理者必须了解账户的增加或减少将如何影响最终的盈亏，以及最重要的一点——一个产品是否能在预期生命周期内盈利。

为了使这种基于产品生命周期的利润分析充分有效，必须针对每个不同的产品和每个子产品进行详细的分析。例如，新车贷款、二手车贷款、十几年车龄的老旧二手车贷款各自都有非常不同的利润模型。另一个细节：在循环授信客户中，本质上来讲有两种不同类型的客户——贷款客户和支付（便利）客户。虽然我们在第 2 章中简要讨论了这一点，但是值得重新审视信用卡业务的这一重要方面。

支付客户使用信用卡是为了便利，他们会每月清偿余额；贷款客户则会每月支付最低还款额或总余额的一部分（包括利息）。一些借款人习惯于做月度付款的预算，如每月 200 美元、300 美元或更多，并允许余额随着支出上升和下降。

本章的利润分析假设所有客户是由贷款客户和支付客户组合而来的。因此，可以赚取利息的平均账户余额必须降低，以反映客户中的一部分是支付客户。

你还可以为每种类型的客户（支付客户和贷款客户）开发单独的利润模型，为了便利而支付的客户可能是无利可图的，而高余额、偿付稍慢的贷款客户的利润空间是非常可观的。对于一个十分认真地在典型的 22～26 天免息期内偿还欠款余额的客户，发卡机构能够从其获得的唯一收入来源是交易费，即发卡机构在商家手续费中所占的份额（如销售额的 1.5%～2.0%）。偶尔，收入也会从年费中产生。根据一些发卡机构计算，每年需要有超过 3500～4000 美元的新交易额，发卡机构才能从商家手续费中获得足够的收入，从而在免年费的支付客户上保本。有很多低利用率、免年费、支付客户在册会导致较低的收益率，尽管这些账户风险较低。关键是管理层应该知道并了解支付客户的利润来源，并且应该定期跟踪和重新计算这些利润指标，特别是当法规变更及费用占利润比例较大时。

其他因素

额外的一些考量可以使建模过程更准确，从而使模型更有用。

- 年收益可以折现以获得现值（未来利润的价值低于当前价值）。
- 应尽可能仔细地验证模型以确保准确性。这可以通过将预测的全部结果求和（每笔贷款的结果乘以账户数量）并将这些结果与实际年终总量相比较来完成。换句话说，如果你估计正常处理一笔贷款申请的成本是 18 美元，那么上一年处理的所有贷款的总成本是否等于运营部门实际发生的成本？
- 模型可以被截断来单独计算利润，并单独计算开销。当然，我们也许不能做到精确地按产品或子产品分配开销。
- 一旦做过验证，并且产品、客户行为或经济环境没有发生重大变化，基于产品生命周期的模型只需要每年或更长时间更新一次就足够了。

最终结果（每种产品一个月、一个季度、一年或整个生命周期的净利润或损失）能让管理层知道是否值得去维持一个业务，或修改一个业务的某些方面，以及扩展或放弃一个业务。这些决策可以和智能定价决策、成本削减分析等一起合理地做出。忽略利润模型会在今天这个充满竞争的消费金融领域招致灾难。

必须注意的是，模型的稳健性和文档是现在监管的重点。模型需要支持年度压力测试（至少大的机构需要这样做），以及《巴塞尔协议Ⅲ》的报告和资本计算。同样，对这些话题的全面讨论将留给这些领域的专家。

分配收入和成本

下一步是遵循一般公认会计原则进行收入和成本的分配。成本分配可以通过仔细分析信贷周期中的每个步骤来完成，包括账户获取、账户维护（含客服）、催收和核销。

这些成本被定义为可变的，因为它们是基于每个账户的基本情况发生的。对这些成本必须进行一些详细的分析。问问你自己：

- 处理一张白金卡申请的成本是否比处理一张标准卡申请的成本高，这是否反映在单位处理成本中？
- 汽车或房屋抵押贷款的转化率是多少？批准从未转化的贷款花掉了多少钱？
- 一个产品的逾期率是否高于另一个产品？在分配催收成本时考虑这个因素了吗？
- 一个产品比另一个产品有更多的客服电话吗？相比另一个产品的客服电话更容易或更难处理吗？

通过员工人数或成本分析可以提供特定的信息，如账户的获客成本和每月维护成本。通过仔细评估整个过程，详细审核每个步骤花费的时间和资金，并将这些成本除以已注册的账户数量或活跃账户数量，可以计算出上述成本。如果需要，所有这些信息都可以用于修改这些流程。

最后，应该审核固定成本，即无论有多少注册账户都保持不变的成本，包括管理费用、办公空间和家具、公司管理费用摊销、计算机和其他设备，以及所有其他日常管理费用（如会计）的摊销。还有，不要忘记董事长的私人飞机费用。

固定成本应通过一般公认会计原则来分配，在没有合适原则的地方按常识来摊销。标准分配方法是按照人数、资产规模、收入贡献、可变成本来分解这些成本，或混合使用这些方法。一些费用，如政治捐款的费用或在华盛顿特区游说工作的费用，可能不值得分配。另一种方法是按产品计算利润贡献值。这意味着只汇总与产品相关的直接收入和费用，并按整体业务来计算固定成本。只要明确说明，这种方法可以解决一些很难分配费用的困境。

这里的基本思路是应用常识和逻辑来计算产品的盈利能力。总的来说，计算结果应该是一些可以被接受的数字。例如，在给定时间段内，每个产品的利润总和加起来应该与业务的会计结果一致。更重要的是，贷款人要确保这些数字是合乎逻辑的，并且可以被总体验证，而不是纠结个别产品之间成本分配的细节。

基于产品汇总利润

图 11-4 总结了一些主要消费信贷产品生命周期的利润分析示例。虽然具体数字很有可能因为金融机构和国家的不同而有很大的不同，但是它们的趋势是符合规律的。这些生命周期的总结是分析每种产品风险 / 回报的有效方法。

资产回报率（%）	信用卡	无担保贷款	联名信用卡	车贷	房贷		次级贷款
					二抵	一抵	
利息收入	12.4	10.0	18.0	6.0	6.5	5.5	22.4
费用或其他收入	5.6	1.2	2.5	0.5	−0.5	−0.5	4.8
收入合计	18.0	11.2	20.5	6.5	6.0	5.0	27.2
减去：资金成本	2.0	3.5	3.5	3.2	3.0	3.5	5.0
净收入	16.0	7.7	17.0	3.3	3.0	1.5	22.2
运营费用	4.8	2.3	5.5	1.5	0.3	0.1	6.0
核销	5.5	3.0	9.0	0.7	0.2	0.1	11.5
支出合计	10.4	5.3	14.5	2.2	0.5	0.2	17.5
税前利润	5.6	2.4	2.5	1.1	2.5	1.3	4.7
税后资产回报率	3.6	1.6	1.6	0.7	1.6	0.8	3.3

图 11-4　产品利润分析（基于生命周期）

通过快速浏览该模型，你会看到很高的回报（3.3% 的资产回报率）——基于次级贷款，也会看到较低的回报——基于传统较低风险的房贷（尽管不是 2012 年的数据），以及每种产品的风险 / 回报。风险只是这些利润数据中的一个因素，还需要注意不同的产品的利息收入、资金成本（根据期限而变化）、费用或其他收入和运营费用也非常不同，理解这些因素是非常重要的。

我建议管理人员深入理解这些生命周期的利润分析，把它们印在头脑中。他们的计算机中也必须有正式的版本。当然，他们的版本显然要经过调整以反映他们自己的目标市场、产品组合等。这些关于利润的总结也是理解和控制业务的重要指标。

这些生命周期的利润分析也基于风险定价的基础。

风险定价和风险调整收益

如本章前面和第 1 章所述，每种产品都有基于历史表现的固有风险，每种产品的定价应该反映这一点。例如，次级房贷的价格高于优质房贷，因为次级房贷的固有核销率更高。

请注意，因为良好 / 不良的经济时期或者不可预见的事件（如战争爆发），所有产品的固有核销率都会上升或下降，21 世纪前 10 年的金融危机就是一个例证。除了基于风险定价之外，还要考虑投资组合风险调整收益。图 11-5 有助于解释这个概念。

资产回报率（%）	A	B
收入	13.0	20.0
资金成本	−5.0	−5.0
信用风险损失	−2.0	−9.0
运营费用	−4.0	−4.0
收益	2.0	2.0
信用风险损失调整 +50%	−1.0	−4.5
风险调整收益	1.0	−2.5

图 11-5　风险调整收益

图 11-5 显示了两个投资组合，一个是年利率 13% 的标准定价，另一个是相同产品年利率 20% 的风险定价。两者均显示 2% 的收益，20% 带来的额外收入用于抵消信用风险损失的差异。然而，当经济环境恶化时，核销率可能增加多达 50% 甚至更多。

图 11-5 显示了信用风险损失增加 50% 的影响：投资组合 A 仍然有 1% 的正收益率，而投资组合 B 的收益率为 -2.5%。在进行风险定价（和所有定价）时，我们建议对资产组合进行模拟，以确定信用风险损失增加对产品收益产生的影响。

贷款人应该经常测试每个产品的风险调整收益及风险定价，以确定风险 / 回报是否合适。

资金来源

银行或金融机构通常会因两种情况停业：过多的不良贷款或无法获得与定价匹配的资金。合理的风控管理对于金融机构至关重要。资金管理也同样重要，但本书没有深入讨论，因为一般财务部门负责筹集资金。典型的业务经理通常从公司的资金池中获得资金，业绩通过他在运营成本控制、业务量提升和损失控制等方面的表现来衡量。

金融机构通常通过客户存款、储蓄账户、定期存单、向其他银行借款、资产证券化和卖出账户（见下文）、发行债务（包括次级和高级债务）等方式筹集资金，当然其还有自有资本。

一个原则是资金成本随时间增加。换句话说，随着投资周期的加长，投资者预期更高的收益，因为随着时间的推移，投资坏账的风险增高，通货膨胀的机会也会增加。通常，活期存款账户的存款是最便宜的资金来源，因为它的唯一成本是账户管理成本（如开设分支机构、雇用柜员、发出账单等）。然而，这些账户也有最短的到期时间，因为它们可以随时被取出，所以，使用活期存款向一个 30 年期限的房贷提供资金显然不是一个好的方式。其他债务工具，如定期存单、债券等，以及客户储蓄账户，都定义了从隔夜到 6 个月、10 年、20 年或 30 年的到期日，并且提前确定了要支付的利率。

由于贷款都有不同的到期日，贷款人在资金使用中必须做出的关键决策是，如何匹配资金和资产的期限，即可以接受多少不匹配的风险。如果所有贷款都能用短期资金供资，那么可以节省大量资金。然而，这种方法带来两个重大风险：①短期货币的成本存在高涨的可能（当美联储决定提高利率以抑制通货膨胀时）；

②存款人和短期投资人突然或在重大事件发生后大量提取资金——通常在金融机构可以正常清算资产获得资金之前。这种类型的"银行挤兑"导致银行崩溃在美国已经有很多年没发生，因为存款人每个账户有250 000美元的额度由联保存款保险公司（FDIC）进行担保，但是这类事件在一些海外银行还有发生。

为了避免这种问题，银行通常将借款期限大致与贷款期限相匹配。因此，信用卡贷款更多地与短期或中期资金匹配，车贷更多地与中期资金匹配，而房贷更多地与一些中长期资金匹配。期差操作这个词用于描述管理层愿意吸收短期资金进行长期贷款的风险程度。另一个选择是通过资产证券化流程将资产打包并出售，以降低资金风险。

资产证券化

近年来，拥有大量消费贷款资产的机构将部分资产打包和出售（证券化）作为一种资金筹集的方式（更准确地说，一种替代传统筹集资金方式以满足资金需求的方式）。由于银行受到监管机构的持续施压，它们设法提高资本/资产比率，一种方法就是通过销售和证券化资产将其从账面资产中移除。花旗银行、摩根大通和其他主要发卡机构一直是这种筹款形式的强力支持者。

这个概念不是新发明。多年来，银行通过政府机构（如房利美和房地美）打包和出售一抵（见第10章）。比较新的趋势是抵押和销售信用卡、车贷、房屋净值贷款甚至移动房屋贷款等资产。这种趋势为证券化票据创造了一个全新的、价值以数十亿美元计的市场。由于我们不讨论资金来源的细节（我们将其留给其他专家），这里你只要明白应该考虑将资产证券化作为资金来源的一种方式就够了。

需要记住，无论能否资产证券化，金融机构都必须遵循健全的审批流程/标准。越来越多的投资人要求金融机构和发卡机构回购审批不健全的贷款资产。这会导致金融机构承担更多的信贷损失和潜在的诉讼风险与成本。

总　　结

作为总结，让我们回顾一下金融机构在理解和管理利润方面需要的不同粒度。

这里我描述四种不同的粒度，你可以把这个视为一个测试，以了解你的机构今天所处的位置，以及你计划在将来达到什么水平，如果你对现状不满的话。

1 级

所有消费信贷产品的收入、成本和利润合为一体。可以比较年度预算和年初至今的实际数字，但只能确定造成差异的主要原因。通过改变价格以应付竞争对手，但很少通过数据分析来做这样的决策。风险管理目标为尽量减少损失。做简单的收入和成本分析。

2 级

其他情况同上，但对每个主要产品的利润有大致的理解。标准化的收入确认，成本分析用于发掘执行与预算差异的原因。可以确认可变、半可变和固定成本。在没有完全理解期限匹配的情况下做出资金使用决定。

3 级

每个主要产品的生命周期盈利情况是明确的。产品和定价决定是在仔细分析的基础上做出的。通过接受高风险产品获取高回报，不盈利的产品会被淘汰。长期投资是为了获得潜在的高收益，即使在短期内没有盈利。详细分析和控制成本。资金使用的决策准确反映贷款和资金的期限匹配，缺口风险只有在充分了解意外利率波动的后果之后才会被考虑。

4 级

其他情况同上，但对每个产品按同期账户和 / 或子产品（如 10 年车龄的二手车）、来源、区域细分、贷款客户和支付客户等维度来计算生命周期利润。在使用评分的情况下，各分数区间的获利是明确的，决定阈值以优化利润为目标，而不是最小化风险。全面地使用测试组和对照组来优化营销，控制催收和其他成本。

在目前竞争激烈的消费信贷业务中，任何金融机构想要生存、发展，都必须提高利润分析能力以达到最高的专业水平。

第 12 章

管理信息

本章将讨论消费金融公司需要了解的有关制定管理信息（MI 或 MIS）的原则。这将帮助公司了解其业务发展情况。获取这些信息的基本方法是制定各个业务层面的标准化报表，包括运营、营销、财务、风险管理等。这些报表应包含天、周、月、年等多个时间统计维度，这样才能告诉管理者当前的业务情况。在制定报表时应该均衡考虑：数据太多，管理者会觉得混乱；数据太少，又不足以说明情况。当前面临的问题往往是提供了太多的细节而没有足够的分析。造成这一情况的一个原因是计算机没有任何判断力，它没法按人类的思维进行理解和评估。计算机只能不断地产生数字，并且衡量数量总是比衡量质量容易得多。

本章的目的是梳理一些报表原则。以下是我们将在本章中介绍的良好的管理指标监控的八个原则。

- 报表需要体现业务的发展趋势。管理层需要掌握各个业务层面的发展状况。
- 每个产品都要有清晰的标准。需要设置业务预期并进行回顾。
- 对数据汇总。数据详单交给专业的技术人员处理就好。

- 对数据进行细分。举个例子，账户的表现可能根据获取的方式（邮件营销、经销商、批发商、区域等）变化，跟踪这一点非常重要。
- 用图表来展现数据。
- 将数据串成故事，前后逻辑清晰。
- 坚决不要撒谎或隐瞒信息。
- 对获取的信息采取行动。

下面将逐一具体解释这些原则。

汇报趋势

太多的报表只显示一天、一周或一个月结束时的业务快照，但不显示这一段时间内业务的趋势。这种做法违反了管理信息的基本原则。有时，这种只显示某一时间点的报表是管理者掌握当前业务的唯一来源，它可能会反映一些重要的信息（如当前的账户审批通过率），但没有显示出趋势的报表是不完善的。它没法告诉人们账户审批通过率是上升还是下降，业务是增长还是萎缩，逾期率上升还是下降。

图 12-1 反映了某银行基于汽车场景的消费信贷产品的经销商核销问题。

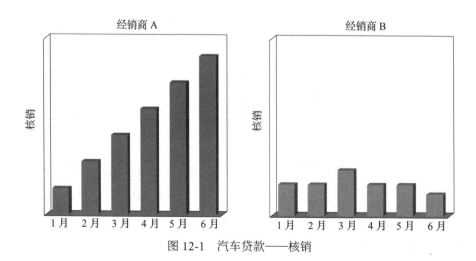

图 12-1　汽车贷款——核销

通过趋势可以看出该业务的问题。由经销商 A 发出的车贷核销急剧增加，同一期间经销商 B 却很稳定。你可以很容易地看到问题出在经销商 A，从而对其进一步调查。经销商管理者是否有变化？财务和保险经理是否发生了变化？目标市场（汽车还是客户）是否有变化？是否产生了欺诈申请？这个报表提出了问题，但没有给出答案，但是这种类型的信息必须尽早获得，这样你才能提前发现。

设立指标

设立指标可以帮助公司衡量当期业绩与预期目标的对比。图 12-2 按不同评分范围对账户的表现进行了预期，管理者可以将实际业绩指标与此预期进行比对来优化业务。

月活动总结 日期：8 月 30 日 产品：汽车消费贷款	预期	8 月	7 月	6 月	年初至今
申请	1 805	1 491	1 602	2 424	15 068
通过	1 400	1 085	1 141	1 658	10 849
通过（%）	76	73	73	68	72
评分（%）	100	98	98	94	97
评分范围					
A%	34	41	36	31	39
B%	58	55	61	58	51
C%	4	1	3	9	5
平均分	124	127	124	119	129
低分重判率（%）	4	3	0	2	5
分数误差（%）	3	0	0	6	2
高分重判率（%）	9	8	10	12	6

图 12-2　管理信息

在图 12-2 中，申请、通过的账户数、评分范围和异常数量都按月统计，并与预期进行比对。有两个数字需要特别关注，高于和低于预期的百分比。如果这些数字显著高于预期，就可能表明你的评分系统或审批人员能力出现了问题。报表显示人工干预率明显高于预期，但在上个月似乎已得到控制。

本书其他章节涵盖了消费信贷业务的多个指标，如在汽车贷款业务中账户的通过率、滚动率、客户服务关键指标（如电话被应答前的振铃次数），等等。我们需要先设立指标，再与实际数字对比、回顾。衡量整体绩效的总体指标通常是非常清晰的，这些关键指标，如盈利能力、资产回报率或股本回报率等一般由公司高管和跟踪公司股票的华尔街分析师确定。如果业绩表现与预期相比有很大差异，你就将很快被奖励或惩罚。

数据汇总

时间管理对于管理者来说至关重要。高级经理应该把经常审阅的重要报表科目控制在 10～15 个，这些科目应包括市场、销售、风险和运营等的关键指标，以上这些本书中都有涵盖。例如，显而易见，坏账率很高说明信用卡业务一定出了什么问题。管理者可以通过分析图 12-3，了解每个逾期阶段的平均账户余额大小。

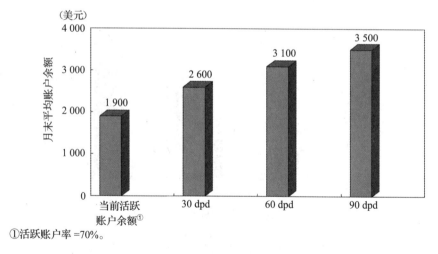

①活跃账户率 =70%。

图 12-3　管理当前账户

当然，对于公司内部管理应该有更详尽的报表，但可以从图 12-3 那样的摘要报表开始。管理者应该随时能够得到最新的报表，如邮件销售测试结果、不同催收策略的效果及最新促销活动的结果等。但是，如果要求管理者每月阅读西南区域二手车销售按评分维度（210分表现如何、220分表现如何等）的业绩报表，那就是考验人的耐力了。

数据分解

"剥洋葱"这个词经常被用来形容分解资产数据的过程。分解对于公司意味着定义哪些是问题，哪些不是问题或者说哪些是机会，哪些不是。

如果你的业务规模和业务方式总是一成不变的，也许就不需要分解。然而，这种情况是极少的。对于快速增长的业务来说，快速地获得反馈至关重要。例如，如果逾期总数在增加，那么我们需要知道这是一个普遍问题还是某次特定邮件营销有问题？如图12-4所示，我们可以看到一个并不乐观的趋势，核销率随着邮件营销的进行而持续增长。

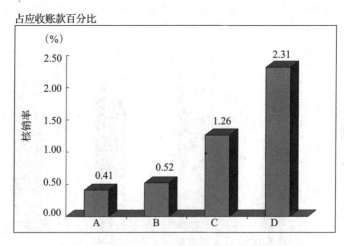

图 12-4　邮件营销客户的核销率

接下来要问的问题是：核销率为何会随着邮件批次（或同期账户）增长？是因为评分较低、选择标准不同、地理区域不同，还是以上这些因素的综合影响？图12-4只提出了问题，但没有给出答案。通过分解每个邮件的数据，你可以看到是目标市场、审批过程、地理来源还是其他因素出了问题。这里的关键是你现在有了解决问题的出发点，你可以知道该问什么问题，然后才是找到问题的答案。只有找到问题的答案才能采取正确的策略。往往一个人的职业生涯就毁于忽视一个简单的问题。

以图形方式呈现数据

我们不能把原始数据扔给高级或中层管理人员。俗话说"一张图胜过千万字"，图形非常适用于呈现业务趋势和问题。评分系统是否正常工作？当你只需要看图 12-5 一眼，就能知道评分系统是否正常工作。

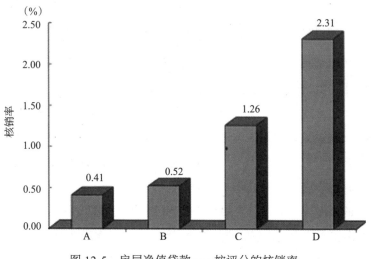

图 12-5　房屋净值贷款——按评分的核销率

尽管只有数学家可以从统计上证明评分系统为什么可以区别客户的风险，但是一张清晰的图表可以立即告诉管理者低得分者（C 组和 D 组申请人）的核销率比高得分者（A 组和 B 组申请人）更高。

讲故事

太多的报表会让人感到无聊，一整本的商业统计则令人麻木。没有任何工作比每天、每周或每月审阅一份 35～45 页的报表，在成千上万个数字中寻找需要的信息更为可怕。对于分析人员来说，最关键的是剥离细节，抽取报表中的重要数据，并以讲故事的方式引起管理者对重要数据的关注。

每个人都有故事。例如：

- 南方区域的房屋净值贷款转化率下降到43%。该产品在转化率低于53%时将无法盈利，只有达到60%才能让公司达到利润目标。该区域正在审查经纪人，以剔除那些业绩差的经纪人；5月转化率的目标是50%，8月将到达60%。新目标已制成图表，并将每月回顾。
- 在7月对评分高于250的金卡账户开展的促销活动进展顺利。平均使用金额增加了23%（对照组为3%），平均余额增加了18%（对照组下降了4%）。另外32 000个账户将在1月进行类似的促销活动。

这两个故事都值得分析。它们对于重要趋势做出了明确的表述，并有数字支撑，最后给出了针对这些数字采取的行动。第一个例子传达了一个坏消息。房屋净值贷款的审批有很高的成本，通过审批没有转化的客户对利润的影响非常大。然而，如果报表系统是常规、客观并且标准化的，那么这个信息不会让任何人反感。优秀的管理者应该信任客观的报表并制订相应的行动计划。当然，当得到好消息时，他们会非常开心，如第二个例子。

在他们的经理指导下，报表编制者的目标是提供信息，不论信息是好还是坏，然后以陈述事实而非激发情感的方式汇报。这是好的新闻记者在挖掘新闻过程中使用的方式，不同的是财务或风险管理部门的"内部记者"与受众在同一个团队中而已。基于人性，不同部门在业务中总会有"敌意"，但大家并不是"敌人"。通过避免评论和指责，并强调好消息，报表编制能为公司的成功发挥至关重要的作用。

安静的人

大卫·哈伯斯坦的《推算》一书讲述了日本汽车行业的兴起，以及美国竞争对手从1950~1970年的衰落。日产和福特两家公司就是例证。其中一章"安静的人"介绍了最杰出的商业记者之一，福特执行财务副总裁埃德·兰迪，以及他对公司的影响力。

在与亨利·福特二世、福特高管及董事会的月度会议上，埃德以精心准备的报告总结了福特在全球的表现。巴西的制造业绩被提及（连续 3 个月超过预算 12% 以上），福特部门的销售业绩受到表扬（但销售激励已超过预算 13%）。最后，由于低于预算 1120 万美元（12%），新的亚太业务部门获得表彰。

埃德的报告包括了公司业务的方方面面，公司的整体业务都被总结到 30 多页经过仔细斟酌，客观公正的报告里。为准备这个报告，10 几个才华横溢的分析师（包括本书的作者之一）对公司的业务细节进行仔细挖掘，找到"故事"，然后以清晰的方式总结。每页（"幻灯片"）都包括一个精确的图表或数字表格，以及经过仔细斟酌的文本（"脚本"）。这份报告在分析师中接替相传，最后形成一份超过 50 页的文档。任何失误都将带来灾难（被开除），最糟糕的是被派遣到蒙古的福特工厂，而工作出色将得到晋升。

这份月度报告"财务审查"由于经过非常严谨的准备（准确性和深度沟通），成为埃德和他的财务部门最有力的工具之一，帮助了高级管理层理解一个复杂、动态的业务。

永远不要在数字上撒谎

俗话说"数字不会撒谎，但骗子会"，有些危言耸听。在那些声誉良好的机构中很少有人蓄意撒谎。然而，迫于业务压力，在做报表时有人会使用半真半假的手段。我们前面曾提到，某著名信用卡公司因有意隐瞒其不良贷款的坏账率而受到惩罚。消息披露后，其股票受到了严重的打击。接下来的调查显示，一线管理人员使用了巧妙的方式来达到不可能完成的坏账指标，而全然不顾获客质量的好坏。但撒谎也有其他形式，如下。

- 高估资产的抵押品价值，低估潜在的坏账。
- 以严厉的催收手段为由，设定过低、无法完成的坏账指标。

● 不分解资产以确认问题账户，即用好账户来掩盖坏账户。

做报表应该避免这些诱惑。真相最终会被发现，这样的做法可能导致被开除。此外，这样的做法也很浪费时间，时间应该被用于发现和解决问题。

报表另一个微妙的问题是，真相由于无知而被隐瞒。这种情况在计算快速增长的资产的逾期率和核销率时常常出现。

如第 7 章所述，新账户需要时间才会出现逾期或坏账，新增账户对逾期率和核销率的分子没有贡献。同时，新增的应收账款会出现在分母里，这样，正常的逾期率和核销率的计算会被扭曲。逾期率和核销率在业务快速增长期间会下降。当这种增长未能按同期账户分解来分析其业务表现时，结果可能是灾难性的。不考虑这些因素的报表很容易欺骗不熟悉业务的人。图 12-6 显示了滞后和未滞后的情况。

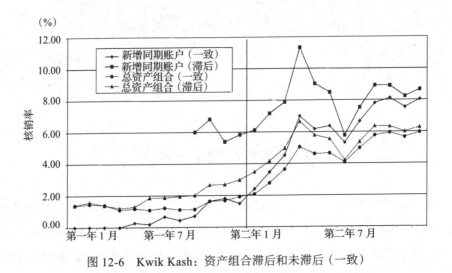

图 12-6　Kwik Kash：资产组合滞后和未滞后（一致）

图 12-6 显示了两年期无担保信贷资产（我们称为 Kwik Kash）的核销率。如果只看 Kwik Kash 资产整体未滞后的坏账率，你很难找到问题。核销率在第一年末只有 2%（见下面的虚线）。即使在滞后的基础上，核销率也只达到 3%，这看起来不可怕。

然而，如果你分解资产，单独看快速增长的新账户，真相就浮出水面了。新账户的核销率超过 6%，几乎达到 12%（顶部实线）。这才是事实真相。管理团队应该对此立即采取行动，了解到底发生了什么。情况是不是在预期中？催收是不是有问题？运营有没有问题？邮件营销环节呢？当核销率超过 8% 时，资产是否盈利？良好的管理信息是重要工具，而糟糕的管理信息对业务管理简直是灭顶之灾。

根据信息采取行动

最后，你不仅需要设计、制作、阅读和理解管理信息，还必须根据管理信息来采取行动。一个典型的反面案例是当房价在 21 世纪前 10 年初急剧上涨时，贷款人由于缺乏行动最终导致巨大损失。正如第 10 章中讨论的，希勒报告（100 多年经过通胀调整的房价的报告）的信息应该引起贷款人的警觉。报告显示房价上涨远远超过了历史水平，然而并没有人（起码在大型银行里）在这个时候阻止他们的业务人员继续高风险贷款业务。这一事件原本是可以不发生的。

总　　结

每个管理者都应该想好他能处理多少细节。每个人都是不同的，一些管理者有原则，要求大量的细节；另一些则相反。在这种情况下，他们更需要一个良好的分析师来筛选和总结信息。对所有报表进行年度回顾还可以帮助管理者更好地了解哪些报表需要优化、取消或保持原样。这样也有助于控制报表的增长（没有这样的过程，报表会堆成山）。高管对报表的年度回顾也可以让重点报表更加直观和有用。

组织架构管理

消费金融公司有各种类型的组织架构。有集中的，有分散的，有明确利润指标的，有没有利润指标的。在各种类型的组织架构下，都有成功或失败的金融机构。

一直有个流言，人力资源部门和组织发展顾问依赖于先分权，再在 5 年后集权的模式得以生存下来。每次组织架构的变动都试图解决现有及可能发生的问题，每一次变动都伴随着大量调研、深夜会议、冗长的规划讨论和高昂费用。一些金融机构确实能在这种混乱中茁壮成长，但大多数都不能在这种混乱中发展。

根据我的经验，金融机构在满足下列条件时通常可以高效运转：

- 权责清晰且明确。
- 每位员工有清晰、实际且可实现的目标。
- 薪酬与实际业绩相匹配。

本章我们将讨论搭建消费金融公司组织架构的一些方法。

组织架构

高效的组织架构有两种主要模式：职能型组织架构和产品型组织架构。

职能型组织架构基本上是一种集中管理业务的模式。这种管理模式的理念是用高效、专业的营销、财务、催收等部门来为多种不同产品提供服务。产品型组织结构是一种分散的管理模式，每个产品都有自己的职能部门。这两种类型的组织架构各有其优缺点，当然，不同企业会对基本模式进行变化和改进（如按地理区域）后使用。在这两种模式中，都要明确该业务的负责人。如果负责人不明确，企业将无法正常运营。因为消费金融公司（包括资产和负债）与传统商业银行及新兴的投资银行有很大不同，所以消费金融业务应该是独立的，且负责人需要直接向公司最高负责人（COO 或 CEO）⊖汇报。此外，小微贷款的管理也越来越多地通过数据驱动，小微贷款与个人业务合二为一也越来越普遍。

接下来讨论产品型组织架构和职能型组织架构的一些优点和缺点。

产品型组织架构

在产品型组织架构中，指定的产品经理拥有人员、组织和权限以实施自己的产品决策。在理想情况下，这些权限也包括影响利润需要的权限，这样产品的利润将是一个人和一个部门的责任。必要的人员包括运营、销售、市场、系统/技术、风险管理、财务、审计、人力资源，有时还包括管理信息经理，这些人员都直接向产品经理报告。如果组织太庞大或太复杂，组织结构中甚至还可能有中间管理层，图 13-1 仅供参考。

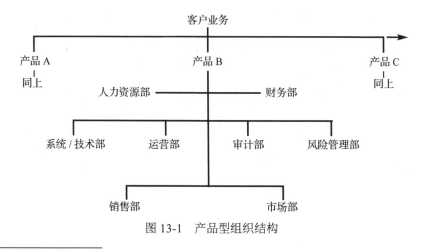

图 13-1　产品型组织结构

⊖　很小而不需要进行单独管理的公司是特例。

这种组织架构特别适用于有清晰边界的产品，如信用卡、车贷、房贷和房产净值贷款等。此外，还可能设置独立的子产品经理并做进一步的细分，如信用卡可以有铂金卡和商务卡；由于其特殊性，网上银行可以单独设立组织架构，尽管一些金融机构认为并不需要。

当业务量很大，必须按地理区域独立开时，这种组织架构也可以做适当的调整。在这种情况下，可能会有几个区域经理向产品经理报告。当业务需要在当地进行管理时，这种组织架构非常有效，如车贷必须和多个经销商进行业务沟通。信用卡业务通常可以高度集中，因为数据可以容易地在一个国家（或全球）范围内流转。然而，仍要强调的是，要有一个负责人对特定产品的成功或失败负责。

这里就有一个潜在的问题。产品经理是否对其管理产品的各个方面都负有全部责任？他是否拥有资金成本、营销决策、风险管理和运营的控制权，还是其中一些不归他掌控？更进一步说，他是否有管理费用的分配权限？某些成本可能远远超出产品经理的控制（如公司总部费用），但成本分配应至少与产品的潜在盈利能力成比例。例如，一抵的产品经理不可能接受 200～300 个基点的成本分配。

如果这些问题都可以解决，产品型组织架构就是很有意义的。其优点为：

- 权责清晰。当事情出错时，没有必要进行指责或责备；相反，要有明确的方式来清楚地定义（和奖励）成功的产品。
- 决策以产品为基础。
- 保持精干的运营规模，决策者真正理解业务；尽可能减少官僚主义。
- 鼓励和促进创业精神。可以激发经营方式的创新。

产品型组织架构的主要缺陷是运营费用和人员费用可能高于职能型组织架构。

职能型组织架构

下面为职能型组织架构的样图（见图 13-2）。

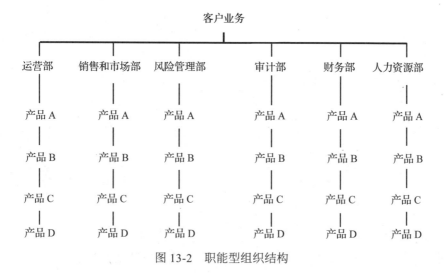

图 13-2 职能型组织结构

职能型组织架构的优点很明显：能够专注于每个产品更深层次的分析。当然也可以节约成本。缺点就是权责模糊、难以清楚界定，基本上是与大多数产品型组织架构的优势相对应。

- 很难准确分配成本，从而难以确认产品盈利能力。
- 由于利润责任归于公司最高层，因此很难平衡风险和回报。运营部门可能只关心削减成本，因为这是它们获得奖励的途径。那么由谁来确保产品能够满足服务目标？谁来平衡两个互相矛盾的目标？是否可以不顾质量而去奖励获得大量新账户的市场部门？风险经理是否可以因为利润的贡献而得到补偿，还是仅仅会因为减少尽可能多的损失而获得奖励？

由于这些问题可能很难解决，所以产品型组织架构是很多企业的首选。虽然产品型组织架构可能无法最大限度地降低成本，并且可能导致重复工作，但是其确认业务盈利并可以相应奖励的特点使其更具吸引力。

有时企业也会并用两种基本的组织架构。例如，在产品型的组织架构中，允许产品经理依赖内部部门，或者在内部成本更高或效率更低的情况下外包。

谁对企业利润负责

在消费金融业务开展初期，许多金融机构从中央资金池中分配资金。

因此，产品经理不能直接控制自己产品的资金成本。他们往往认为自己不需要对资金成本负责。实际上，资金成本是影响房贷等业务盈利最重要的因素之一，当然说它是最重要的因素也不过分！

所有影响收入和成本的因素——定价、费用、获客成本、催收、客服、核销及几乎所有的间接成本（如办公空间、设备等），都被认为是可控的，但资金成本是"别人"的事。具体来说，这是财务部的事，跟我没有关系。

这些金融机构的规划看上去非常完美，资金成本只有理论的8%。问题来了……资金隔夜成本涨到了21%，而这些金融机构的房贷是8%的固定利率，并且是用短期资金来放贷的，但现在短期资金成本是21%。其他固定利率贷款也有类似的情况。无须多言，其中一些金融机构被淘汰了。

从那时开始，管理层开始意识到他们的确应该对影响利润的所有因素负责，所以许多人开始管理自己产品的资金。也就是从那时起，期限管理即管理借款期限与贷款期限的匹配，成为银行管理的一部分。

每个消费金融业务经理都应该选择最适合自己企业文化的组织架构。在一个官僚主义盛行的企业中创建创业精神并不容易，反之亦然。

岗位与职责

本节将更详细地界定两种组织架构中关键岗位的工作职责。对于任一种架构下的关键岗位，职能都基本相同，只是工作范围不同而已。

产品经理

产品经理对其权限范围内的所有产品的总体利润负责。他们负责战术、组织资源以解决重大问题和拓展机会，可以挑选主要管理人员、分配目标并对成果进行适当奖励，批准产品的所有关键条款并与高管（总裁和董事会）共同制定企业战略目标。他们还要负责设定关键的管理信息报表以监督业务的运营，并建立定期审查这些报告的制度。

运营经理

运营经理需要管理日常的内部运营，包括账户获取、客服、支付处理和关键的催收及外包管理（有时最后两个职能由风险经理负责）。运营经理协调产品经理，并与他们共同制定运营和服务目标；负责管理主要业务系统，并且按照需求管理系统安装和更新；通过适当的管理信息系统监督运营的结果和效率，并对所有产品的决策提供运营支持。

销售和市场经理

销售和市场经理（两个职能可以合并为一个职位或独立为两个职位）管理市场部（通常是分支机构，但也可以是其他模式）。此外，他们负责对竞争对手进行分析，并就企业的贷款和储蓄产品及条款、销售方法（直销或渠道）和定价提出建议；与产品经理共同制订业务增长战略计划；从地域和人文角度确定目标市场，负责广告和促销活动（包括邮件营销）的规划和执行等。

财务经理

财务经理与各职能经理共同制定年度预算，对其进行总结并提交高管。财务经理负责确认能够降低和控制成本的环节，定期汇报（每天、每周或每月）预算执行情况；开发全生命周期利润和年度利润模型，报告实际表现，并参与定价决策。财务经理负责财务部，协同外部审计员一同监督财务部；提供内外部报表需要的财务表现；负责监督或直接管理资金部门，包括对资金和现金的管理。

风险经理

风险经理负责开发和迭代信贷政策。作为管理层关键成员，风险经理评估每个主要产品的风险和回报；在市场、财务和运营中建立平衡；通过内部资源或外包来建立、验证评分系统（获客、授权和催收等评分）；分析所有项目的财务表现（关注点在与风险和回报相关的项目，包括收入、催收和核销等）并向高管汇报；与管理信息经理（若没有管理信息系统经理，则自己开发）密切合作，开发完整的管理信息系统供高管使用。

管理信息经理

在各种职能经理的协助下，管理信息经理确定高管所需的关键信息（有时称指标），并按日、周或月输出。优秀的管理信息经理会确保输出格式适合高管的需要（趋势总结、绩效变化标签等）。他们还要提供资源（计算机系统、软件开发人员等）协助各部门编制详细的报表。

人力资源经理

人力资源经理需要协助产品经理和职能经理确认组织架构。他们的职责包括制定具体的基本职务说明，并协助基层经理从企业内外部招聘最优秀的人员填补职位；进行工资和福利的竞争分析，以确保薪酬结构与市场保持一致；为所有人力资源事务提供内部咨询，并确保实现人人机会平等的承诺；监督所有内部人员沟通，并就员工士气的问题向高管提供建议。

人力资源的另一个重要目标包括确定培训需求并组织培训（无论是内部培训还是外部培训）。

审计师

审计师需要审查财务、信用、市场和运营结果，以确保一切符合政策和流程；以正式报告的形式，向管理层汇报所有职能部门的状况，并注明违规的时间（以及纠正措施）；跟踪工作中的现金技术和流程，针对采取的政策和流程提供建设性意见。

创建企业信用文化

企业如何营造一种"风险管理紧密融入企业文化，风险和回报相匹配"的氛围？是将风险管理的任务分配给产品经理或风险经理，还是真的可以由所有人共同经营？在理想的消费信贷业务中，单独的风险管理部不是必要的，因为风险控制的责任将由所有职能经理共同负担。市场经理将专注于以最便宜的方式获得信用最好的客户；在处理大量贷款申请的同时，运营经理会对系统持续迭代以控制账户的风险；财务经理将对利润率进行预测，并进行成本控制以实现企业的利润目标。每个人都愿意在开明的产品经理带领下友好合作。在这样的团队中，风险经理（如果一定存在的话）将组织星期三下午的高尔夫比赛。

现实状况并不是这样的。业务增长指标由公司高管直接下达。市场经理基本在忽略成本的情况下专注于获客；运营经理在设计系统时集中于压低成本，而很少考虑如何管理业务的增长。理想组织中的风险管理逐渐被忽视，各部门渐渐成为孤岛世界。[一]这种组织架构状况后患无穷。金融机构有时过于追求获客，但对人员和系统的投入不足，影响了记账和催收。只顾追求短期销售和利润，往往会影响到现有的风险管控措施。当坏账增加时，管理人员若以削减运营成本和减少获客（即使是低风险账户）来应对，只会使事情更加糟糕。

最终，企业认识到必须在企业层面上有专人负责风险管理，并且在每个主要产品和业务部门也需要配备风险经理。大型信用卡公司和银行（包括美国运通、美国银行、花旗集团、摩根大通和富国银行等）在其业务中形成了强大的风险管理文化。在这些企业，所有职能部门都必须接受风险管理的培训，这是建立企业信用文化的一个重要组成部分。事实上，我们的课程"消费信用：风险与收益管理"在这些企业多次宣讲过。我们将在稍后描述这个课程。

风险经理及其独特职责

风险经理的独特职责是什么？风险经理的特征是什么？成为消费金融公司中对任何额外风险都说"不"的"否决博士"是相当诱人的。适当地说"不"是应该的，但风险经理的职责远远不止这一点。

制定政策

风险经理在每个金融机构中的具体任务不同，但在大多数情况下需要扮演制

⊖ 许多金融机构如今的组织架构是孤岛世界，各部门（如市场部等）深入了解其职能区域（有时可能非常深入），但并不明白自己的职能与整体业务有什么联系。

定政策的角色。其最重要的任务是定义可接受的风险及相应的利润。因此，风险经理的最大权力体现在对现有产品政策的修改和对新产品政策的制定。

风险管理的目的不仅是损失最小化，还必须创造相应的利润。为此，风险经理必须自始至终参与业务，从风险/收益的角度确定新的目标市场和客户。这样才能避免人们对风险经理产生错误认识：风险经理是一个有审批权限的官僚，只有在坏账不可收拾的时候才需要其介入。

一线员工

一线运营员工（如审核人员、催收人员和客服）也可以向风险经理汇报。然而，多数有信审人员的放款机构一般把信审人员作为一线生产员工。

新技术

风险经理也有责任为企业引入新的分析技术。风险经理应该建立金融机构的知识库来为企业提供账户管理、邮件营销、行为评分和破产模型等方面的最新知识。在管理海量的消费金融业务中使用统计分析技术的重要性毋庸置疑，但是风险经理需要不断尝试新方法并确保在整个企业中实施最有效的模型。

通过现场培训、专业研讨会和书面交流等方式发布新分析技术，风险经理负责保持大型金融服务机构信用分析技术的领先。

参与管理指标体系建设

风险经理的一个非常重要的作用就是负责编制向高管提供风险评估的报表；风险经理需要通过与财务经理密切合作，对产品的风险和收益做出相关的评估，而不是只简单地试图实现"最低核销"的目标。消费金融业务是一个需要追踪细节的业务，风险经理（需要与管理信息系统经理合作）要负责设计管理信息报表以便于高管依据此信息做出分析和采取措施来管控业务。这里重要的是风险经理应依据风险控制的职责来确保管理信息成为企业高管的管理工具，而不是逃避高管管控的借口。在管理良好的企业中，合理的判断比数字更重要。

保护信使

风险经理工作的重要组成部分是制定规范或标准并以此为依据跟踪业绩。消费金融公司都有一些关键标准——从申请评分的阈值，到在特殊情况下的例外处理，甚至还要根据账户数设置合适数量的催收人员。由于这些标准对控制信用风险的重要性，风险经理必须从风险 / 收益的角度对折现标准负责。

鉴于这项工作的性质，风险经理往往被看作"坏人"，受到内部人员指责。即使他们以增长和利润为出发点，他们的决策也总是不被欢迎。

因此，风险经理可有效发挥作用的一个关键因素是高管的持续支持。当然，高管不应该一直站在风险经理这一边。产品经理可能会决定承担更多的风险，不接受风险经理的建议。在这种情况下，风险经理的工作是确保及早跟踪表现，并在不利的情况下尝试说服高管改变业务方向。

最后，金融机构必须为风险经理提供强有力的支持，这样风险经理在同事和老板面前才有权威。在大型金融机构中，风险经理可以通过直接（或间接）向独立委员会汇报来增加其权威。例如，向集团信贷执行委员会或独立的信贷政策委员会汇报。当然，这些组织要有足够高的级别来抗衡一线部门以保证风险经理对业务决策的否决得到贯彻。

更重要的是风险经理对自身岗位重要性和贡献的认可。如果风险经理能够使用最有效的分析方法、掌握风险的方方面面，并向管理层明确传达，那么其观点自然会得到尊重，企业也应该能达成共识并接纳其意见。不然，企业在高风险的业务环境中是无法生存的。

这样，至关重要的是风险经理需要得到高管、同事和下属的高度认同。高管可以通过任命一个精通消费信贷业务并拥有智商、工作习惯和诚实的风险经理来体现这种认同。如果在 21 世纪前 10 年初期信贷激增期间，更多的房贷风险经理能够抗衡其他部门，整个金融业会变得更好。

风险管理培训

不断变化的消费信贷业务需要不断的培训。虽然大学和研究生课程包含市场营销、金融、数据处理、通用管理、审计等方面的内容，但是学术界对消费信贷业务技能（尤其是风险管理）的培训有限。对于许多企业，培养业务技能往往是边做边学。经历一两次失败往往是学习业务技能的唯一途径，但这种方法有明显的缺点。

所有银行或金融服务公司都应当权衡是否要求员工在晋升高级管理职位之前完成正式培训。

培训的主要目的是：

- 避免犯同样的错误。前车之鉴，后车之覆。基于过往失败（对当事人匿名）的案例研究是了解问题并防范同样错误的有力工具。培训还能够保证员工符合企业所需的最低技能要求。
- 鼓励企业各部门间的技术交流。商业贷款业务经理或保险经理可能转入消费金融业务部门，通过培训可以比向自己的老板、同事或下属求助更快地学习业务。
- 允许管理人员暂时离开自己岗位，从与各方面的交流中受益。

行业协会有多种课程，如美国银行业协会的银行卡管理学院课程，风险管理协会、FICO 就评分专题举办的研讨会。现在有许多在线培训。通过参加在线培训，金融机构可以节省费用和时间。大型银行和金融机构制定了自己的风险管理课程并对自己的员工进行多次培训。当然，此类培训可能非常昂贵，仅有较大的企业才能够负担得起。只要培训是交互式的而不仅仅是全程讲座，外部培训也可以让企业内的员工之间互相交流。

一些金融机构通过聘用其他企业有经验的人员来避免培训。多数金融机构都会被相互挖角，特别是那些在培养管理人员方面声誉良好的机构（当然，他们也可能是挖角者）。从同行招聘员工是一种避免内部培训的简单方法，但它又是非常昂贵的。根据猎头公司消息，银行通常必须支付超过市场价格 25%～40% 的溢价以吸引一个经验丰富的专业人士，并且该溢价每年都需要支付。此外，企业原有职员工也需要加薪以匹配新聘请的专家。

消费信贷业务培训——最后的堡垒

几年前，作为纽约市一家大型商业贷款银行管理培训生，菲利普开始他的银行职业生涯，前10个月都在银行的培训学校学习商业贷款的技能。每天，他从一群有激情又专业的教授那里学习会计、现金流分析、财务报表分析和报告撰写等一系列专业技能。只有完成这个培训后，他才能成为一个"银行家"。

大约同一时间，玛丽加入另一家纽约的大金融机构，也是一个管理培训生，但她的专业是消费信贷。她的培训与菲利普的培训非常不同。在她被带到办公桌前并告知洗手间位置及介绍了同事之后，她收到了一份关于如何提供贷款的手册，就开始做消费信贷的审批了。这是经典的边做边学。她的决策当然要经过上级的审查，但她实际上是边做边学。许多金融机构在商业贷款方面有培训课程，但很少在消费信贷方面有同样的培训。边做边学可能很昂贵，因为不良贷款审批习惯可能是代代相传的。

金融机构的另一个培训方式是在公司内部聘请外部教授开设课程，如我们自己的课程——"消费信贷：风险与收益管理"。此课程在世界各地举办了400多次。此课程适用于各级从业人员。内容包括本书中讨论的产品生命周期（规划、账户获取、账户管理和催收），还强调了统计管理技术，接近2/3的内容是互动练习和利润模型建模模拟。

开发培训课程

培训可以通过参加外部研讨会、在线研讨会或开发自己的内部培训课程来实现，但每个方法都有其优点和缺点。

外部培训

- 外部培训价格较为便宜。企业可以以每门课程几千美元或更低的成本对关键人员进行高度专业的培训。
- 外部培训的讲师必须掌握最新的技术和理念，否则是没有意义的。
- 外部培训往往由高度专业的人讲授，这些人通常有大量教学和实践经验；内部员工可能很了解自己的业务，但他们不一定是好的老师或者他们是好的老师但并不了解该业务。

- 有很高的自由度选择参加外部培训的人员和时间，而内部培训有固定的时间。

要注意一点：外部培训可能并不适合所有级别的员工（可能对刚入职员工来说太难，对有经验的经理来说又太简单），所以需要先了解培训的内容。在大规模派送员工去培训前，可以先派一两个人了解培训内容及对象。

内部培训

- 培训课程开发完成后，可以多次对员工培训，从而将成本降低到合理的程度。
- 外部培训可能不能反映企业文化。内部培训可以更好地传达企业文化（外部培训可以定制化以更好地体现企业的文化和模式）。
- 内部在线培训可以低成本地培训很多员工。
- 培训也是对管理层的培养。事实上，老师通常要比学生学到更多（至少在开始时），让别人培训你的员工不如让自己的经理得到锻炼。

内部或外部培训没有哪种方式一定是正确的。好的企业认可培训能够带来的回报并愿意承担培训费用。那些不提供培训的企业其实把自己放到危险之中。令人感到困惑的是，企业往往愿意毫不犹豫地增加 5000 万美元核销预算，而不愿意支付 10 万美元、25 万美元（甚至 2.5 万美元）来培训员工以控制未来几年的核销。只能说，这是目光短浅。

消费信贷业务组织架构管理的讨论到此结束。

第 14 章

经济衰退时期的消费信贷管理

在完成本书第 1 版（2002 年 3 月）时，股市和经济都已经从经济衰退中恢复，2001 年被正式记录为经济衰退时期。事实证明，2001 年的经济衰退是美国历史上最短和最轻微的经济衰退之一。经过几年的经济增长，就在本书第 2 版将出版之际的 2012 年，我们也正在从 2007 年末开始的金融危机（历史上最糟糕的经济衰退之一）中恢复过来。这次经济衰退波及全世界，各国都发生了类似的经济衰退。

除了经济和美元的根本问题，最近这次经济衰退的一个主要成因是不良贷款，尤其是不良房贷（有人甚至说这是最根本的原因）。在这次金融危机中，金融机构都出现了自身历史上最坏的核销，有些金融机构甚至需要政府救助以防止更广泛的经济崩溃。

经济衰退过去有，将来也一定会有。因此，我们要"以史为鉴"，从过去的经济衰退中吸取经验教训，以便减轻未来经济衰退带来的影响。

首先，我们定义一下经济衰退："整个经济活动持续数月或更长时间的大幅减少，通常表现在实际 GDP、实际收入、就业、工业生产和批发零售销售领域。"更标准的定义或者是 GDP 连续两个季度下降。不管怎样，经济衰退的影响是广泛的。

金融机构必须准备好应对经济衰退。传统的说法认为金融机构在经济衰退期间将遭受损失，但对于消费金融业务管理者来说是必然的吗？他们是否应该拉响警报，停止所有新业务，降低现有的额度并加大催收力度？具体来说，当经济衰退到来时，消费金融公司应该采取什么应对措施？

只要金融机构已经合理地管理业务（即使用合理的方法来管控账户风险），那么它们就不需要做重大改变。对于一个管理完善的企业，经济衰退可以为其提供增长的机会，特别是当其他金融机构选择退出时。然而，如果一个管理者一直盲目地跟随竞争对手或把业务扩张到超出自身控制能力之外，那他就应该当心了，经济衰退可能使其劣势暴露。2008 年经济衰退非常严重，许多消费者和银行都陷入困境，以至于贷款人确实需要采取一些激烈的对策。但此次经济衰退并不常规，总的来说，本章中讨论的措施应对的是常规性的经济衰退，而不是"百年一遇"的经济衰退，因为我们大多数人都希望不要再碰到类似规模的危机。

经济衰退历史

从历史的角度看，经济衰退已经成为美国经济的一部分。失业率是经济衰退的一个主要指标，在 1980 年的经济衰退中，失业率曾短暂冲破 7%；在令人极端痛苦的 1982 年经济衰退中，失业率超过了 9%；在"大萧条"时代，失业率超过了 10%。相反，在经济良好时期，失业率低至 4%（就如世纪之交时的失业率）。经济衰退期间最主要的问题是失业和对失业的恐惧，消费者会收缩自己的支出和借贷。这些行为会波及整个经济。但并不是所有在经济衰退期间发生的事情都是坏的。以下是在过去经济衰退期间曾出现的消费信贷（负面的和正面的）主要趋势。

- 消费者信用卡使用和余额总量增长放缓，这一点非常显著。在"大萧条"期间，银行减少了信贷产品的发放，严格限制申请的批准，降低现有账户的额度并关闭了许多业务。这些都加速了业务的放缓。这些措施过分吗？贷款人应当做出自己的判断。

- 通常，车贷、房贷、船贷、野营车贷和其他基于个人零售商品销售的贷款数量都会下降。二抵和房屋净值贷款在 1990～1992 年的经济衰退期间保持稳定，并在 21 世纪初增长到历史新高。然而，由于 21 世纪前 10 年后期房价急剧下跌，许多在 21 世纪前 10 年初期发放的房屋净值贷款失去了用于抵押的房产净值。因此，在认识到 2007～2009 年金融危机的严重性后，银行大幅缩减了此类贷款的发放。
- 需要加强催收以回收同等金额欠款。
- 对于信用卡，随着消费者申请量的减少，发放的信用卡总数可能下降，信用卡核销通常也会增加，特别是在受到经济衰退严重影响的地区……虽然拖欠的账户仍需一段时间才会影响到利润。然而，由于地区性的差异，经济衰退的影响可能和人们理解的不一致，也不一定那么普遍。一个存在的问题是：次级贷款随着失业水平的上升可能会受到更严重的影响。
- 汽车经销商和零售商的破产率高于经济稳定的时期。
- 基准利率下降，资金成本下降；联邦储备银行终于承认自己的重点在于应对经济衰退而不是降低通货膨胀率。固定利率贷款的利差增加，浮动利率的贷款也可能给金融机构带来有限的好处（如资金成本可能比客户指数下降快）。有浮动利率下限的贷款（利率与可变指数相关但设有下限）也可受益。
- 逾期费用和其他杂项费用收入可能增加。
- 良好的评分系统能继续辨别客户，但通常每个分数段的损失都会增高，由于总体损失率的上升（我们后面会讲到），应调整分数阈值。

最后一点：信用卡总收入，至少利息收入、刷卡收入、罚息等收入，在经济周期的各阶段都能保持稳定。20 世纪 80 年代早期，随着价格限制的取消，信用卡收益显著提高后就保持得非常稳定。在过去 10 年，收益基本保持在应收账款的 17%～20%。虽然人们可能认为信用卡收入会随着经济衰退期间利率的下降而减少（如今大多数利率都是浮动的），但是 2010 年和 2011 年这两年费用和刷卡增加的收入抵消了利息减少的收入，使其总体收入保持不变。图 14-1 显示了自 1980 年以来的信用卡平均收入与短期资金成本。

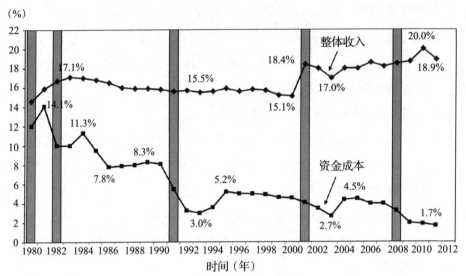

图 14-1　信用卡平均收入与短期资金成本

注：阴影区域代表经济衰退。

资料来源：R. K. Hammer。

其他产品（如车贷和房贷）由于利息成本占比较大，收入会随着资金成本变动而变动。特别是房贷，在联邦储备银行的每一次变息中都受到显著影响。随着利率下降，每晚你都可以在电视上看到："随着联邦储备银行继续降低利率以抵消衰退的影响，房贷利率已经跌至 23 个月以来的谷底，达到 3.15%。"当然，在利率上升期间，情况则相反。最后，让我们来看看经济衰退对核销的影响。

不同经济周期的核销率

影响核销率的因素有很多，经济衰退只是其中之一。让我们看看过去 30 多年信用卡核销率的变化，如图 14-2 所示。

如图 14-2 所示，信用卡的实际核销率并不总与经济周期直接相关。在好的年份，核销率下降，而在不好的年份，核销率会上升。但是核销的发生需要时间，从账户余额增长到在被实际核销之前还有很长一段时间。因此，经济周期的好坏与核销率之间的关系并不总是那么清晰。

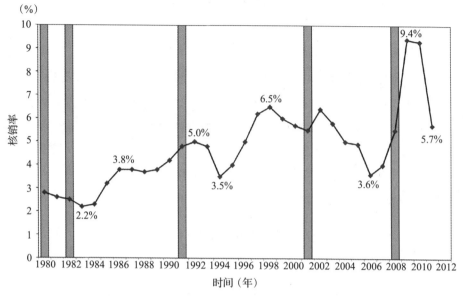

图 14-2　信用卡核销率

注：阴影区域代表经济衰退。

核销率上升的另一个主要原因是个人破产，至少在美国是这样。下面是美国的个人破产史，如图 14-3 所示。

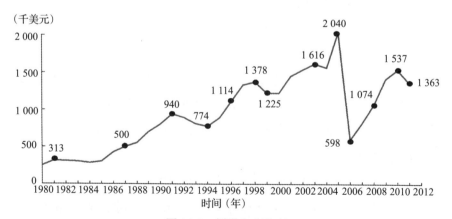

图 14-3　新增个人破产

预期 2005 年《破产法》的通过将提高个人破产的门槛，至少使得通过第 7 章破产来免除个人债务变得困难，美国新增了超过 200 万起的个人破产。结果，第二年破产数量急剧下降。2009～2011 年的高破产率反映了过去几年经济衰退和不良贷款的影响。

由于信用卡债务很容易积累（通过邮件营销）和免除（通过破产），所以破产对信用卡核销有严重影响。在经济衰退期间，抵押贷款产品（车贷和房贷）通常不会出现同样的核销率激增的情况，因为贷款人可以通过汽车收回和房屋止赎来减少破产对这些贷款的影响。然而，金融危机时期的情况并非如此，事实是车贷核销率翻了 1 倍且房贷的核销率急剧上升。

全国性经济衰退的管理

事实上，经济周期只是影响企业核销（和盈利）的众多因素之一。影响账户表现的关键因素还包括：

- 获客审批的准确和完善性。模型和验证在这里至关重要。获客后 18 个月一个机构的信用卡核销率为 15%，另一个非常保守的金融机构则为 3%～4%。目标市场、审批及筛选过程都存在巨大差异。
- 激励好客户使用自己产品，方法包括精心设计的产品、客户挽留营销、良好的运营管理和优质的客户服务。
- 运行良好、人员配备齐全的催收部门。催收过程应使用最新的评分系统，将重点放在最有可能还款的账户。
- 平均账户年龄。新账户往往比老账户风险更大，可能会影响利润。然而，在金融危机时期，这一点并不成立，老账户也会因碰到困难而不还款。
- 账户的地理分布。如第 8 章所述，各州在其经济基本面和平均破产率方面存在很大差异。
- 审批标准。放宽审批标准通常会产生风险较高的账户。在车贷、一抵和二抵的审批中应尽量避免延长贷款期限、降低首付及通过边际客户。如果降低这些标准，车贷的止赎率可以从 50 基点飙升到 150 基点，房贷的核销率会超过 4.0%～4.5%。

消费者一般都会自我约束。在困难时期，出于对未来的担心，消费者会减少开支来试图偿还欠款。这是整个信贷系统的基础，如果借款人都不负责任，催收将没有效果，整个系统也将瘫痪。尽管如此，消费金融业务的长期成功来自对业务细节的关注及本书涵盖原则的严格遵守。不按原则、追逐市场潮流跟风放贷是非常容易的。[一]消费金融业务经理最重要的任务就是通过正确的流程在运营中管控业务。预测全国范围的经济衰退只是流程之一，甚至可以认为其不是最重要的。

> ### 区域衰退
>
> 我们不要忘记区域经济的重要性。虽然全国性经济衰退不常见，但是在过去 30 年中美国发生了多次区域衰退，其中包括：
> - 低 / 高油价影响了能源生产和能源消耗高的州和汽车生产区域；
> - 自然灾害，如袭击新奥尔良和密西西比的卡特里娜飓风；
> - 1987 年、2000 年和 2008 年的股市大幅度崩盘（重击了纽约市）；
> - 农作物价格的降低、严重干旱、作物霜冻等影响了以农业经济为主的州。

简而言之，集中在区域经济衰退州的账户可能会爆发短时间的严重问题。同样，集中在经济快速发展州的账户会享受一段美好的时光。我们强烈建议企业密切关注区域经济的数据；国家数据受到全民关注，但区域经济的状态可能比全国经济的好坏对账户表现的影响更大。

经济衰退的对策：规划和实施

尽管我们认为管理宏观经济周期只是管理消费金融业务的一部分，但是当经济（全国性或区域性）衰退时，我们依然需要采取适当的对策。高管希望谨慎行事并能告知董事会自己确实已经着手为经济困难时期做准备。以下建议有助于在全国性或区域性经济衰退期间"规范"消费金融业务的管理。

　　㊀　也是非常危险的。

定位问题

第一步是定期（如每季度）回顾关键全国性和区域性的关键指标来定位问题。关键指标可以由金融机构的经济部门选择，或从人们的共识列表（包括工业生产水平、新住房开工、现有住房销售、新失业福利申请、零售销售、消费信贷、通货膨胀率、制造商订单和库存水平等指标）中获得。在使用这些信息之前，贷款人需要回答以下问题：

- 经济衰退是全国性的还是区域性的？如果是区域性的，哪些区域会受影响？哪些不会受影响？
- 是局限于一两个主要行业（如农业、汽车）的经济衰退，还是全行业范围的总体经济衰退？
- 经济衰退形势有多严峻？这与之前的经济衰退相比较如何？
- 政府为控制经济衰退的措施有哪些？政府是试图刺激经济，还是为应对更重要的通货膨胀问题而导致经济衰退程度加剧？
- 预期经济衰退持续时间是多久？经济转好有哪些信号？

规划行动方案

管理者应准备一份行动计划并列出在经济衰退时可采取的措施。

对于新账户

- 暂时停止对受严重影响的区域进行邮件营销。
- 如果经济衰退对某些职业在一个或一些区域产生较大影响（如房地产经纪人、汽车销售人员、国防工业工人），就将其从邮件营销中删除。
- 对于仍在营销的区域，收紧新申请和邮件营销的选择标准。
- 增加回顾评分系统的频次以确定其是否依然可以有效地对客户分级。如果评分系统仍然可以分级，就增加评分阈值使核销率维持在当前可接受范围内；如果审批系统不能如预期一样进行账户分级，就立即使用新标准开始开发新评分系统和（或）确认通用评分系统在短期内能否更好地满足需要（我们将在稍后介绍经济衰退对评分系统的影响）。

- 如果使用债务负担比，就收缩此标准。
- 对有抵押的贷款，增加首付比例。
- 降低新账户额度和减少贷款期限，在有贷款表现后，通过行为评分增加额度或期限。
- 对于受经济衰退影响大的职业或有过多债务的客户，在评分以外加强人工例外处理。

对于经济衰退区域的现有账户

- 在竞争对手催收之前，通过判断或评分推进催收。
- 催收人员可更灵活地接受部分还款或降低每月还款以适应产生临时问题的客户。
- 通过更高的行为评分要求来收紧提额、额度展期或交叉销售；使用新测试和对照组来确定行为评分要求。
- 使用征信局的客户表现（通过行为评分分级）来确定其是否在其他金融机构有信用问题。

依据征信局的客户表现，可能需要采取以下行动。

- 除了利润最多的和最优质的客户之外，减少或停止所有其他客户的提额。
- 终止低评分客户的业务。
- 在合同条款允许额度条件下降低额度，并适时加快对低评分账户的催收活动。
- 增加对破产的关注，包括聘用受过培训的专家和法务助理识别破产欺诈，并为其建议破产之外的其他解决方法。
- 对有场景的贷款，要更频繁、更详细地审查经销商、经纪人或商家的经营状态等非常规指标（如销售人员被解雇、商店倒闭、库存增加等）。尽量终止高风险和不良的账户，让竞争对手带走这些客户（如果可能的话），特别是有欺诈意图的客户。如果贷款人不能摆脱此类账户，就要密切监测和谨慎放款。

- 对各种类型的账户，要为优质的、长期的账户提供大力支持以帮助其渡过难关。这也是加强长期关系的良好契机。

实施计划

当贷款人通过关键指标确定经济衰退的事实时，就需要开始实施计划：如果等到华盛顿宣布经济衰退已经开始时再去实施，可能为时晚矣。例如，有实际数据表明，在华盛顿宣布经济开始衰退的时候，经济衰退已经结束，毕竟官员需要时间来获得数据并对其进行分析。

经济衰退时期的评分

经济衰退时期的一个关键问题是：申请评分系统是否继续有效，其表现是否与开发时一致，是否与过去一致？如果不是，贷款人在经济衰退时期有理由放弃评分。如果是，贷款人至少可以继续使用其评分卡。FICO 曾经研究了经济衰退对评分卡的影响并得出结论，典型的经过验证的评分卡能继续对账户进行很好的分级，但每个分数段的申请人质量都下降了，如图 14-4 所示。

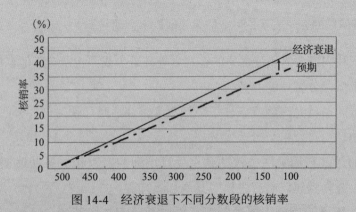

图 14-4　经济衰退下不同分数段的核销率

金融机构发现，在经济衰退时期和良好时期使用相同评分卡的最终结果是在经济衰退时期获批的账户数量较少。这是因为在通常情况下，在经济衰退时期申请的人较少（大多数人在经济不好时会自我约束）；由于存在

更多的风险，只有少量客户分数达标。

请注意，由于客户属性和环境的变化，评分卡的使用时间可能会影响整体结果。此外，在经济衰退时期，金融机构倾向于在审批过程中增加人工判断；人工判断会扭曲评分的分布，因为通过人工处理的客户与评分卡开发时的目标客户分布不同。

每个金融机构需要在经济衰退时期使用更多的指标（如样本稳定性、特征稳定性、实际表现、不同分数范围的违约等），更密切地检测自己的评分卡表现。如果评分卡仍然可以分级，就可以通过提高评分阈值来降低核销率以达到可接受的范围。然而，金融机构应该认识到，如果大幅提高评分阈值，有可能会拒绝太多潜在的好账户，而仅仅减少很少的坏账户。为了应对经济衰退时间的大幅波动，评分阈值的调整需要考虑边际风险调整后的回报。

业务回溯改进

当经济衰退接近谷底时，也就是当月度或季度指标不再下降（甚至可能略微上升）时，恢复对新账户的谨慎营销（尤其是在受经济衰退影响最大的区域）是个不错的主意。这一行动要建立在政府将采取适当措施刺激经济，当地和也确实在采取措施应对经济衰退，且经济衰退也可以解决的基础之上。如果这些条件存在，那么对贷款机构来说，这就是一个可以快速获客、增加市场份额的机会。这需要更多的勇气，有勇气在经济衰退触底时进入受经济衰退严重影响区域的金融机构会获得长期回报。

在本书 2002 年的版本中，我们写到：“美国经济断裂（经济衰退是如此严重以至于没有什么可以刺激经济快速回转）的可能性总是存在的，但我们都希望这种危机不会发生。”但是，它发生了。过去总是能预测未来吗？答案是否定的。不过，回顾过去 50 年（现代消费金融业务诞生以后），全国性的经济衰退并不是世界的末日。事实上，它可能是勇敢者的机会。重申一下，在我看来，更重要的是通过良好的管理不断解决区域衰退，而不是准备迎接下一次全国性经济衰退。

总　结

本章较为简短，主要总结了我们在经济从深度衰退中恢复（2012 年）时对消费金融管理的看法。现今，业务快速变化，尤其是互联网改变了许多人的生活、工作和学习方式，但我们坚信本书讨论的基本原则仍有意义并且是有用的。在消费金融业务的早期，约翰·霍尔德和我撰写了一个关于消费金融基本原则的总结。有趣的是，它现在仍然是有意义的。当时，我们在为花旗银行新成立的消费金融集团（CSG）准备其首次风险管理研讨会，我们需要为与会者提供一个简短的总结。在一个炎热的下午，我们坐在纽约哈里曼会议中心的游泳池边起草了以下 10 大信用戒律（红酒起了不小作用）。以下是在原版基础上略微更新的版本。

10 大信用戒律

- 信用是你的信条。为了自己着想，既不要创造也不要崇拜虚假的神，如业务量和增长。
- 要听取信用专家的信用戒律。
- 深入了解产品，尤其是利润的细节。
- 把有效的评分卡应用到极致。
- 不要不用，也不要滥用 MIS。
- 不要因为一个产品能盈利而内疚。
- 你可以试着让种子在石头上发芽，但你只能用几粒种子来尝试。
- 必须观察实际数据表现并与预测相比较。
- 不可觊觎债务人的配偶，但可以依法拿走其他财产。
- 应该制定可落地的目标，再稳扎稳打地实现。

祝诸君在职业生涯中永远顺利，并希望这本书能帮助你在任何岗位中都脱颖而出。

戴维·劳伦斯

阿琳·所罗门

作者简介

　　戴维·劳伦斯，现任 D.B.Lawrence & Co. 公司的总裁，具有 40 多年的消费金融管理经验。他曾在花旗银行就职 9 年多，历任消费金融部高级信用官及信贷政策委员会代表。他在花旗银行首次开发了针对高管的消费金融业务培训课程；也是 1984 年花旗出版的《风险与收益：消费者金融的技巧》和 1992 年 Prentice Hall 出版的《消费金融工作手册》两部书的作者。戴维也是《消费金融》杂志的主编，他是管控大体量消费信贷业务的行业领军人物。

　　在加入花旗银行之前，戴维曾在福特的多个部门任职 21 年，其间开展了福特在澳大利亚、菲律宾、日本和中国台湾等国家和地区的车贷业务。

　　阿琳·所罗门在广泛的业务领域中具有丰富的咨询经验。除了通常的机构和培训咨询业务外，阿琳的公司（阿琳·所罗门商务咨询有限公司）还设计和开发培训和沟通项目。这些工作经常涉及与专家在复杂领域的合作，因此既需要专业知识也需要培训经验。

　　阿琳的公司参与设计了面向高管的培训，内容包括规划和实施消费金融管理、营销、广告投放和数据处理，以及产品、销售和一般管理。

　　戴维和阿琳在消费金融领域开发并提供培训和交流已有 25 年的历史。

华章经典·经济

书号	书名	定价	丛书名
978-7-111-59616-5	普惠金融改变世界：应对贫困、失业和环境恶化的经济学	49.00	华章经典·经济
978-7-111-42278-5	自由选择（珍藏版）	49.00	华章经典·经济
978-7-111-42200-6	生活中的经济学	49.00	华章经典·经济
978-7-111-42426-0	增长的极限	40.00	华章经典·经济
978-7-111-52435-9	共享经济：市场设计及其应用	49.00	华章经典·经济
978-7-111-42617-2	不平等的代价	49.00	华章经典·经济
978-7-111-51971-3	金色的羁绊：黄金本位与大萧条	69.00	华章经典·经济